作者简介

翟继勇 男，1971年生，山东费县人，2003年毕业于曲阜师范大学体育学院，获教育学硕士学位。2003年至今在临沂大学体育学院任教，一直从事体育人文志业方面的教学科研工作。先后教授《体育管理学》《体育史》《体育法学》《体育心理学》等近10门课程，并在省级及以上刊物上发表论文十余篇，主持或参与多项市级及以上课题。

董琴娟 女，1971年生，山东费县人，2003年起在临沂大学图书馆工作，主持或参与多项市级及以上课题研究，发表论文数篇。

中国书籍·学术之星文库

体育文明探究

翟继勇　董琴娟◎著

中国书籍出版社
China Book Press

图书在版编目（CIP）数据

体育文明探究/翟继勇，董琴娟著. —北京：中国书籍出版社，2017.3
ISBN 978-7-5068-6050-5

Ⅰ.①体… Ⅱ.①翟…②董… Ⅲ.①体育文化—文化研究 Ⅳ.①G80-054

中国版本图书馆 CIP 数据核字（2017）第 026447 号

体育文明探究

翟继勇 董琴娟 著

责任编辑	刘　娜
责任印制	孙马飞　马　芝
封面设计	中联华文
出版发行	中国书籍出版社
地　　址	北京市丰台区三路居路 97 号（邮编：100073）
电　　话	（010）52257143（总编室）　　（010）52257153（发行部）
电子邮箱	chinabp@ vip. sina. com
经　　销	全国新华书店
印　　刷	北京彩虹伟业印刷有限公司
开　　本	710 毫米×1000 毫米　1/16
字　　数	222 千字
印　　张	16
版　　次	2017 年 4 月第 1 版　2017 年 4 月第 1 次印刷
书　　号	ISBN 978-7-5068-6050-5
定　　价	68.00 元

版权所有　翻印必究

前　言

临沂大学提出地方特色与国际化视野相结合的办学目标，并要求所有系院针对学科特点向学生讲述国内外的优秀文明成果。基于此，笔者挖掘整理了国内外优秀的体育文明成果，并对其发展动向进行了研究和探索。

本书的指导思想是，立足国内、放眼国外，博采众长、为我所用，充分吸收国内外最新研究成果，在理论和框架上力图有所突破、有所创新。

本书在撰写过程中得到曲阜师范大学刘一民教授和临沂大学何敬东教授的悉心指导和帮助，他们对本书提出了许多宝贵意见与建议，在此谨致衷心的感谢！

本书参考了国内外同人的大量研究成果，在引用过程中难免挂一漏万，敬请体谅，也对众多学者的前期科研劳动致以衷心的感谢！

鉴于笔者水平有限，加之体育文明一直处于迅速发展变化之中，书中难免有不妥或错讹之处，敬请读者不吝赐教。

翟继勇

2016 年 1 月

目 录
CONTENTS

第一章 文化与文明 …………………………………… 1
一、文化的概念 / 1
二、文明的概念 / 2
三、文化与文明的关系 / 2
四、文化的特征 / 2
五、文化的构成 / 3
六、文化特性形成的理论 / 5
七、文化的运行规律 / 6

第二章 体育文明的层次及其内容 …………………… 8
第一节 体育文明的外层 / 9
一、体育项目 / 9
二、体育用品 / 14
三、体育场馆设施 / 15
第二节 体育文明的中间层 / 21
一、体育体制 / 21

二、体育组织　　　　　　　　　　　　　　　/ 26
　　三、体育法律　　　　　　　　　　　　　　　/ 30
第三节　体育文明的里层　　　　　　　　　　　　/ 36
　　一、体育价值观　　　　　　　　　　　　　　/ 36
　　二、体育精神　　　　　　　　　　　　　　　/ 38
　　三、体育道德　　　　　　　　　　　　　　　/ 40

第三章　中国体育文明成果　　　　　　　　　　　　45
第一节　中国体育文明的外层　　　　　　　　　　/ 46
　　一、蹴鞠　　　　　　　　　　　　　　　　　/ 46
　　二、围棋　　　　　　　　　　　　　　　　　/ 50
　　三、舞龙舞狮　　　　　　　　　　　　　　　/ 53
　　四、龙舟　　　　　　　　　　　　　　　　　/ 55
第二节　中国体育文明的中间层　　　　　　　　　/ 57
　　一、武举制　　　　　　　　　　　　　　　　/ 57
　　二、教坊　　　　　　　　　　　　　　　　　/ 61
　　三、瓦舍　　　　　　　　　　　　　　　　　/ 61
　　四、清末新政　　　　　　　　　　　　　　　/ 62
　　五、《奏定学堂章程》　　　　　　　　　　　/ 63
　　六、精武体育会　　　　　　　　　　　　　　/ 64
　　七、中华全国体育协进会　　　　　　　　　　/ 64
第三节　中国体育文明的里层　　　　　　　　　　/ 66
　　一、气一元论　　　　　　　　　　　　　　　/ 66
　　二、整体健康观　　　　　　　　　　　　　　/ 66
　　三、伦理至上　　　　　　　　　　　　　　　/ 66
　　四、中和为用　　　　　　　　　　　　　　　/ 67
　　五、维新派的体育思想　　　　　　　　　　　/ 68
　　六、以毛泽东为代表的清末民初的体育思想　　/ 68

第四章　中国武术 ……………………………………… 70

第一节　武术概述 /70
一、武术的概念 /70
二、武术的文化内涵 /71
三、武术的特征 /73
四、武术的分类 /76

第二节　武术的起源与发展历程 /76
一、古代武术的起源 /76
二、古代武术的特点 /77
三、古代武术发展、传播及其影响因素 /78
四、近现代武术的发展历程 /80
五、武术思想的演变历程 /84
六、古代武术与现代武术的关系 /90

第三节　武术的三大主要门派 /95
一、少林武术 /95
二、武当武术 /102
三、峨眉武术 /110

第四节　现代武术的两种主要形态 /115
一、现代武术套路 /115
二、现代武术散打 /122

第五章　中国传统体育养生 ……………………………… 132

第一节　中国传统体育养生的一般概述 /132
一、中国传统体育养生的概念 /132
二、中国传统体育养生的主要方法和形式 /133
三、中国传统体育养生的功能 /134
四、传统体育养生的特点 /134
五、中国传统体育养生的哲学基础 /135

第二节　中国传统体育养生的形成和发展　　/ 136
　　一、中国传统体育养生的萌芽　　/ 136
　　二、中国传统体育养生的形成和早期发展　　/ 137
　　三、中国传统体育养生的继承和发展　　/ 139
　　四、中国传统体育养生的进一步发展　　/ 142
　　五、中国传统体育养生继承和发扬的原则　　/ 144

第六章　外国体育文明成果 …………………………… 146
第一节　外国体育文明的外层　　/ 147
　　一、击剑　　/ 147
　　二、举重　　/ 148
　　三、篮球　　/ 149
　　四、排球　　/ 154
　　五、乒乓球　　/ 156
　　六、拳击　　/ 157
　　七、柔道　　/ 160
　　八、射箭　　/ 161
　　九、摔跤　　/ 163
　　十、水上运动　　/ 164
　　十一、跆拳道　　/ 167
　　十二、泰拳　　/ 169
　　十三、体操　　/ 170
　　十四、田径　　/ 172
　　十五、网球　　/ 173
　　十六、英国的户外运动　　/ 175
　　十七、瑜伽　　/ 176
　　十八、羽毛球　　/ 177
第二节　外国体育文明的中间层　　/ 178

一、斯巴达体育　　　　　　　　　　　　/ 178
　　二、雅典的体育教育　　　　　　　　　　/ 179
　　三、骑士教育中的体育　　　　　　　　　/ 180
第三节　外国体育文明的里层　　　　　　　　/ 181
　　一、亚里士多德的体育思想　　　　　　　/ 181
　　二、文艺复兴中的体育思想　　　　　　　/ 182
　　三、宗教改革中的体育思想　　　　　　　/ 182
　　四、洛克的绅士体育思想　　　　　　　　/ 183
　　五、古茨穆茨的体育课程体系思想　　　　/ 183
　　六、卢梭的自然体育思想　　　　　　　　/ 184

第七章　奥林匹克运动 …………………………… 186

第一节　古代奥林匹克运动概况　　　　　　　/ 186
　　一、古代奥运会的起源　　　　　　　　　/ 186
　　二、古代奥运会的竞技项目　　　　　　　/ 188
　　三、古代奥运会的参赛运动员及其奖励　　/ 189
　　四、古代奥运会的消亡　　　　　　　　　/ 189
　　五、古代奥运会的历史遗产　　　　　　　/ 190
第二节　现代奥林匹克运动的产生与发展　　　/ 192
　　一、顾拜旦与现代奥林匹克运动的诞生　　/ 192
　　二、现代奥林匹克运动的发展与展望　　　/ 194
第三节　奥林匹克运动的外层　　　　　　　　/ 202
　　一、奥林匹克标志　　　　　　　　　　　/ 202
　　二、奥林匹克圣火与火炬　　　　　　　　/ 202
　　三、奥林匹克运动会的举办地　　　　　　/ 203
　　四、奥运会比赛项目　　　　　　　　　　/ 204
　　五、其他　　　　　　　　　　　　　　　/ 209
第四节　奥林匹克运动的中间层　　　　　　　/ 210

一、奥林匹克组织体系　　　　　　　　　　　　　　/ 210

　　二、《奥林匹克宪章》　　　　　　　　　　　　　　/ 214

第五节　奥林匹克运动的里层　　　　　　　　　　　　/ 217

　　一、奥林匹克主义　　　　　　　　　　　　　　　/ 217

　　二、奥林匹克运动的宗旨　　　　　　　　　　　　/ 221

　　三、奥林匹克运动精神　　　　　　　　　　　　　/ 221

　　四、奥林匹克格言　　　　　　　　　　　　　　　/ 222

第六节　奥林匹克运动与中国　　　　　　　　　　　　/ 224

　　一、中国的奥林匹克历程　　　　　　　　　　　　/ 224

　　二、2008年北京奥运会　　　　　　　　　　　　　/ 229

主要参考文献……………………………………………………240

第一章

文化与文明

一、文化的概念

关于文化的概念,学界众说纷纭。不少哲学家、社会学家、人类学家、历史学家和语言学家一直努力,试图从各自学科的角度来界定文化的概念。据美国学者克罗伯统计,目前有160多种关于文化的定义,但迄今为止仍没有一个公认的定义。笼统地说,文化是一种社会现象,是人们长期创造形成的产物。同时,文化又是一种历史现象,是社会历史的积淀物。确切地说,文化是指一个国家或民族的历史、地理、风土人情、传统习俗、生活方式、文学艺术、行为规范、思维方式、价值观念等。

尽管对文化的理解见智见仁,但大体上可以将文化划分为广义的文化和狭义的文化两大类。《辞海》也是这样,将文化划分为广义和狭义两大类。认为广义的文化是指人类在社会实践中所创造的物质财富和精神财富的总和;狭义的文化是指人类所创造的精神财富,即精神产品,包括一切社会意识形式:自然科学、技术科学、社会意识形态。[①]

[①] 夏征农、陈至立:《辞海》第六版缩印版,上海辞书出版社2010年版,第1975页。

二、文明的概念

文明是指人类所创造的财富的总和，包括物质财富和精神财富，特指精神财富，如文学、艺术、教育、科学等，它涵盖了人与人、人与社会、人与自然之间的关系。这种精神财富往往是指先进的或者进步的文化，而不是落后的或反动的。另外，文明也指社会发展到较高阶段表现出来的状态。文明是人类审美观念和文化现象的传承、发展、融合和分化过程中所产生的生活方式、思维方式的总称；是人类开始群居并出现社会分工专业化，人类社会雏形基本形成后开始出现的一种现象；是较为丰富的物质基础上的产物，同时也是人类社会的一种基本属性。总的看来，文明特指优秀的文化，是人类在认识世界和改造世界的过程中所逐步形成的思想观念以及不断进化的人类本性的具体体现。

三、文化与文明的关系

文化与文明这两个概念既有联系又有区别。其联系主要体现在两个方面：第一，文化是文明的基础，文明的进步有赖于文化的发展，文化的发展又必然促进文明的进步；第二，文明是文化的一部分，二者具有相同的特征、构成、形成和运行规律。二者的区别主要体现在两个方面：第一，文化是人类与生俱来的，而文明是社会发展到高级阶段才出现的；第二，文明是社会的进步状态，它代表进步，而文化则不一定。

四、文化的特征

（一）象征性

文化的象征性是指所有具体的文化现象都只不过是一定文化类型的反映或象征。比如筷子和水饺是中国文化的象征，而刀叉和汉堡是西方文化的象征。同样,和服是日本文化的象征,蒙古包是蒙古族文化的象征,等等。事实上,具体的事物只是反映不同的能力、技术或习惯,是某种特殊意义的文化的反映或象征,而不能直接说等同于某种文化。

(二)复合性

文化的复合性是指任何文化都不是某个文化元素的孤立存在,而是一系列具有内在联系的文化现象或文化元素的有机组合。某项体育活动,如篮球,就包括了篮球场地器材、篮球规则、篮球组织等元素,篮球运动的这些元素有机结合在一起,形成一个有机的整体。而且需要强调的是,篮球运动自身元素自成一体,并且还要同其他文化现象组合在一起,形成一个复杂的文化系统,如与社会的经济政治制度、科学技术水平等都有着不可分割的联系。

(三)多样性

文化的多样性是指不同的国家、民族、集团、组织、社区都有自身独特的文化。其实,任何不同的社会单位都有其独特的文化,而且社会单位内部也呈现出多样性。不同的文化共存,形成了丰富多彩的世界文化。

(四)共享性

文化的共享性是指文化在被某个社会单位独享的同时,可以被其他群体乃至全人类共同享用。例如,美国人现在也吃水饺;我们的饭桌上也可能出现汉堡;韩国人喜欢跆拳道,而奥运会的赛场上不同国籍的运动员也参与跆拳道的比赛;等等。

五、文化的构成

1. 根据文化所包含的内容的性质,可将文化划分为三层:外层、中间层、里层。

外层是指物的层次,指人类创造的种种物质文明,包括交通工具、服饰、日常用品等,是一种可见的显性文化。物质层泛指人类创造的物质本身，是人类在自然物上留下的人类意志和活动的印记，它反映的是人类认识自然和改造自然的能力与技术水平。中间层是指心物结合层，也叫制度层，包括组织、制度等，是在人类理念支配下形成的各种规范和体制。里层是文化的最深层次的东西，包括价值观念、思维方式、道德情操等，也是文化研究所最关注的内容。

根据文化所包含的内容的性质，将文化划分为三层：外层、中间层、里层，这种划分方法为当前学术界普遍采用，因此，本书关于文明成果的论述将按照这种划分方法进行。

2. 根据文化所包含的内容复杂程度和范围大小，可将文化分成三层结构：文化特质、文化丛、文化模式。

文化特质是指文化的基本特征和最小分析单位，是某一种文化区别于他种文化的最小单元，不同文化之间的差异通过众多文化特质体现出来，如筷子、水饺、跆拳道、和服等。文化丛也叫文化结丛，是指由相关的文化特质联结而成的功能单位，通常以某一特质为中心，在其功能上与别的相近的特质发生连带关系或构成一连串的活动。如韩国的跆拳道项目出现，就出现了跆拳道服装、器械、场地、技术等。文化模式是指互有关联的文化丛有机结合形成的某个民族或地区特殊的活动方式或行为的性质。特殊的文化模式是指各民族或国家具有的独特的文化体系。各民族或国家之间有着不同的文化，即文化模式不同。如以农业为主的经济，众多的农村人口，浓厚的家族观念，重人伦，对祖宗及传统权威的崇拜等互相联系形成了中国传统的文化模式；工商业发达的资本主义经济，以城市生活为主导，个人主义，总统制等互相联系而形成美国的文化模式。

3. 根据文化在整个文化系统中的地位和作用，可以把文化划分为主文化、亚文化、反文化三类。

主文化是指在一个文化系统中起主导作用的文化，如中国的儒家文化、美国的移民文化等。亚文化是在文化系统中处于次要位置的文化，一般指某一地区或某一集体的文化，如美国的印第安文化、中国的少数民族文化等。一般来讲，主文化和亚文化是可以繁荣共存的，而且在一定条件下还可以相互转化。反文化是与主流文化相对立的亚文化，它否定和排斥主文化。

六、文化特性形成的理论

众所周知，不同的国家和民族拥有不用的文化模式，如中国历史上形成的宗族意识，美国社会形成的个人主义意识。这种不同的文化特性，产生了若干代表性的理论观点。

1. 功能主义观点。

持这种观点的人认为，一种文化的产生和存在，是出于满足社会的某种需要。这种观点是西方的社会学家和人类学家在探究文化模式时使用的最广泛的一种理论解释方法。其中以英国著名的人类学家马林诺夫斯基为代表，他强调文化在社会中的作用，认为一种文化之所以会产生，是由于它发挥了特殊的社会功能。比如"旧中国时代的女人要缠小脚"这种文化现象，就是因为封建社会的女人地位低下，缠脚是为了要将女人束缚在家里，专心服侍孩子、丈夫和公婆。

2. 人种学的解释方法。

持这种观点的人认为，不同的民族或种族由于人种的不同而产生了不同特色的文化特质，如生性好斗的民族竞争意识强，生性懦弱的民族容易安分守己。这种观点其实是一种生物学的观点，强调生理素质方面的特点对思想观念、生活方式的影响。

3. 生态学的解释方法。

持这种观点的人认为，不同的环境造就了不同的文化特性，把文化的不同归因于资源和环境的特点，以及这些环境的变化。台湾学者杨仲揆在总结日本民族性格时，认为日本人所处的岛国资源匮乏、天灾不断，造就了其忧患意识强、团结、善于对利益的追逐等民族特性。

4. 意识形态的解释方法。

持这种观点的人认为，某种特定文化的形成是由于占统治地位的阶级或某一利益集团支持的结果。马克思也曾发表过类似的观点，认为一个社会的主流文化只不过是统治阶级的思想而已。比如，"文革"期间所表现出来的一些文化特性是与当时领导阶层所推行的思想路线相契合的。

5. 物质生活条件决定论的观点。

这种观点是以马克思为代表的唯物主义观点，认为物质生活条件是形成各种文化特性的决定性因素。比如中国人的求安、求稳、求平均的观念，如果离开了对中国历史上社会生活条件的理解，就很难对其作出解释。长久以来，中国人靠土地生存繁衍，靠一家一户的小农生产方式勉强维持自己的生计，如果遇到天灾人祸、兵荒马乱，就会流离失所、民不聊生，因此，人们把社会的安定、生活的稳定看得无比重要。同时，由于生产力水平低下，为了保证基本生活需求，人们不得不要求"均贫富""不患寡而患不均"，达到安贫乐道、知足常乐。

七、文化的运行规律

1. 积累与传递。

文化的积累与传递，是指每一代人在前人所积累起来的文化成就的基础上，吸取原有文化的积极成果，同时总结新的认识和新的实践经验，创造出新的文化成果，然后再把这些成果传递给下一代。文化的积累与传递是文化在纵向上的运动形式，它是文化运行的基本形式之一，是社会不断发展的根本条件之一。当然，文化的积累与传递不但具有继承性，而且还具有选择性，任何文化都不会原封不动地进行传递。

2. 传播与渗透。

文化的传播与渗透是指文化在不同的国家和地区、不同的民族之间进行传播与渗透的过程和结果，它是文化在横向上的运动形式。文化传播与渗透的媒介有很多，比如贸易、战争、移民等。任何一个国家和民族都不能也不可能长久地孤立于世界之林，而总是主动或被动地进行文化的传播与渗透。当然，文化的传播与渗透过程中要注意对外来文化"取其精华、弃其糟粕"，而不是完全照搬。

3. 融合与冲突。

文化的融合是指不同文化在相互接触和相互影响后，将对方文化的影响融进本民族的文化系统中，成为本民族文化的有机组成部分。一些开放和善于学习的民族能够学习一切优秀成果，并将其融进本民族的文化之中，但又不失掉本身的文化特性，所以发展得更好。文化融合过程中还会出现一种"同化"现象，这种同化现象一般不会发生在整个的民族，而往往指某个个体或群体被同化，如移民。当然同化现象很难彻底，如移民本身不会被同化，而往往是下一代或隔代被同化。文化的冲突是指不同文化在相互接触过程中，原有文化和外来文化之间所发生的矛盾甚至对抗。文化的冲突一般会导致两种结果：彻底拒绝，或者逐渐适应。[1]

---

[1] 吴增基等：《现代社会学》，上海人民出版社2001年版，第89~103页。

第二章

体育文明的层次及其内容

体育文明是先进的体育文化,是人类创造的代表先进方向的关于体育运动的物质财富和精神财富的总和。

从认识上看,由于受中国传统理学思想和欧洲中世纪宗教神学和禁欲主义的影响,人们往往认为只有哲学、文学、艺术、音乐、宗教等是文化,而把体育排斥在文化之外,甚至将其与文化对立起来,这是非常错误的。因为体育不但具备文化所有的特征,而且当代体育文化随着人类的发展越来越繁荣,甚至成为了社会文明程度的一个重要标志。当然,长期的历史演变,出现了两种差距较大的体育文化。一种是包含中国、印度、伊斯兰等文化圈在内的东方体育文化。另一种是欧美的西方体育文化。东方体育文化,卫生保健术占重要地位,注重伦理道德和等级地位。西方体育文化注重竞赛和冒险。

从层次构成上看,体育文明由外向内包括体育运动的物质条件、体育体制和体育精神文化三个层面。体育文明的外层是指物质层,主要包括体育的项目、场地设施和器材、服装等。体育文明的中间层主要包括体育体制、体育组织、体育法律制度等。体育文明的里层是核心层次,具体包括体育的价值观念、思维方式、审美情趣、道德情操等。具体地讲,体育文明大体包括体育项目、体育场地器材和设施、体育组织、体育制度、体育认识、体育情感、体育价值、体育理想、体育道德等等。

第一节 体育文明的外层

一、体育项目

1. 目前国际奥运会体育运动项目大致分为122项。

acrobatic gymnastics——技巧运动；athletics/track & field——田径；beach——海滩；boat race——赛艇；bobsleigh, bobsled——雪橇；boxing——拳击；canoe slalom——激流划船；chess——象棋；cricket——板球；cycling——自行车；diving——跳水；downhill race——速降滑雪赛，滑降；dragon-boat racing——赛龙船；dressage——盛装舞步；equestrian——骑马；fencing——击剑；figure skating——花样滑冰；football（英语）/soccer（美语）——足球；freestyle——自由式；gliding, sailplaning——滑翔运动；golf——高尔夫球；Greece-Roman wrestling——古典式摔跤；gymnastic apparatus——体操器械；gymnastics——体操；handball——手球；hockey——曲棍球；hold, lock——揪钮；horizontal bar——单杠；hurdles, hurdle race——跨栏比赛；shuttlecock kicking——踢毽子；ice skating——滑冰；item Archery——箭术；judo——柔道；jumping——障碍；kayak——皮划艇；mat exercises——垫上运动；modern pentathlon——现代五项运动；mountain bike——山地车；parallel bars——双杠；polo——马球；relative work——造型跳伞；relay race, relay——接力；rings——吊环；roller skating——滑旱冰；rowing——划船；rugby——橄榄球；sailing——帆船；shooting——射击；side horse, pommelled horse——鞍马；ski jump——跳高滑雪；ski jumping competition——跳高滑雪比赛；skiing——滑雪；slalom——障碍滑雪；softball——垒球；surfing——冲浪；swimming——游泳；table tennis——乒乓球；taekwondo——跆拳道；tennis——网球；toxophily——

9

射箭；trampoline——蹦床；trapeze——秋千；triathlon——铁人三项；tug‐of‐war——拔河；volleyball——排球；badminton——羽毛球；baseball——棒球；basketball——篮球；walking, walking race——竞走；wall bars——肋木；water polo——水球；weightlifting——举重；winter sports——冬季运动；wrestling——摔跤；yacht——游艇；vault——跳马；Men's 10m Platform——男子10米跳台；Women's Taekwondo Over 67kg——女子67公斤级以上跆拳道；Women's Athletics 20km Walk——女子20公里竞走；Men's Diving Synchronized 3m Springboard——男子3米跳板；Women's Diving 3m Springboard——女子3米跳板；Women's Diving Synchronized 10m Platform——女子双人10米跳台；Men's Wrestling Greco‐Roman 58kg——男子58公斤古典摔跤；Men's Diving 3m Springboard——男子3米跳板；Men's Artistic Gymnastics Parallel Bars——竞技体操男子双杠；Women's Artistic Gymnastics Beam——竞技体操女子自由体操；Men's Table Tennis Singles——男子乒乓单打；Women's Diving 10m Platform——女子10米跳台；Women's Artistic Gymnastics Uneven Bars——竞技体操女子跳马；Women's Table Tennis Singles——女子乒乓单打；Men's Badminton Singles——男子羽毛球单打；Women's Badminton Doubles——女子羽毛球双打；Men's Diving Synchronized 10m Platform——跳水男子双人10米跳台；Women's Diving Synchronized 3m Springboard——跳水女子双人3米跳板；Men's Table Tennis Doubles——男子乒乓球双打；Women's Badminton Singles——女子羽毛球单打；Men's Fencing Team Foil——击剑男子团体花剑；Women's Judo Heavyweight +78kg——柔道女子重量级78公斤；Men's Shooting 10m Running Target——射击男子10米移动靶；Women's Shooting 25m Pistol——射击女子25米运动手枪；Women's Table Tennis Doubles——女子乒乓球双打；Men's Weightlifting 77kg——举重男子77公斤级抓举；Women's Weightlifting 75+ kg——举重女子75公斤以上级抓举；Mixed Badminton Doubles——羽毛球男子双打；Women's Artistic Gymnastics All – Around Finals —— 竞技体操女子个人全能决赛；Women's Judo Half Heavywt 78kg —— 女子次重量级 78 公斤级柔道；Men's Artistic Gymnastics All – Around Finals —— 竞技体操男子个人全能；Women's Fencing Team Epee —— 击剑女子团体重剑；Women's Artistic Gymnastics Team Finals —— 竞技体操女子团体；Women's Judo Half Middlewt 63kg —— 女子次中量级 63 公斤级柔道；Women's Weightlifting 63kg —— 女子 63 公斤级挺举举重；Women's Weightlifting 69kg —— 女子 69 公斤级抓举举重；Men's Artistic Gymnastics Team Finals —— 男子团体竞技体操；Men's Shooting 10m Air Rifle —— 射击男子 10 米气步枪；Women's Shooting Trap —— 射击女子多向飞碟；Women's Weightlifting 53kg —— 举重女子 53 公斤级抓举；Women's Judo Half Lightwt 52kg —— 女子次轻量级 52 公斤柔道；Women's Shooting 10m Air Pistol —— 女子 10 米气枪；Women's Cycling Track 500m Time Trial —— 运动场自行车赛女子 500 米计时赛；Men's Shooting 10m Air Pistol —— 男子 10 米气手枪；Women's Shooting 10m Air Rifle —— 女子 10 米气步枪；Men's Weightlifting 56kg —— 男子 56 公斤级挺举。

2. 目前我国正式开展的体育项目大致分为 78 大项。

001：游泳、跳水、花样游泳、水球、公开水域游泳——中国游泳协会；002：射箭——中国射箭协会；003：田径——中国田径协会；004：羽毛球——中国羽毛球协会；005：皮划艇（激流回旋、静水）——中国皮划艇协会；006：棒球——中国棒球协会；007：篮球——中国篮球协会；008：拳击——中国拳击协会；009：自行车（场地、公路、BMX 小轮车、山地车）——中国自行车协会；010：击剑——中国击剑协会；011：足球（足球、五人制足球）——中国足球协会；012：手球——中国手球协会；013：马术——中国马术协会；014：曲棍球——中国曲棍球协会；015：柔道——中国柔道协会；016：现代五项——中国现代五项冬季两项协会；017：体操、艺术体操、蹦床——中国体操协会、中国蹦床与技巧协会；018：赛艇——中国赛艇协会；019：帆船——中国帆船帆板运动协会；020：射击——中国射击协会；021：排球、沙滩排球——中国排球协会；022：垒球——中国垒球协会；023：乒乓球——中国乒乓球协会；024：跆拳道——中国跆拳道协会；025：网球——中国网球协会；026：铁人三项——中国铁人三项运动协会；027：举重——中国举重协会；028：摔跤（摔跤、中国式摔跤）——中国摔跤协会；029：冬季两项——中国现代五项冬季两项协会；030：冰壶——中国冰壶协会；031：冰球——中国冰球协会；032：滑冰（花样滑冰、短道速滑、速度滑冰）——中国滑冰协会；033：滑雪（高山滑雪、越野滑雪、自由式滑雪、跳台滑雪、单板滑雪）——中国滑雪协会；034：潜水、蹼泳——中国潜水运动协会；035：滑水——中国滑水协会；036：摩托艇——中国摩托艇协会；037：救生——中国救生协会；038：健美操、街舞——中国健美操协会；039：技巧——中国蹦床与技巧协会；040：高尔夫球——中国高尔夫球协会；041：保龄球——中国保龄球协会；042：掷球——中国掷球协会；043：台球——中国台球协会；044：藤球——中国藤球协会；045：壁球——中国壁球协会；046：橄榄球——中国橄榄球协会；047：软式网球——中国软式网球协会；048：热气球、热气飞艇、氦气球、氦气飞艇、混合式气球——中国航空运动协会；049：运动气机（超轻型飞机、轻型飞机、特技飞机、旋翼类、模拟飞机）——中国航空运动协会；050：跳伞（特技定点、造型、踩伞、低空伞、牵引伞、花样跳伞）——中国航空运动协会；051：滑翔（滑翔机、悬挂滑翔、滑翔伞、动力滑翔伞）——中国航空运动协会；052：航空模型（自由飞、线操纵、无线电遥控、仿真、电动、航天模型）——中国航空运动协会；053：车辆模型（非遥控车、电动公路车、电动越野车、内燃机公路车、内燃机越野车、火车模型）——中国车辆模型运动协会；054：航海模型（仿真、仿真航行、帆船、耐久、动力艇、建筑场景）——中国航海模型运动协会；055：定向（徒步定向、滑雪定向、轮椅定向、山地车定向、GPS定向）——中国定向运动协会；056：业余无线电、无线电测向、无线电通信——中国无线电运动协会；057：围棋、五子棋——中国围棋协会；058：国际象棋——中国国际象棋协会；059：中国象棋——中国象棋协会；060：桥牌——中国桥牌协会；061：武术（套路、散打）——中国武术协会；062：健身气功——中国健身气功协会；063：登山、攀岩、攀冰、山地户外运动——中国登山协会；064：汽车——中国汽车运动联合会；065：摩托车——中国摩托运动协会；066：轮滑——中国轮滑协会；067：毽球——中国毽球协会；068：门球——中国门球协会；069：舞龙舞狮——中国龙狮运动协会；070：龙舟——中国龙舟协会；071：钓鱼——中国钓鱼协会；072：风筝4——中国风筝协会；073：信鸽——中国信鸽协会；074：体育舞蹈——中国体育舞蹈联合会；075：健美——中国健美协会；076：拔河——中国拔河协会；077：飞镖——中国飞镖协会；078：电子竞技——中国电子竞技协会。

3. 广州亚运会比赛项目。

奥运项目共26项：游泳、射箭、田径、羽毛球、拳击、篮球、皮划艇、自行车、马术、击剑、足球、体操（竞技体操、艺术体操、蹦床）、手球、曲棍球、柔道、现代五项、赛艇、帆船、射击、乒乓球、跆拳道、网球、铁人三项、排球、举重、摔跤。

非奥运项目共16项：棒球、垒球、保龄球、台球、板球、体育舞蹈、壁球、武术、棋类（围棋、象棋）、藤球、橄榄球、轮滑、空手道、卡巴迪、高尔夫球、龙舟。

共42个比赛项目（如果竞技体操、艺术体操、蹦床、围棋、象棋互相单列时，为45项。

4. 北京奥运会比赛项目。

北京奥运会的比赛项目是大项28项：田径、赛艇、羽毛球、垒球、篮球、足球、拳击、皮划艇、自行车、击剑、体操、举重、手球、曲棍球、柔道、摔跤、水上项目、现代五项、棒球、马术、跆拳道、网球、乒乓球、射击、射箭、铁人三项、帆船帆板和排球。其中，有些项目没有分项，分项最多的是水上项目，包括了游泳、花样游泳、水球和跳水4个分项。田径虽然没有分项，却有46个小项，其中男子24个小项，女子22个小项，是奥运会项目中金牌最多的。其次是游泳，虽然没有分项，但是有32个小项，男女各16项。

5. 伦敦奥运会比赛项目。

2012年伦敦奥运会共设26个大项，总计300个小项比赛：游泳、花样游泳、跳水、水球、射箭、田径、羽毛球、手球、篮球、拳击、皮划艇、激流回旋、静水、自行车、场地赛、公路赛、山地赛、小轮车（BMX）、马术、击剑、足球、体操、蹦床、竞技体操、艺术体操、柔道、现代五项、赛艇、帆船、射击、乒乓球、跆拳道、网球、铁人三项、室内排球、沙滩排球、举重、摔跤、曲棍球。比赛大项和小项均少于2008年北京奥运会。[①]

二、体育用品

（一）体育用品的概念

体育用品就是在进行体育教育、竞技运动和身体锻炼的过程中所使用到的所有物品的统称。主要包括包括体育器械、体育服装等。

（二）体育用品的分类

鉴于体育有专业性和业余性、娱乐性和竞技性、医疗性体育和一般性锻炼体育、社会体育和群众体育等的区别，根据体育自身不同的特点和用途可将它分为：

健身器材、器械：爱康跑步机、踏步机等。

校园体育器材：鞍马、铅球、标枪、跳高、起跑器、实心球、发令枪等。

康体器材、器械：握力器、臂力器等。

竞赛项目用品：足球、篮球、排球、乒乓球、网球、棒球、垒球、

---

① http://baike.baidu.com/view/1207235.htm

壁球、保龄球、台球、高尔夫球，以及围棋、象棋、扑克等各种项目用品。

运动护具：滑雪镜、护腕护膝、防护眼镜、骑行镜、篮球眼镜等。

运动服饰：运动手套、运动鞋袜、运动服装、运动帽、运动饰品等。

户外运动休闲用品：帐篷、睡袋、折椅、登山包、运动手表、望远镜等。

体育场馆：场地设施、场馆设施、游乐场设施、场馆灯光、音响等。

其他体育用品：运动营养品、运动饮料、纪念品、奖杯、奖牌、体育书报、体育杂志、体育音像制品等。

三、体育场馆设施

体育场馆设施是进行运动训练、运动竞赛及身体锻炼的专业性场所和相关固定附属设备。体育场馆主要包括对社会公众开放并提供各类服务的体育场、体育馆、游泳馆，体育教学训练所需的田径棚、风雨操场、运动场及其他各类室内外场地、群众体育健身娱乐休闲活动所需的体育俱乐部、健身房、体操房和其他简易的健身娱乐场地等及其附属设备。总的来讲，体育场馆设施是发展体育运动、增强人民体质、丰富社会文化生活的物质基础。

（一）我国公共性体育场馆设施的经营现状与发展

公共性体育场馆是指通过政府财政拨款或政府通过其他途径筹资兴建的体育场馆及其设施。

1. 我国公共性体育场馆设施的经营现状。

体制转轨基本完成，多种经营模式并存。改革开放以前，我国实行的计划经济体制，公共体育场馆一直是各级体育行政部门所属的事业单位，实行集中统一的行政领导和政府型管理体制。在这种管理体制之下，体育场馆长期封闭、功能单一、利用率低下，而政府负担沉重。随着改革开放和市场经济的深入，体育场馆设施的管理开始转轨，公共体育场管设施开始向社会开放，并实施有偿服务。目前，公共体育场馆及其设施的管理模式已呈现事业型、企业型、半企业型等并存的局面，且事业型模式已低于1/3。

本体经营形成规模。目前，公共体育场馆主要用于群众体育、竞技比赛和体育培训等体育活动，而用于会议等非体育活动的比例已大大减小，而且，在所有的体育活动中，群众性体育活动，如健身娱乐等成为"主业"。这说明公共场馆自身对群众开放的认识提高，经营思想与业务方向逐渐端正。

开放程度提高。目前95%以上的公共场馆已向社会开放，开放时间逐渐增多，有效缓解了群众体育锻炼需求与场馆设施不足的矛盾。

场馆消费有所起色，但总体水平不高。我国公共体育场馆大约有七成以上进行有偿对外开放服务，但总体水平偏低，根据有关专家推算和估计，我们消费者每年平均到收费场馆健身娱乐的次数为10次，中间还有部分关系票，远远低于发达国家水平。

经济效益有所好转，但扭亏形势依然严峻。相关专家调查发现，我国公共体育场馆设施经营中，盈利、持平和亏损者大致各占1/3，2/3左右的场馆设施开始摆脱亏损的包袱，说明我国公共体育场馆经营状况有所好转，但尚有1/3的场馆设施处于亏损境地，且公共体育场馆设施的经营受社会大环境的影响起伏较大，扭亏形式依然严峻。

2. 我国公共性体育场馆设施经营管理存在的问题。

管理体制不适应经济社会发展的需要。自20世纪80年代中期以来，管理体制大体经历了计划经济、预算管理、承包经营、租赁等演化过程，逐步实现了由行政型向经营型的转变。但由于受计划经济的影响，政府对公共场馆设施的管理中不愿撒手，给经营管理带来了一系列问题。一是所有权与经营权无法分离，导致场馆设施的经营缺乏自主权。二是场馆与上级体育部门之间的关系无法理顺，导致权责不清、利益不明。三是市场机制运行不畅，缺乏竞争力、效率低下。

国有资产流失现象依然存在。主要表现为长期的租赁合同金额小、合同执行难、纠纷多，资产评估缺失或不规范等。

经营条件不理想。主要表现在两个方面。一是场馆设施的资产状况不良，技术装备陈旧落后，配套设施不完善，急需大修和改造。二是资源状况不理想，由于场馆设施预算约束机制缺失、官办色彩浓厚，再加上市场体系的不健全等，导致启动或流动资金及管理人才严重缺乏，市场信息资源渠道单一。

3. 我国公共性体育场馆设施经营管理的发展动向与出路。

利用优秀运动队做好公共性体育场馆设施的综合开发利用工作。这样做可以争取运动队管理权威发展方向，这样可以受到上级体育主管部门的重视，不但可以获得资金支持，还可以得到政策支持。要选择热点项目，同时围绕运动队搞一些培训、讲座和表演竞赛等。以优秀运动队为载体，带动场馆经营管理和相关产业发展。

转变观念，改变体制。首先要转变观念，提高服务意识，采用适合自己体育场馆设施发展的、服务社会主义市场经济规律的管理体制和运行机制，采取多种经营方式，强调自主经营。

要充分挖掘体育场馆的无形资产，与社会各界人士建立广泛联系，使体育场馆在项目规划、审批、使用等方面更具优势，尤其要注意与运动队的教练员、运动员和裁判员等各方面的密切联系。

改善经营条件。体育场馆设施管理部门要主动改变独家经营的局面，积极开展对外联合经营。主要有以下两个途径：兼并，公共体育场馆之间的联合；公共体育场馆与外界联合经营，主要包括与企业、俱乐部、私营单位等的联合经营。[1]

(二) 我国大型体育娱乐场馆的经营现状与发展

大型体育娱乐场馆是指为满足广大群众通过运动所带来的身心健康

---

[1] 郭惠平：《我国公共体育场馆经营现状与出路》，体育软科学研究成果汇编2003年版，第421~434页。

需求，以提供有偿性体育娱乐与休闲健身服务为主的总和性体育场馆。目前，我国大型体育娱乐场馆国有性质的占大多数，其次是合资类。

1. 我国大型体育娱乐场馆的经营现状。

大型体育娱乐场馆在目前体育市场逐步成熟的条件下，具有很强的示范效应和规模优势，对区域性投资建设具有良好的辅助和参考作用，大大推进了全民健身运动的开展。

从经营上看，由于受到经营思想、策略、方式及管理水平等因素的影响，场馆之间的经营效益存在显著差异。造成这种结果的主要影响因素表现为经营管理者与消费人员认识上有差异，经营管理人员认为服务质量最重要，然后是设施的先进程度和经营的灵活性，而消费人员认为除了服务以外，设备的先进程度最重要，然后是项目的选择性和经营的灵活性。

大型体育娱乐场馆与其周围的辅设项目的同步发展体现了一种最简单、最直接的共生模式，这在一定程度上反映出我国部分地区资源短缺，采取地区性规模效应手段是合理开发与利用资源的一种有效途径。

2. 我国大型体育娱乐场馆的经营管理出路。

要控制大型体育娱乐场馆的重复建设，依靠大型体育娱乐场馆的无形资产搞扩大经营。改善经营项目，满足中、青、少年的需求的同时，为适应老龄化社会的到来更要增设中老年场所和项目。应成立行业管理部门或机构，完善政策、法规，统一管理和规范体育娱乐市场。

（三）国外先进体育场馆设施的经营与管理

1. 国外体育场馆设施建设与管理现状。

体育发达国家可以用于体育活动的场馆设施类型，最常见和常用的是体育场和体育馆。它们是大型体育活动的主要场所，通常分布在体育中心、学校、公园、居民小区中。另外还有私人所有的饭店、健身中心等。

发达国家对体育投入的经费越来越多，投入到体育场馆设施建设的百分比越来越大。其中，以竞技体育为目的的场馆设施可以由政府全部投资建设，也可以一部分由国家拨款，一部分由企业赞助和商家赞助；俱乐部使用的场馆设施则主要由俱乐部自己筹款建设和维护。另外，大众体育场馆设施则通常由国家或地方政府直接拨款建造，也有部分是由社会团体或企业投资建造。并且多由国家进行统一规划、布局。政府在场馆设施与管理方面的支持形式主要有五种：一是直接投入资金；二是提供低息贷款；三是出面作为担保向银行贷款；四是在税收政策等方面给予一定的优惠政策；五是用发行体育彩票的方式筹集资金，用于场馆设施建设。

体育场馆设施的管理模式大致有四种。第一种是政府直接管理，收支两条线，统收统支。第二种是委托单项协会或其他体育团体及社区组织管理。日常开支由管理者负责，收入用于补助管理者活动经费不足，大的维修工程由政府下拨维修经费。第三种是由私人承包或委托场馆设施管理公司管理。明确使用方向，定额上交盈利收入。最后一种是由场馆设施的私人所有者自行管理。

从内容上看，国外体育场馆设施通常从三个大的方面进行管理：建设管理；日常开发、使用及维护管理；大型体育赛事的运营管理。这些管理内容又包含众多的二级指标及三级指标，从而形成一个庞大而又复杂的场馆设施管理体系。

2. 国外体育场馆设施管理思想。

经营的非营利性。很多体育发达国家，如德国、意大利等在体育场馆设施管理中反复强调，"体育事业是公益性事业，体育场馆是非经营性实体"。政府通常采用减免税收或优惠政策鼓励社会对体育的投入。因此，许多富豪和公司积极对体育场馆设施进行捐助，一方面可以获得政府的政策支持，另一方面可以使他们得到一个好的社会名誉。

建设设计突出以人为本、人性化。在体育场馆设施建设的过程中，遵循"区别对待"的原则，讲究因人而异，满足包括老年人和残疾人等特殊人群在内的不同群体的需求。发达国家的体育场馆设施一般都有各种各样的、醒目的服务标志，甚至有专门的服务人员帮助寻找座位、指导方向等。

运营的专业化。一些场馆设施经营同经营企业一样，建立不同的管理及经营机构。有各个方面的专门化人才，既有体育专业人才，又有经济、文化、美术、管理、法律、广告、公关等专业人才。

细微化。对体育场馆设施的管理从很小的方面都给予重视，例如，为了方便观众的相互联系，设有出租临时呼叫业务，专设伤残人士的订票、售票窗口等。

3. 国外体育场馆设施建设与管理的发展趋势。

功能的多样化、一体化。"运动—公园—旅游—休闲—办公"一体化建设思想越来越流行。政府往往利用优越的自然环境条件，兴建大众体育场馆设施，将运动与旅游和休闲等结合起来。

经营的社会化和灵活化。体育发达国家常见的做法是走体育训练基地服务社会化道路，其实质是体育场馆设施的产权和管理经营权分离。将设施维修、餐厅管理、公寓管理、草坪养护等工作以契约的形式推向社会经营管理。另外，用于大众健身娱乐的场馆设施服务更加灵活，人们可以随时通过电话或网络进行场馆预订，手续简单，灵活方便。

大、中、小相结合，以简易社区体育场馆设施为主。发达国家需要大型的体育场馆设施，它们不但可以举办体育竞赛、集会、休闲、娱乐，更是城市文化品位的象征。当然，为了满足广大纳税人的健身娱乐需求，中小型、尤其是简易的社区体育场馆尤其盛行。

建设注重个性化和高科技产品的应用。建设体育场馆设施时，不同国家和地区注重建筑风格的标志性和个性，体现自己独特的社会内涵。另外，在体育场馆设施的建设过程中，高科技材料被越来越多地运用。

布局将以国家的宏观调控为主。发达国家的体育场馆设施建设往往注重国家统一规划。一方面，国家可以在充分调查各地群众喜欢项目、气候特点、文化风格特点等的基础上进行设计；另一方面，国家直接拨款，可以有效防止体育场馆的建设经费挪作他用。

以私人化为主。随着个人财富的增加，体育场馆设施的私人化管理将是主要发展趋势。①

第二节 体育文明的中间层

一、体育体制

(一) 体育体制的概念

体育体制是指体育的机构设置、权限划分、运行机制等方面的体系和制度的总称。或者更简洁地说，是体育的组织机构及其制定的规章制度。

体育体制是体育目标得以实现的基本保证，由于一个国家或地区的体育目标总是要反映某些集团或者是全民的利益，所以体育体制实质上是这些社会集团在体育领域中权利和利益分配的结果，也是它们在体育领域内各自权利和利益的保障。

(二) 体育体制的模式和类型

世界各国体育体制的性质、内容与结构不同，按体育管理权的归属，可分为政府型、社会型、结合型三种模式和类型。

政府型也称集中型，主要特征是政府设立专门的机构管理体育，政府的权力高度集中，政府运用行政方式，依靠计划机制，对体育从宏观到微观各个层面进行管理，而各种社会体育组织常常不具备实质性的管理作用和功能。政府型体育体制主要存在于社会主义国家，如古巴、朝鲜等。改革开放前的中国也采用这种体育体制，政府从体育的整体规划，到运动员的选拔训练，再到教练员、运动员等级的审核等都进行直接的管理，社会体育组织很少，而且其作用也微不足道。这种类型的体育体制能够集中有限的资源实现体育目标，但抑制了社会对体育组织的

---

① 王焕福：《国外先进体育场馆设施管理体制研究》，体育软科学研究成果汇编2003年版，第506~515页。

支持和参与，从而最终限制了体育的发展。

　　社会型也称分权型，主要特征是政府不设立专门体育机构，行政权力一般不介入体育事务，即使介入和干预，也常常采用法律或经济手段间接地进行。对体育的管理主要由社会体育组织负责。美国是典型的社会型体制。美国联邦政府中没有体育管理部门，政府不制定任何体育政策。美国政府有一个名义上的体育机构——总统健康与运动委员会。总统健康与运动委员会是由政府设置的，但实质上是一个旨在促进大众体育的咨询机构。真正管理美国体育的是名目繁多的社会体育组织。美国体育的社会组织分为业余体育组织和职业体育组织。美国奥委会是美国业余体育最大的协调机构，但实际上除了选拔组织奥运会代表团之外，对其他体育组织不具备支配控制的权力。各单项运动协会负责各自的运动项目发展，与国家奥委会只是名义上的隶属关系。美国职业体育联盟及其所属的职业运动队构成了美国的职业体育组织。此外，在美国，中学体育由全国中学体育联合会管理，大学体育由大学体育联合会、初级大学体育联合会和大学校际体育联合会三个机构联合管理。这种模式能发挥社会各方面的积极性，也有利于各个体育组织内部不受外界干扰进行有效管理，缺点是在全局上缺乏有力的协调和统一。

　　结合型也称混合型或中国型，是指由政府和社会体育组织共同管理体育的体育体制，政府设立专门的体育机构，对体育实行宏观管理，社会体育组织在政府的宏观调控下负责具体的业务管理。世界上大多数国家目前都实行的是结合型管理模式。由于结合型体制既能发挥政府的宏观控制功能，又能发挥社会组织的积极性，因而是一种比较理想的体制模式。但在实际的操作中，政府和社会的权限划分和利益分配方面存在一定困难，这无疑会对体制功能的发挥产生一定的掣肘。事实上，结合型体制只是大体处于中间状态的管理模式，它们中间有的偏重于政府型，有的偏重于社会型，所以不同的结合型体制也可能存在非常大的差异。但目前的趋势是两头向中间靠拢，即原来政府型的体制也开始鼓励社会组织的参与,原来的偏重社会型体制也开始有政府慢慢地介入。

(三)体育体制模式的主要影响因素

国家的经济政治体制对体育体制类型的选择具有决定性的影响。在实行计划经济的国家,体育被当作国家的事业由政府统一管理,因此一般采用政府型体制。在实行市场经济的国家,体育作为社会产业独立运作,因此常常采用结合型甚至社会型,当然,衡量一个国家或地区的体制类型是否合理,主要看该体制是否与其经济政治体制相吻合。

国家的经济发展程度对体育体制的影响非常重要。当一个国家的经济发展程度低下,社会没有能力承担支持与发展体育的责任时,政府必须考虑承担体育发展的责任;而当社会物质生活条件丰富,社会组织有能力和意愿参与体育时,政府就可以考虑放权社会来发展体育。

民族文化传统对体育体制模式的选择具有间接的影响。我国注重群体、权威,体育体制相对偏向政府型,而美国在体制类型的选择上注重社会参与,选择了社会型。[1]

(四)我国体育体制的现状及发展动向

1. 我国体育体制的三个战略转变。

第一个战略:举国体制,即以发展高水平竞技为先导,带动体育事业全面发展。

举国体制最早是由原国家体委主任贺龙同志在登山实践中运用的。20世纪50年代末,原打算借助苏联的帮助登上珠穆朗玛峰的计划因为中苏关系的紧张而搁浅。贺龙在争取周恩来等中央领导人的支持后,在全国集中选拔优秀登山运动员进行刻苦训练,并从欧洲购买先进登山器械,于1960年顺利登顶珠穆朗玛峰。第二年我国举办的第26届乒乓球世锦赛也同样运用了层层选拔、层层筛选、集全国之力攻克难题的做法,同样取得了优异成绩。1979年中国重新进入奥林匹克大家庭之后,为迎接1980年在莫斯科举办的第22届奥林匹克运动会,国家体委在给中共中央的请示报告和新中国成立后30年的工作总结报告中指出,"运用社会主

---

[1] 秦椿林等:《体育管理学》,高等教育出版社2002年版,第88~91页。

义制度的优越性，实行集中统一领导，调动各个地方和各个方面的积极性……使体育上得快一些"。不过当时还没有"举国体制"这一说法，直到洛杉矶奥运会后，相关领导在总结竞技体育发展经验时，认为我国竞技体育的成功得益于这种体制，并将其命名为"举国体制"。

举国体制的原有含义是"在党中央国务院直接领导下的政府领导机构和社会体育组织相结合的"体育体制，属于结合型。但在发展过程中，一度演变成比较严重的政府型，主要表现在三个方面：①政府行使几乎全部的管理职权，中华全国体育总会和中国奥委会只是名义上的存在，体育总局下设的主管业务的司处取代了它们的管理权。②国家承担绝大部分经济费用，无论是学校体育、竞技体育，还是群众体育，费用基本上都由国家承担。③主要运用行政手段进行管理，政府控制着体育资源，主要运用行政命令的手段进行管理，政府文件是最重要的管理信息。但不可否认，举国体制有其存在的合理性：①从理论依据上看，由于将体育界定为人民的事业，而国家代表着人民的利益，体现了人民的意志，体育由政府直接管理就成为必然。②从实现方面看，改革开放前的计划经济体制决定了属于社会结构一个组成部分的体育不能游离于国家的政治经济体制之外。③从历史上看，刚建立的新中国瓦砾劫灰尚需清理，各项工作百废待兴，采取集中管理的方式是必要的，而且实践证明是非常有效的，我国的体育事业在极短时间内用有限的人力、物力和财力迅速崛起，并把中国推向了体育大国的位置。

第二个战略：社会化，即以革命化为灵魂，以社会化和科学化为两翼，实现体育腾飞。

20世纪80年代中期以前，中国竞技体育以1982年的亚运会和1984年的奥运会为代表，实现了质的突破。但体育决策层在面对全国上下一致称赞的同时感觉到了巨大压力：国人对体育日益高涨的需求与国家投入不足的矛盾日益突出；社会体育的短板日益凸显；过分集中的体育体制逐渐落后于时代的发展；体育科技的落后严重制约了体育的进一步发展。为此，国家体委先后制定文件，提出体制的战略转变。这个战略转变对体育的发展具有较好的效果，但由于对体制改革的必要性、复杂性和艰巨性缺乏清醒的认识，只是将此后的工作重点放在了调整内部关系、发动社会办体育上，而没有真正从体制改革着手解决已经开始暴露出的问题，导致这次的战略调整没有起到实质性的作用。

第三个战略：市场化，即以职业化、产业化和市场化为核心。

在20世纪80年代中前期我国体育取得辉煌战绩以后，中国体育开始了糟糕的表现，1988年的兵败汉城，中国足球的"黑色9分钟""518事件"等，使中国足球和体育界面临前所未有的巨大压力。体育管理部门既害怕成绩下滑，又害怕手中权力流失，犹犹豫豫、止步不前。但当时，邓小平同志的南方谈话促使中国改革开放事业掀起了新一轮的高潮，中央领导根据邓小平的讲话精神对足球改革做出了"足球体制改革一步到位"的重要批示。于是，1992年11月，国家体委召开了"中山会议"。经过激烈的讨论后，与会人员逐渐统一了认识，认为体育改革不是对原有体育体制和运行机制的细枝末节进行修修补补，而是要按社会主义市场经济的要求和现代体育运动的规律，对原有体制进行根本性的变革。1993年，在"中山会议"的基础上，国家体委制定并下发了《关于深化体育改革的意见》及若干配套文件，在改革的指导思想、目标及具体措施等方面做出了具体要求。从1994年足球联赛开始，篮球、排球、围棋、乒乓球等一批竞技运动项目相继走上了市场化、职业化道路，中国体育开始发生全面、深刻的变化。以足球为龙头的体制改革尽管出现了这样那样的问题，比如假球黑哨、球场暴力、水平不高、球员薪水过高等，但它符合我国经济体制转变的需要，而且也符合现代体育运动的发展规律，从总体上看大方向是正确的。

2. 我国体育体制的发展趋势。

第一，随着我国改革开放的进一步深入和社会主义市场经济的逐渐成熟，国家的社会结构将会进一步调整，国家和社会各方面在体育领域内的责任、利益和权利会进一步重新分配，从而达到在共同利益基础上的相对平衡，我们的体育体制将会成为更合理的结合型举国体制。第二，政府与社会体育组织的管理权限将会得到合理分配。届时，政府负责宏观的大政方针的制定和监督指导等职能，社会体育组织行使业务管理职能。第三，体育的内部管理机制将遵循市场经济运行规律，成为经营性运行机制，主要采用法律、经济等管理手段。第四，由于中国幅员辽阔，经济文化发展极不平衡，将会出现多元化管理体制并存的局面。第五，由于中国相对国外体育、本国政治经济体制和经济发展水平等方面的后发优势，体育体制的发展很可能会出现跨越式发展。

（五）国外体育体制的发展动态

随着全球化和世界经济一体化，世界各国都开始关注市场和体育的互动作用，社会对体育的参与也越来越多。与此同时，体育也成为振奋民族精神、提高国家地位和促进经济发展的重要事业。近年来，各国政府加大对体育的管理力度已成为一种普遍的明显的趋势。从长远来看，世界体育体制逐渐趋同，结合型体育体制将成为世界流行的体育机制。

二、体育组织

（一）体育组织的概念

对体育组织主要有两种大体相同的观点。一种认为，体育组织就是人们为了达到体育工作目标，经由分工与合作及不同层次的权利和责任制度而构成的人的集合。另一种认为，体育组织是由一定的人员按照一定的程序，为一定的体育目标而组成的合作性统一体。其实，两种提法大同小异，都强调体育组织的目标性、协调合作、有机整体。

（二）体育组织的结构类型

体育组织的结构类型主要有五种：直线型、职能型、直线职能型、矩阵型、事业部制。

1. 直线型组织结构。特点：组织中各种职务按垂直系统直线排列，各级主管人员对下属拥有直接的一切职权，一个下级单位只接受一个领导的指令，上下级关系简单、明确、清楚。优点：结构简单，权力集中，责任分明，命令统一，联系简洁。缺点：①由于所有的管理职能集中由一人承担，当个人的知识能力有限时可能会发生较多失误；②下级缺乏必要的自主权；③部门之间缺乏沟通。适用范围：小型组织或现场作业。某些体育教学单位就是直线型体育组织结构，如图所示2-1。

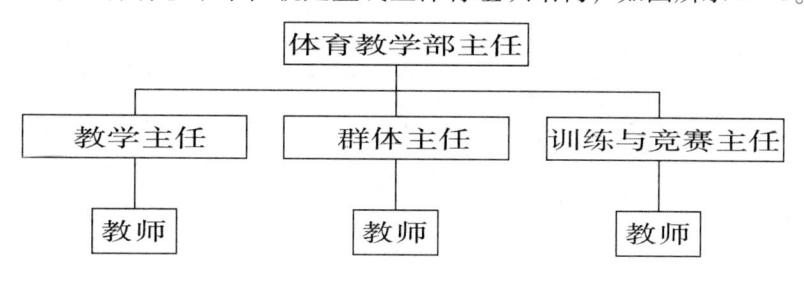

图 2-1 直线型体育组织结构

2. 职能型组织结构。

特点：按照单位的各项主要业务进行组织设计。（如生产、销售、人事、保卫等部门）。优点：以基本业务为重点，便于专业化管理。缺点：下级除了接受上级主管部门的指令外，还必须接受上级各职能部门的指令，容易形成多头领导，命令不统一，相互协调困难。某些体育器械生产单位就是职能型体育组织结构，如图2-2所示。

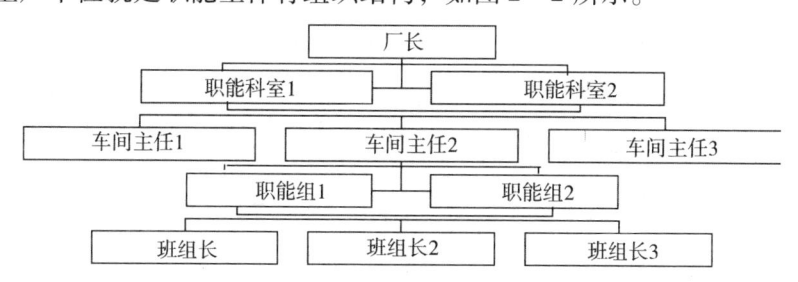

图 2-2 职能型体育组织结构

3. 直线职能型组织结构。

特点：直线领导为主体，同时发挥各职能部门的指导、参谋作用。实行自上而下的垂直领导，职能部门则是主管部门的助手和参谋，不能对下级组织发布命令。优点：能集直线型和职能型之优点，避两者之缺点，一方面保证了直线型的直接领导，另一方面也能较好地发挥各职能部门的积极作用。缺点：权力过分集中，信息传递线路长，协调工作量较大。某些高校就是直线职能型体育组织结构，如图2-3所示。

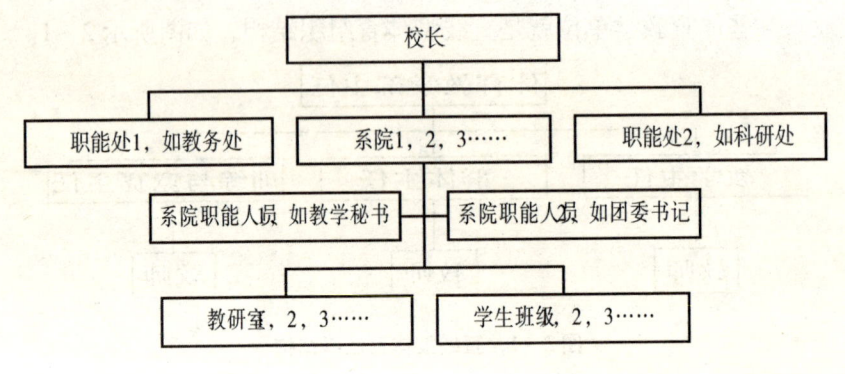

图2-3 直线职能型体育组织结构

4. 矩阵型组织结构。

特点：在统一组织结构中职能部门和管理部门纵横交叉，一般是为完成特定任务，从各部门抽调专业人员组成临时或长期专门小组，同有关部门进行水平的联系，协调有关部门的活动，并有权指挥参与特定任务的工作人员。优点：加强了各职能部门的横向联系，具有较大的机动性和适应性，使集权和分权较好地结合在一起，有利于发挥专业人员的积极性和创造性。缺点：实行双重领导，容易产生命令不统一问题，从而滋生矛盾。某些体育院校就是矩阵型体育组织结构，如图2-4所示。

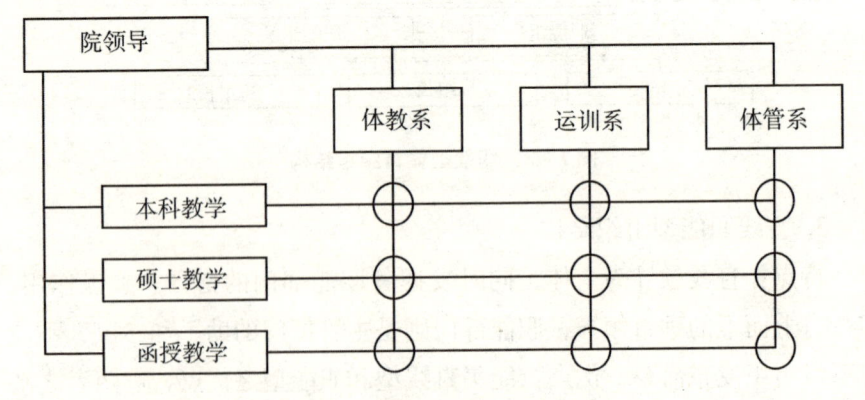

图2-4 矩阵型体育组织结构

5. 事业部制组织结构。

特点：采取"集中决策，分散管理"，分权程度较高。把管理活动分为若干事业部，而事业部是一个相对独立的单位，实行独立核算。事业部在内部管理上拥有自主性和独立性，设有相应的职能部门。优点：高层领导摆脱具体的管理事务，有利于集中精力做好战略决策和长远规划，提高了管理的灵活性和适应性，以及主动性和积极性。缺点：职能机构重叠，造成管理人员的浪费；各事业部门独立核算，容易产生本位主义，忽视组织利益；由于职权下放，部门之间的协调难度增加。国家体育局就是事业部制体育组织结构，如图2-5所示。

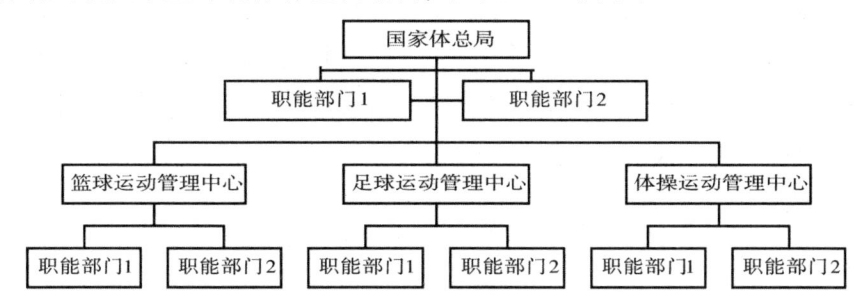

图2-5 事业部制体育组织结构

（三）体育组织的分类。

根据不同的划分依据，体育组织可以分成各种不同种类。从组织的内部结构关系的角度，体育组织可分为正式体育组织与非正式体育组织；从经济关系角度可分为营利体育组织与非营利体育组织；从与政府的关系可分为政府体育组织与非政府体育组织；从与国家的关系可分为国内体育组织与国际体育组织；从组织存在的时间关系可分为临时性体育组织与永久性体育组织；从项目数量关系可分为综合性体育组织与单项体育组织等。[①]

[①] 阮刚：《体育组织研究——特征、功能、概念与分类》，《湖北广播电视大学学报》2010年第2期，第141页。

（四）未来体育组织的发展动态

未来体育组织将是上述各种组织共存，而组成各组织的体育俱乐部将会逐步成熟完善，成为职业体育和群体活动的重要载体。在未来全球化的状态下，国际体育组织产生的威力越来越大，体育的全球治理显现。另外，一个国家体育自身的发展又需要接受主要由西方制定的国际制度、国际惯例和国际标准。全球化进程必然会带来更多的全球制约，这在某种程度上会限制国家制定和执行战略政策的自主性。国际体育组织为了加强管理和免于引起恐慌，处处设置障碍。过去，主权国家掌管着发生在其疆域内的一切，而这一切都在被慢慢打破。再有，在跨越国家疆域——国际领域中所发生的一切也源自国家之间的互动。面对着强大得足以改变世界的国际体育组织力量，国家在提供保护上表现出无能。在国家层面上，体育全球化将减少国家对体育的控制，增加对民主责任感的压力，或者动摇国家主权。①

三、体育法律

法律是由国家制定或认可，并由国家强制力保证实施的各种行为规范的总和。而体育法律是指为保障公民的体育权利、维护正常的体育秩序、发展体育事业，由一定的国家机关按照法定程序制定或认可的、调整一定的社会关系的行为规范的总和。我国从新中国成立到1994年底共制定了500多项体育法律法规，又于1995年6月由国务院颁布了《全民健身计划纲要》，随后当时的国家体委也制定了《关于贯彻〈全民健身计划纲要〉实施全民健身"一二一"工程的意见》。特别是1995年8月29日八届人大十五次会议通过了新中国成立以来的首部《中华人民共和国体育法》，并于10月1日正式施行。各国用制定体育法律来管理体育的做法越来越普遍。

---

① 舒盛芳：《体育全球化进程及其特征》，《体育学刊》2007年第1期，第26页。

(一) 我国体育法律的现实问题及发展动向

1. 我国体育立法中存在的问题。

第一，体育法学研究薄弱。体育法学人才缺乏，研究体育立法的论文数量和质量有限，相关论著很少见，体育院系法学课程设置很少且不具备连续性，这些都很难适应我国体育法治建设的步伐。

第二，立法层次不高。按国家体育总局对外公布的最新数据，截至2007年12月31日，我国的体育法制体系由1件法律、6件行政法规、5件中央文件、137件地方性法规和政府规章构成，调整我国体育事业全面发展的全国性法律和行政法规明显偏少。另外，从立法形式上看，大多是以"条例""规定""办法"等形式命名，实际效力大受影响。

第三，立法内容不完善。表现在三个方面：①现行立法内容以宏观管理为主，缺少针对体育的专门性法规，例如，对体育纠纷处理、体育市场管理和体育竞赛秩序的规范等问题的立法，至今还相当薄弱。②法律责任方面的规定并不完善，实效性差。例如，《体育法》对侵占体育场地作出禁止性规定，《公共文化体育设施条例》对改变公共体育设施用途提出了程序方面的具体要求，但是，由于缺少相应法律责任的规定，也没有明确的执法主体，体育场地被侵占破坏的现象在国内时有发生。③内容不平衡性仍然凸显，部门规章和规范性文件以调整体育系统内部关系和竞技体育为主，地方立法以调整体育经济为主。群众体育、学校体育、推动体育社会化、产业化的专门立法明显偏少。

第四，困扰体育改革和发展的重点与难点问题的立法不多。①体育纠纷的仲裁机制缺乏。从1994年足球项目首次实行职业联赛以来，中国体育的产业化和职业化进程使体育纠纷数量增多且日益复杂化。目前世界各国解决体育运动领域的纠纷模式，大致存在体育组织内部解决、体育诉讼及体育仲裁三大机制。体育纠纷的专业性、技术性、时效性强，而在我国主要靠体育组织内部解决和体育诉讼，由于各体育组织对运动员、运动队、俱乐部的救济渠道不畅，司法介入的诉讼时间很长，因此，对解决体育纠纷的成效并不显著，难以满足体育事业的发展需要。②缺少促进和规范体育产业发展的法规。体育产业在当今世界已成为巨大的经济实体，在经济生活中扮演重要角色。随着我国社会主义市场经济体制的不断完善，体育产业化、市场化的程度日益提高，需要有与其相适应、相配套的法律和法规。但目前还没有全国性的法律、行政法规调整体育产业的发展。在部门规章中，也只有在1998年由国家体育总局、财政部、中国人民银行联合发布的《体育彩票公益金管理暂行办法》和1999年由国家体育总局发布的《体育彩票财务管理暂行规定》，而各地出台的地方性法规或规章，也大多为比较宏观的"体育经营活动管理办法"或"体育市场管理办法"，缺少在国家立法层面的能全面规范和促进体育产业发展的法规，也缺少针对具体的构成体育产业重要组成部分的体育竞赛表演市场、体育健身娱乐市场、体育用品市场、体育中介市场、体育无形资产的开发和利用等方面的规范。

第五，对促进体育国际合作与交流的国际体育立法重视不够。中国参加的体育领域的多边国际公约至今只有一个，即2005年的《反对在体育运动中使用兴奋剂国际公约》，中国在2006年10月9日交存加入该公约的加入书，该公约2007年2月1日对中国生效。而1985年的《反对体育领域里种族隔离国际公约》，中国在1987年10月21日签署后，始终没有获得批准，根据1969年《维也纳条约法公约》的规定，中国签署而未批准，不是该公约的缔约国，该公约对中国没有拘束力。在双边协议方面，中国与相关国家签订了20余个双边协定，这些双边协定涉及全面体育合作的不多，而且，由于协定的有效期较短，通常为1~5年，难以为中国与相关国家建立长期、稳定的体育合作关系提供国际法律保障。

2. 我国体育立法中存在问题的原因。

第一，改革开放以来的法制建设以经济立法为主，忽视社会领域立法。改革开放以来，立法工作要服从和服务于经济建设这个中心，因此，从国家法律到地方立法，均出现重经济轻社会的现象。经济立法在总体上可以直接保障和促进生产力发展，产生明显的经济效益，决策者、立法者、执法者、司法者容易对经济立法产生积极性，而社会立法在总体上需要政府付出经济、服务、管理等资源，在我国经济发展水平还不高、政府全心全意发展经济的情况下，大力发展社会立法缺乏相应的物质基础和经济资源，政府行为缺乏相应的动力和积极性。总体来看，从中国改革开放以来大的立法背景来看，体育立法与其他社会领域的立法一样，长期受到忽视。

第二，功利主义思想导致在体育事业发展中偏竞技轻制度。在我国，体育中的功利主义主要表现为政治功利主义和经济功利主义。在整个国家和民族看来，在体育比赛中获得荣誉是国力强盛的象征，在特殊历史时期，体育运动更是肩负起重大的政治任务，成为对外交流与对话的外交手段。随着经济的发展，特别是改革开放以来，经济体制转轨加速了人们价值观的转变，经济功利主义获得了存在的合理性和社会现实的物质基础，国家拿出巨大资金用于竞技体育，在体育法制建设领域，也表现出了对竞技体育的偏重。

第三，体育行政主管部门在立法中的推动作用不足。我国法制建设包括体育法制建设的路径选择的是一种以"政府推进型"为主的法制现代化过程，强调政府在法制建设中的主导性作用。体育行政主管部门虽然不是法律和行政法规的制定者，但在中国现有立法起草机制中，政府相关部门往往是作为有关法律或行政法规的起草单位，因此，我国体育法制建设的前景在很大程度上取决于政府对法制目标和实现步骤的统筹规划、合理推进和具体实施。重视本领域立法的部门，通常会在全国人大或国务院征求立法建议时，积极予以推动。而在体育领域，体育行政主管部门在全面实施依法治体方面的作用不够突出，推动立法的力度不足。

第四，人文精神在中国体育发展中的缺失。"举国体制"的推行，体育行政主管部门关注金牌，机构设置、资金投入、人员配置都围绕竞技运动的夺冠，对体育发展的其他领域重视不足，这就造成了立法重点偏于竞技，内容过窄。更为突出的是，社会对体育的认识存在偏差，认为体育就是竞技、竞技就是金牌，是体育行政主管部门的事，而忽略了体育丰富的社会功能和价值，忽视了民众的健康权利、休闲权利和体育的社会化与市场化发展。同时，人们也担心体育行政主管部门通过立法而使"部门利益法制化"，从而在一定程度上影响了社会对体育立法工作的关注和推动。

3. 我国体育立法发展的基本策略。

第一，大力发展社会事业，推动中国体育法制建设进入新阶段。人类正面临既要享受现代文明，又要保持人类固有野性，使人类不断进化和优化的问题，体育是目前为止找到的最有效、最有益的方法。因此，加快体育事业的法制化建设，推动群众体育、体育产业化的发展，是顺应经济社会发展规律的必然要求，是顺应人类自身发展的必然要求。社会事业的发展，离不开法制建设的推动和促进。2003年《公共文化体育设施条例》的出台和实施，对加强体育设施建设、发展体育公益事业产生了积极推动作用。2009年10月1日起施行的《全民健身条例》对保障公民参加体育健身活动的合法权益产生了重要意义。在全社会都在重视社会事业发展的大背景下，要强化依法治体，用法制来保障体育社会事业所取得的成就。另外，体育社会事业的发展，也在不断促进体育法制建设的完善。

第二，在国家法律层面，积极推动《中华人民共和国体育法》的修改。体育界、法律界要通过各种渠道，向全国人大常委会阐明修改《中华人民共和国体育法》的必要性、可行性和紧迫性，尤其是体育行政主管部门要高度重视现行《中华人民共和国体育法》已远远落后于体育事业发展需要的客观现实，做好修改《中华人民共和国体育法》的各项准备工作，推动《中华人民共和国体育法》早日进入修改议程。

第三，重视地方立法对完善体育法制建设的重要作用。改革开放30多年来，地方立法对中国政治、经济、法制、文化和其他事业的发展，发挥了积极作用。体育法制建设从全国层面的立法情况来看，不尽如人意。中国幅员辽阔,各地的体育发展水平参差不齐,可根据各地情况,推动体育地方立法的发展。

第四,加强国际领域的合作,并用国际立法的形式来加以推动。我们已经成为世界竞技大国,有责任、有条件更充分扮演重要角色。伴随着现代法治的发展,体育法正在成为许多国家法律系统的组成部分,体育发展也面临全球化的法制背景。现代体育的规范要求与国际社会普遍的法制规则相契合,使世界体育呈现出日益明显的法制化趋向。加强体育法制建设,提高体育领域的法治化水平,是我国体育与各国和国际体育平等对话与交流的重要基础和必要条件。我国体育法制建设的发展,应注重在国际体育领域通过国际协定与其他国家或国际组织建立长期的、稳定的、广泛的合作关系,积极参与和引领国际体育的发展,以更加适应全球化的体育法制背景。

第五,体育行政主管部门要转变观念,重视将法制建设落到实处。举国体制使我国竞技体育成为最大的受益者,但要成为体育强国,更要重视体育各领域的协调和全面发展,尤其不能忽视体育的法制化建设。体育发展要进入快速的、有序的、适应社会发展和人民需要的发展新阶段,必须营造良好的法制环境。法制是体育发展的必由之路,依法治体是建设法治中国的有机组成部分,体育行政主管部门要进一步强化法制观念,重视体育领域的立法工作,大力加强体育法制建设,把中国体育事业的发展纳入科学化、规范化、法制化的轨道。[1]

(二)国外体育立法的趋势

1. 体育立法的国别性。

世界各国的体育立法在总体上有不同的立法要求和程序。各个国家都有其具体的、特殊的体育法律规范,不同的国家由于社会制度、社会心理等方面的差异,呈现出不同的立法形式和形态,偏重集权的国家在立法过程中往往明确规定政府对体育工作的垂直管理,而那些地方分权

---

[1] 袁古洁:《我国体育法制建设发展的现状、问题与对策》,《体育科学》2009年第8期,第26~31页。

制国家可能会把体育管理权限放给地方。

2. 内容的完整性。

美、日、德、英等国家的体育立法，大都具有比较完整的内容，除了总则外，还包括体育体制的规定，国家机关、军队、群众团体等在体育方面的职责义务，不同体育领域的法律和规定，体育经费和关于体育的税收，社会保险中体育方面的内容，体育协会、俱乐部，奖励和处罚等方面。

3. 公民体育权利保障的侧重性。

许多国家制定体育法的根本目的是保护公民的体育权利，并着重强调为实现公民权利提供现实保障的工作和制度系统。法律一般都能明确体育领域中的权利、义务和责任，对相关关系做出权利调整，以保障公民体育权利的实现。

4. 体现法律的强制性。

各国的体育法律都有对奖惩措施的专门阐述，规定对体育事业发展有利的会得到鼓励和奖励，受到法律的保护；而不利于体育发展的消极因素都是法律禁止的，而且会做比较详细的规定。

第三节　体育文明的里层

一、体育价值观

（一）体育价值观的含义

体育价值观也称为体育价值观念，是体育价值在人们头脑中的反映，是人们关于体育价值的基本观点和看法，它是指导人们对体育问题进行价值判断的基本原则。体育价值观是人的价值观的组成部分。体育价值观会因个体所处的阶级、地位及其体育经历，以及社会文化状况等的不同而产生差异。①

（二）体育价值观的主要内容

体育价值观的内容结构应该从认识论和本体论两个角度进行研究，认识论主要是指价值观，本体论指的是体育实践。

（1）从认识论的角度看，体育价值观就像价值观一样，也包括价值目标、价值选择、价值取向、价值标准、价值评价等内容。但其最基本的内容包括体育价值目标、体育价值实现手段和体育价值评价标准三个方面。体育价值目标是人在特定条件下所追求和期望实现的体育价值理想。体育价值实现手段是指实现特定体育价值目标的途径和方式方法。体育价值评价标准是指人们对体育价值的质和量进行评价的依据和尺度。

（2）从本体论的角度看，体育价值观包括体育的教育价值观、体育竞争价值观、体育的休闲价值观和体育的经济价值观四个方面。体育的教育价值观是人们对体育在改造人或社会群体的思想观念和社会行为中的积极作用的认识，是关于体育在培养人、改造人方面的价值判断和基本观点。体育竞争价值观是个体或群体在对体育认知和满足自身需求时所获得的对竞争的认同或满足。体育的休闲价值观是指个体或群体对体育的活动形式以及健康娱乐身心等功能的认识和评价。体育经济价值观是人们对于体育领域中的经济价值及其创造过程的认识和评价。

（三）我国体育价值观的发展动向

（1）从认识论的角度看，体育的价值目标将呈现多元化，不同的个体或群体在不同的条件和状况下对体育有着不同的追求和期望。例如，同样是进行体育锻炼，有的是为了健身祛病，而有的则是为了塑造体形，还有的是为了休闲娱乐等等；体育价值实现手段将会出现综合治理的局面，最常用、最基本的体育价值实现手段有三大类：经济手段、政治手段和舆论手段。经济手段主要包括物质条件、物质的奖励和惩罚等；政治手段主要包括行政命令、法律等；舆论手段主要包括宣传和教

---

① 周西宽：《体育基本理论教程》，人民体育出版社2004年版，第50~58页。

育等。体育价值评价标准会因不同的社会文化心理背景、不同的个体而存在差异，体育价值评价标准的合理性和科学性会体现在既能满足国家和社会的需要，又能满足个体和群体的需要，并使二者完美结合。

（2）从本体论的角度看，体育的教育价值观将集中于体育在促进人们养成健康的生活方式，引导人们更好地适应社会生活，培养现代人的价值观念和行为方式，培育民族精神等方面的积极作用；体育的竞争价值观将会进一步促进竞技体育、社会体育和学校体育各领域的竞争性和科学化发展；体育的休闲价值观重点体现在对体育功利观念的纠正、对健康的重视和对人的全面、自由、和谐发展的促进等方面；体育的经济价值观表现为体育产业在体育的各个领域和层次均衡发展、齐头并进。①

二、体育精神

（一）体育精神的含义

体育精神是体育的情操、信念、理想、体育道德、体育知识、审美水平的具体体现，它反映了体育的特征、凝聚力、号召力、感染力、体育水平和整体面貌，是体育的支柱和灵魂。体育精神是体育行为的内在原动力，属于一种心理资源，在一定程度上起着对各类体育活动的指导作用。体育精神在体育活动中最明显的体现是体育心态、体育风范、体育面貌、体育期望等。

（二）现代体育精神的内涵体系

20世纪90年代，体育界对我国长期以来形成的优良体育精神进行概括总结，并称之为中华体育精神。认为中华体育精神包括为国争光、无私奉献、科学求实、遵纪守法、团结协作、顽强拼搏等精神。中华体育精神不但对我国体育的繁荣发展起到了指导和激励作用，更是在和谐社会的建设和发展中起到了不可替代的作用。尽管现代体育文明的主流

---

① 陈琦等：《我国当代体育价值观的研究》，《体育科学》2006年第8期，第3~9页。

是以西方为代表的奥林匹克运动,奥林匹克精神代表先进的体育精神方向,但中华体育精神与之并不矛盾,而且在某些方面还对奥林匹克精神起到补充和矫正作用。总的来看,现代体育精神主要表现在以下四个方面。

1. 以人为本精神。

以人为本的体育精神其实是体育价值观在体育实践中的具体体现。以人为本的体育精神具体包括:一是重视人的自身价值——塑造健康强壮体魄,自主自立自爱。二是重视人的权利、自由和尊严——自由参赛、自尊、自强,追求荣誉与尊严。三是乐观自信——重身心愉悦、展现旺盛生命活力、豁达自信、追求运动乐趣。四是运动家风范——光明磊落、公正大度、襟怀宽广,坦然对待成败荣辱得失。五是尊重、理解、友爱——尊重对手和失败者,消除偏见对抗,实现跨文化交流,既是对手也是朋友,赢得尊重、友谊、团结与欢乐。

2. 公平竞争精神。

公平精神就是公正为怀、公平行事的体育风尚,这是人类对理想社会的一种崇尚和追求,也体现着社会公平公正的理念。公平竞争精神表现为:一是规则——要求规则面前人人平等,机遇均同;全世界共同遵守《奥林匹克宪章》和相同的"游戏规则"。二是自由民主——追求自由选择、自主参加、在规则约束下自由表现,具有各种民主权利。三是开放参与——体育表现出一种超常的深度开放,参与竞争重于获取优胜。四是诚信——讲究诚信,体育是在诚实守信的基础上开展的活动或比赛。五是创新进取——为了更快更高更强,必须不断创新和进取,永不满足。六是科学效率——体育训练讲求效率与科学,科技全方位支撑着体育的发展。

3. 团队合作精神。

现代社会里,任何一项科技或经济成就的取得,都是一个团队集体合作的结果,是团队合作精神的体现。在体育领域,人们应具有自由发挥的创造精神和挑战生理极限的挑战精神,同时又要有服从团队和裁判规则意识的团队精神，一个人的单打独斗已经很难，甚至不可能与对手竞争，因此团队精神在现代体育中具有相当重要的作用。具体地讲，体育团队合作精神表现为：一是共为一体——共存共荣、强烈的归属感、目标高度一致。二是协作互助——协调配合、相互帮助，发挥团队中每个人的能力。三是尽心尽力——彼此信任宽容、尽职尽责、甘愿牺牲个人利益。

4. 和谐发展精神。

现代体育精神是人类和平、和谐等人文理念的体现。体育和谐发展精神至少包括三个方面的内容：一是群体之间的和平——今天所举行的所有世界性的体育比赛，都是一种超种族、超文化、超等级、超地域的全世界人民的大联欢，奥林匹克运动是促进人类灵魂与体魄之间和谐发展的最大的体育盛会，它本身就是和平的象征。二是人与人之间的和谐相处——体育精神讲求团结友爱，可以有效地增强人与人之间的认同感、归属感，是消除对立、弥合分歧、缓解矛盾的有效媒介。三是人与自然的和谐相处——在现代化进程快速发展的情形下，人们迫切需要走向户外，走进大自然，陶冶身心，强健体魄，体育让人们重新接近自然、回归自然，成为人与自然关系的润滑剂。[①]

三、体育道德

（一）体育道德的含义

体育道德即体育伦理，是体育活动参与者共同遵循的行为规范，也是体育活动中调整和制约人们相互关系的准则。体育道德不仅是体育活动中的行为规范，是体育比赛的行为准则，更是一个地区、一个国家、一个民族的行为准则的体现，是民族精神、道德水准的示范。

（二）我国社会主义体育道德的内容

1. 体育的基础性道德。

体育是社会文化的一个组成部分，体育道德和一般道德一样，是一

---

① 黄莉：《体育精神的文化内涵与价值建构》，《体育科学》2007年第6期，第88~92页。

定社会经济关系的产物,因而具有道德的一般性要求,从而构成体育的基础性道德。体育的基础性道德是对体育参与者最基本的道德要求,是作为一个社会主义公民的起码的道德标准,是做人的基本道德,具体包括讲文明,有礼貌,助人为乐,胜不骄、败不馁、互相尊重等。

2. 体育的主体性道德。

体育作为一种行业,其道德具有自己的行业特点和本质要求,由体育行业特点决定的体育道德规范,就是体育道德的主体内容。体育的主体性道德主要包括两个方面:其一是自觉地遵守体育竞赛规则,公平竞争;其二是不断进取,勇于拼搏。

3. 体育的主导性道德。

主导性道德是以基础性道德为基础,以主体性道德为载体的一种道德升华。体育的主导性道德大致包括两个方面。其一是集体主义,要求人们在体育活动中互相关心,互相帮助,团结友爱,顾全大局。其二是民族意识、爱国主义,表现为体育参与者把国家、民族的利益放在第一位,顽强拼搏,奋发向上,为祖国争得荣誉。[1]

(三) 我国体育道德的失范与发展对策

1. 我国体育道德失范现象的表现。

目前,我国体育道德失范现象在各个领域都有所体现,而在运动员、教练员、裁判员、体育观众和体育组织等方面表现得尤为突出。运动员的道德失范主要表现为运动员身份和资格作弊、贿赂裁判或对手、假球、赌球、假摔、赛场暴力、服用兴奋剂等。教练员的道德失范主要表现为怂恿和默认运动员服用兴奋剂、殴打和辱骂运动员、克扣运动员工资和奖金、怂恿或亲自参与赛场暴力等。裁判员的道德失范行为主要表现为徇私舞弊、收受贿赂、吹黑哨等。体育观众的道德失范主要是违背了体育的基础性道德,在体育比赛中发泄不满、损坏财物、制造事端、引发骚乱等。体育组织(包括政府体育部门)的道德失范主要表

---

[1] 侯斌:《试论社会主义市场经济条件下体育道德及其制度保障》,《北京体育大学学报》2002年第1期,第33~35页。

现为对体育活动的不作为和对体育赛事的操纵等。

2. 我国体育道德建设的发展对策。

(1) 加强体育伦理道德教育。第一，加强体育伦理道德教育，对体育活动的主体施加道德影响。对运动员来讲，加强体育道德教育应针对运动员的身心特点和家庭社会背景，除了学习政治理论外，还需要进行有针对性的人文素质教育和基础性道德教育，使之自觉地遵守体育的主体性道德和主导性道德。加强教练员和裁判员的道德教育，要根据其岗位特点和行业发展趋势，进行人文教育和爱岗敬业、科学认真等主体性道德教育和主导性道德教育。加强体育观众的道德教育应该分阶段进行。平时的观众道德教育，要依据社会主义体育道德原则和观众的道德规范进行常规的基础性道德教育。重大体育比赛时，要集中管理，全面部署，加强宣传，不但进行道德教育，还要加强体育文化建设，进行体育比赛规则和文明观赛等方面的教育。对体育组织的领导和工作人员进行道德教育，除了进行公平公正、清正廉洁、爱国主义等主体性道德和主导性道德教育以外，更要进行常规的管理能力和素质教育。

(2) 加强体育伦理学的研究与学科建设。目前，我国对于体育伦理道德的研究普遍存在重视程度不够、研究组织机构不健全、研究队伍不稳定、研究成员少、研究内容与范围缺乏深度等问题。针对这些问题，急需从理论和实践两方面加强建设。在基础理论方面，应从我国体育事业的实际出发，紧密结合体育实践中遇到的道德热点和难点问题，加强对我国体育道德理论体系建设的研究，深入探求社会体育道德的本质、特征、对象、功能、形成、发展、变化的规律及其建设原则、方略等。在实践应用方面，必须进行广泛深入的调查，总结、归纳和概括出适应我国体育事业发展需求、具有体育特色、能够有效地规范和调整体育参与者行为及其道德关系的体育道德原则和道德规范。同时，加强体育伦理道德理论与实践的研究，还要借鉴国外体育发达国家道德建设方面的成功经验和其他学科体育道德的研究成果。

(3) 加强体育道德法制化建设。单纯而又孤立的道德建设不是万能的，要将道德和法律结合起来，用法律和道德共同规范体育秩序。首先，要完善立法体系，促进体育道德法制化建设。要使体育道德建设真正能够有章可循，有法可依，促进体育事业的文明、健康、有序发展。具体来讲，就是把体育中的公平竞争、拼搏进取等道德规范变换成法律规范，以国家强制力来保证这些规范推行。其次，要进一步加大体育法律法规的执行力度。对于存在道德失范的个人、体育部门和体育组织，要加大监管和处罚力度，做到执法必严、违法必究，用经济手段和法律手段等综合治理。当然，关键是要加强体育工作者的法律意识，增强体育法制观念。

（4）加强体育道德的社会舆论监督和制度化建设。社会舆论监督是加强体育道德建设的手段，要借助图书、报纸杂志、广播影视、互联网络等各种宣传媒体，通过公益广告、标语口号、宣传手册等多种形式，通过褒贬和正确评价各种体育现象，矫正道德失范，树立正确高尚的社会主义体育道德观。要加强体育道德规范的制度化建设，把体育道德建设落到实处。可以把体育道德规范中那些具体的、可操作的内容纳入制度之中，用正式制度的形式将一些道德规范和道德准则固定下来，既可以避免体育道德建设的无章可循，还可以提高体育道德的权威性。

（5）规范体育道德评价标准。对正确高尚的体育道德行为作出肯定的评价，对道德失范现象作出否定的评价，都需要建立明确规范的体育道德评价标准。要建立合理的体育道德评价机制，就要坚持体育道德标准的一致性和激励作用，采用合理规范的体育道德评价标准。应该将社会主义体育道德原则作为体育道德评价的根本标准，制定具体的体育道德标准和要求，规定运动员、体育工作者和体育参与者应该遵循的具体准则和要求。

（6）传承和借鉴体育道德文化。现代体育道德是对传统体育文化和体育道德的继承和发展，要对传统体育道德文化进行批评继承和创造性发展。儒家文化是中华传统文化的主流，而儒家文化核心内涵就是伦理道德，伦理道德反映在包括体育在内的所有活动中。这种传统道德是现代体育道德传承发展的基础和重要资源,我们要进行悉心挖掘、认真利用。同时,应该大力弘扬、深刻领会、认真实践奥林匹克道德的内涵和理念,继承中华民族传统美德的同时,融合奥林匹克精神,推进体育道德的发展。[①]

[①] 张玉超等:《我国体育道德失范成因及预防对策研究》,《体育文化导刊》2007年第6期,第52~54页。

第三章

中国体育文明成果

　　华夏五千年的文明蕴含着丰富的优秀体育文化。先秦时期，中国古代体育从运动实践、组织运行到思想观念等方面的种种特征都已初成体系，并对中国体育文明的发展产生了深远的影响。魏晋南北朝时期，我国经历了空前的民族大变动，不同的文化元素相互融合，体育文明也进入一个大繁荣时期。北宋的建立迎来了中国传统体育文明的鼎盛时期，体育呈现出世俗化和休闲化。但是，元朝和清朝北方民族的入侵对中原包括体育在内的经济文化造成了严重的破坏，尤其明清的社会制度和文化政策阻碍了社会前进的步伐，加之西方现代体育的入侵，中国体育陷入空前的危机，此阶段及后来的民国时期，体育文明成果乏陈可述。新中国成立后，尤其是改革开放以来，中国体育以积极的姿态融入世界，并创造了丰富的体育文明财富。

　　本章将从体育文明的外层（主要是项目形态）、中间层（体制实体）、里层（主要是体育思想）三个层面进行阐述。中国土生土长的体育项目非常多，但最具代表性的是武术和养生，其次是一些民间特色项目和休闲娱乐项目。由于历时长、影响大、内容多，武术、养生项目的两部分内容将在后面单列章节进行阐述，本章主要介绍起源于中国而又颇具民族特色或是对世界影响较大的体育项目。新中国成立后的体育体制实体前面已作介绍，这里只论述新中国成立前中国最具影响的组织、机构和制度。体育思想要复杂一些，一些对中国体育的发展影响不大，甚至是负面影响较强的体育思想不再叙述，如魏晋玄学、宋明理学等的体育思想。同样，前面论述过和后面将要论述的相关体育思想也不会在本章出现。所以，本章主要介绍新中国成立前除武术、养生以外最具影响的相对先进和影响力大的体育思想及其代表人物和著作。

第一节　中国体育文明的外层

一、蹴鞠

蹴鞠又名"蹋鞠""蹴球""蹴圆""筑球""踢圆"等，"蹴"即用脚踢，"鞠"系皮制的球，"蹴鞠"就是用脚踢球。它是中国一项古老的体育运动，最早载于《史记·苏秦列传》，苏秦游说齐宣王时形容临苗："临苗甚富而实，其民无不吹竽、鼓瑟、蹋鞠者。"蹴鞠有直接对抗、间接对抗和白打三种形式。以儒家思想为核心的中国传统文化讲求"和"与"中庸"，多数情况下的社会文化心理是重"文治"而轻"武功"。人们推崇谦谦君子的温文尔雅，鄙薄孔武之士的争强好胜。在这种社会文化背景下，蹴鞠由对抗性比赛逐步演变为表演性竞技。

《史记》和《战国策》最早记录了足球运动的情况。《史记》和《战国策》的记载都表明，在当时的齐国故都临淄，蹴鞠已发展成一种成熟的娱乐方式，而且在民间广为流行。齐宣王于公元前319年—公元前301年在位，由此可以断定：在距今2300多年前或更早的一段历史时期，在齐国故都临淄城足球活动就已广泛开展。蹴鞠已发展成一种民间盛行的体育和娱乐活动项目。

秦统一六国后，蹴鞠运动一度沉寂，西汉建立后重新兴盛。汉朝人把蹴鞠视为"治国习武"之道，不仅在军队中广泛展开，而且在宫廷贵族中普遍流行。《西京杂记》上就记载：刘邦当了皇帝之后，把父亲刘太公接到长安城的未央宫养老，吃穿用度极尽豪华，终日看歌舞伎乐。但他却并不满意，终日闷闷不乐。原来刘太公自幼生活在城市下层，接近贩夫走卒、屠狗杀牛之辈，工作之余的娱乐活动离不开斗鸡、蹴鞠。于是，刘邦就下了一道圣旨，在长安城东百里之处，仿照原来沛县丰邑的规模，造起了一座新城，把原来丰邑的居民全部迁住到新城。刘太公和刘温也迁住到那里，又开始"斗鸡、蹴鞠为欢"，这才心满意足。可以看出，在战国时期，足球是城市下层人民喜爱的娱乐活动，到了西汉初年，足球也得到贵族阶级的喜爱。雄才大略的汉武帝就很喜欢观看蹴鞠运动。《汉书》记载，汉武帝在宫中经常举行以斗鸡、蹴鞠比赛为内容的"鸡鞠之会"，宠臣董贤的家中还专门养了会踢球的"鞠客"（类似于今天的球星）。可见，西汉时期，足球活动的社会面更为扩大了。由于蹴鞠运动的兴盛，汉代还出现了研究这项运动的专著，汉代曾有人写了一部《蹴鞠二十五篇》，这是我国最早的一部体育专业书籍，也是世界上第一部体育专业书籍。

随着社会生产力的发展，足球制作技术有所改进。唐代在制球工艺上有两大改进：一是把用两片皮合成的球壳改为用八片尖皮缝成圆形的球壳。球的形状更圆了；二是把球壳内塞毛发改为放一个动物尿泡，"嘘气闭而吹之"，成为充气的球，这在世界上也是最先发明的。据世界体育史记载，英国发明吹气的球是在 11 世纪，比我国唐代晚了三四百年时间。

唐代的球体轻了，可以踢高。球门就设在两根三丈高的竹竿上，称为"络网为门以度球"。在踢球方法上，汉代是直接对抗分队比赛，"僻脱承便，盖象兵戍"。双方队员身体接触就像打仗一样。唐代分队比赛，已不是直接对抗，而是中间隔着球门，双方各在一侧，以射门"数多者胜"。从足球技术来说，这是一种发展；而间接对抗，从体力训练来说，却是足球运动的一个退步。由于球体轻了，又无激烈的奔跑和争夺，唐代开始有了女子足球。女子足球的踢法是不用球门的，以踢高、踢出花样为能事，称为"白打"。不仅皇帝宫中有这样的习俗活动，民间也有。诗人王维《寒食城东即事》诗中说，"蹴鞠屡过飞鸟上，秋千竞出垂杨里"，可见踢球之高。杜甫《清明》诗中也说，"十年蹴鞠将雏远，万里秋千习俗同"，也说明了踢球习俗的普遍。这种习俗一直延续到南宋时期，诗人陆游在《春晚感亭》诗中描写过这个情景："寒食梁州十万家，秋千蹴鞠尚豪华。"又《感旧四首末章盖思有以自广》诗中有"路入梁州似掌平，秋千蹴鞠趁清明"的诗句。

　　蹴鞠在宋代获得了极大的发展。施耐庵的《水浒全传》中，写了一个由踢球发迹当了太尉的高俅。小说虽然在人物事迹和性格上作了夸张，但基本上是宋代的事实。高俅因踢球而发迹，告诉了我们这样两件事：一是宋代的皇帝和官僚贵族是喜爱踢球的，有些人本身爱踢球，有些人爱看踢球。宋徽宗赵佶是个足球迷，他看了宫女踢足球后写诗道："韶光婉媚属清明，敞宴斯辰到穆清。近密被宣争蹴鞠，两朋庭际再输赢。"《文献通考》介绍："宋女弟子队153人，衣四色，绣罗宽衫，系锦带，踢绣球，球不离足，足不离球，华庭观赏，万人瞻仰。"上海博物馆藏一幅《宋太祖蹴鞠图》，描绘的就是当时情景。宋代社会上还有了专门靠踢球技艺维持生活的足球艺人。据记载，北宋汴梁城和南宋临安城，在皇宫宴会上表演踢球的名手，就有苏述、孟宣、张俊、李正等；在市井瓦子里的踢球艺人，有黄如意、范老儿、小孙、张明、蔡润等。宋代的足球和唐代的踢法一样，有用球门的间接比赛和不用球门的"白打"，但书上讲的大多都是白打踢法。所谓"脚头十万踢，解数百千般"，就是指踢球花样动作和由几个花样组成的成套动作，指用头、肩、背、胸、膝、腿、脚等一套完整的踢技，使"球终日不坠"。由此看来，宋代的足球，由射门比准已向灵巧和控制球技术方面发展。宋代制球工艺比唐代又有提高，球壳从八片尖皮发展为"十二片香皮砌成"。原料是"熟硝黄革，实料轻裁"。工艺是"密砌缝成，不露线角"。做成的球重量要"正重十二两"。足球规格要"碎凑十分圆"。这样做成的球当然质量是很高了。当时手工业作坊制做的球，已有40个不同的品种，每个品种各有自己的优缺点。制球工艺的改进，促进了踢球技术的发展；而制球手工业的发展又反映了社会需要量的增加。为了维护自身利益和发扬互助,至少在南宋时期,宋代的踢球艺人还组织了自己的团体,叫作"齐云社",又称"圆社"。这是专门的蹴鞠组织,专事负责蹴鞠活动的比赛组织和宣传推广,这是我国最早的单项运动协会,类似于今天的足球俱乐部;也可以说,它就是世界上最早的足球俱乐部。

到了元代,关汉卿等人的散曲中记述了男女对踢足球的情景。但这种男女对踢,已不是双方寻求自身的娱乐,而是以妇女踢球作为一种技艺供他人欣赏。萨都剌《妓女蹴鞠》散曲中说:"毕罢了歌舞花前宴,习学成齐云天下圆。"可见踢球和歌舞一样,都是宴会上的技艺。"占场儿陪伴了英豪"的妇女,大都是"谢馆秦楼""鸣珂巷里"的"绝色婵娟",可见踢球成了妓女娱客的手段。踢球娱乐的社会性已大大缩小,它不再是节日的活动内容,也不再是宴会上的节目,而是和放荡行为相联系的娱乐。

《明史》上记载,拥兵三吴、称兵割据的吴王张士诚的弟弟张士信,"每出师,不问军事,辄携樗蒲(一种赌具)、蹴鞠,拥妇女酣宴"。可见踢球已和淫乐连在一起。所以,朱元璋称帝之后,传下圣旨,严厉禁止军人踢球。朱元璋的圣旨只能禁止军人踢球,但并不能改变足球的娱乐性质。被称为明代社会百科大全的小说《金瓶梅》中,有一段描写西门庆在丽春院看妓女李桂姐踢球的事:西门庆吃了一回酒,出来外面院子里先踢,又教桂姐与两个圆社踢。"一个掮头,一个对障,拗踢拐打之间,无不假喝彩奉承。"上述描写,也很能表明明代踢球的娱乐性质。满族人曾将其与滑冰结合起来,出现了"冰上蹴鞠"的运动形式。清代中叶以后,随着西方现代足球的传入,中国传统的蹴鞠活动被现代足球所取代。

2004年7月15日,国际足联主席布拉特先生在第三届中国国际足球博览会上向世界正式宣布"足球起源于中国",山东淄博被正式确认为世界足球起源地。在2006年德国世界杯期间,布拉特再次表示:"足球起源于中国,临淄是足球的故乡,不仅是你们的骄傲,是中国人的骄傲，也是全世界的骄傲，是所有喜欢足球、喜欢世界杯的人的自豪。"2006年4月，作为德国世界杯的一部分，德国汉堡足球博物馆正式开馆，向观众展示丰富的足球历史文化，包括作为足球起源地的灿烂的中国蹴鞠文化。

二、围棋

围棋起源于中国古代，推测起源时间为大约公元前6世纪，是一种策略性二人棋类游戏（也有联棋或团队对战模式，有二人对二人、一人对多人、多人对多人等形式），使用格状棋盘及黑白二色棋子进行对弈。围棋中国古时就有"弈""碁""手谈"等多种称谓，是中国古代知识阶层修身养性的一项必修技艺，属于琴棋书画四艺之一。目前围棋流行于亚太，覆盖世界范围，是一种非常流行的棋类游戏。围棋在很大程度上反映了中国传统思想文化的精髓，是在中国发展最广的艺术，是中国的国粹。被认为是目前世界上最复杂的游戏之一。

春秋战国时期，围棋已在社会广泛流传了。《左传·襄公二十五年》曾记载了这样一件事：公元前559年，卫国的国君献公被卫国大夫宁殖等人驱逐出国。后来，宁殖的儿子又答应把卫献公迎回来。文子批评道："宁氏要有灾祸了，弈者举棋不定，不胜其耦，而况置君而弗定乎？"用"举棋不定"这类围棋中的术语来比喻政治上的优柔寡断，说明围棋活动在当时社会上已经成为人们习见的事物。

秦灭六国一统天下，有关围棋的活动少有记载。《西京杂记》卷三曾有西汉初年"杜陵杜夫子善弈棋，为天下第一人"的记述，但这类记载亦是寥若晨星，表明当时围棋的发展仍比较缓慢。到东汉初年，社会上还是"博行于世而弈独绝"的状况。直至东汉中晚期，围棋活动才又渐盛行。与汉魏间几百年频繁的战争相联系，围棋之战也成为培养军人才能的重要工具。东汉的马融在《围棋赋》中就将围棋视为小战场，把下围棋当作用兵作战，"三尺之局兮，为战斗场；陈聚士卒兮，两敌相当"。当时许多著名军事家,像三国时的曹操、孙策、陆逊等都是疆场和棋盘这样大小两个战场上的佼佼者。著名的"建安七子"之一——王粲,除了以诗赋名著于世外,同时又是一个围棋专家。据说他有着惊人的记忆力,对围棋之盘式、着法等了然于胸,能将观过的"局坏"之棋,重新摆出而不错一子。我国围棋之制在历史上曾发生过两次重要变化,主要是在于局道的增多。魏晋前后,是第一次发生重要变化的时期。魏邯郸淳的《艺经》上说,魏晋及其以前的"棋局纵横十七道,合二百八十九道,白、黑棋子各一百五十枚"。这与河北望都发现的东汉围棋局的局制完全相同。但是,在甘肃敦煌莫高窟石室发现的南北朝时期的《棋经》却载明当时的围棋棋局是"三百六十一道,仿周天之度数"。表明这时已流行19道的围棋了。这与现在的棋局形制完全相同,反映出当时的围棋已初步具备现行围棋定制。

南北朝时期玄学的兴起,导致文人学士以尚清谈为荣,因而弈风更盛,下围棋被称为"手谈"。上层统治者也无不雅好弈棋,他们以棋设官,建立"棋品"制度,对有一定水平的"棋士",授予与棋艺相当的"品格"(等级)。当时的棋艺分为九品,《南史·柳恽传》载,"梁武帝好弈,使恽品定棋谱,登格者二百七十八人",可见棋类活动之普遍。现在日本围棋分为"九段"即源于此。而随着隋帝国对外的政策,高句丽、新罗、百济把围棋带到了朝鲜半岛,日本遣隋使把围棋带到了日本国。

唐宋时期,可以视为围棋游艺在历史上发生的第二次重大变化时期。由于帝王们的喜爱以及其他种种原因,围棋得到长足的发展,对弈之风遍及全国。这时的围棋,已不仅在于它的军事价值,而主要在于陶冶情操、愉悦身心、增长智慧。弈棋与弹琴、写诗、绘画被人们引为风雅之事,成为男女老少皆宜的游艺娱乐项目。在新疆吐鲁番阿斯塔那第187号唐墓中出土的《仕女弈棋图》绢画,就是当时贵族妇女对弈围棋情形的形象描绘。当时的棋局已以19道作为主要形制,围棋子已由过去的方形改为圆形。1959年河南安阳隋代张盛墓出土的瓷质围棋盘,唐代赠送日本孝武天皇、现藏日本正仓院的象牙镶嵌木质围棋盘，皆为纵横各 19 道。中国体育博物馆藏唐代黑白圆形围棋子，淮安宋代杨公佐墓出土的 50 枚黑白圆形棋子等，都反映了这一时期围棋的变化和发展。唐代"棋待诏"制度的实行，是中国围棋发展史上的一个新标志。所谓棋待诏，就是唐翰林院中专门陪同皇帝下棋的专业棋手。当时，供奉内廷的棋待诏，都是从众多的棋手中经严格考核后入选的。他们都具有一流的棋艺，故有"国手"之称。唐代著名的棋待诏，有唐玄宗时的王积薪、唐德宗时的王叔文、唐宣宗时的顾师言及唐信宗时的滑能等。棋待诏制度的实行，扩大了围棋的影响，也提高了棋手的社会地位。这种制度从唐初至南宋延续了 500 余年，对中国围棋的发展起了很大的推动作用。从唐代始，昌盛的围棋随着中外文化的交流，逐渐越出国门。首先是日本，遣唐使团将围棋带回，围棋很快在日本流传。日本不但涌现了许多围棋名手，而且对棋子、棋局的制作也非常考究。如唐宣宗大中二年（848 年）来唐入贡的日本国王子所带的棋局就是用"揪玉"琢之而成的，而棋子则是用集真岛上手谈池中的"玉子"做成的。除了日本，朝鲜半岛上的百济、高丽、新罗也同中国有来往，特别是新罗，多次向唐派遣使者，而围棋的交流更是常见之事。《新唐书·东夷传》中就记述了唐代围棋高手杨季鹰与新罗的棋手对弈的情形，说明当时新罗的围棋也已具有一定的水平。

  明清两代，棋艺水平得到了迅速的提高。其表现之一就是，流派纷起。明代正德、嘉靖年间，形成了三个著名的围棋流派：一是以鲍一中（永嘉人）为冠，李冲、周源、徐希圣附之的永嘉派；一是以程汝亮（新安人）为冠，汪曙、方子谦附之的新安派；一是以颜伦、李釜（北京人）为冠的京师派。这三派风格各异，布局攻守侧重不同，但皆为当时名手。在他们的带动下，长期为士大夫垄断的围棋，开始在市民阶层中发展起来，并涌现出了一批"里巷小人"的棋手。他们通过频繁的民间比赛活动，使得围棋游艺得到了更进一步的普及。随着围棋游艺活动的兴盛，一些民间棋艺家编撰的围棋谱也大量涌现，如《适情录》

《石室仙机》《三才图会棋谱》《仙机武库》及《弈史》《弈问》等 20 余种明版本围棋谱，都是现存的颇有价值的著述，从中可以窥见当时围棋技艺及理论高度发展的情况。满族统治者对汉族文化的吸收与提倡，也使围棋游艺活动在清代得到了高度发展，棋苑空前繁盛。清初，已出现一批名手，以过柏龄、盛大有、吴瑞澄诸人为最。尤其是过柏龄所著《四子谱》二卷，变化明代旧谱之着法，详加推阐以尽其意，成为杰作。清康熙末到嘉庆初，弈学更盛，棋坛涌现出了一大批名家。其中梁魏今、程兰如、范西屏、施襄夏四人被称为"四大家"。四人中，梁魏今之棋风奇巧多变，使其后的施襄夏和范西屏受益良多。施、范二人皆浙江海宁人，并同于少年成名，人称"海昌二妙"。据说在施襄夏 30 岁、范西屏 31 岁时，二人对弈于当湖，经过 10 局交战，胜负相当。"当湖十局"下得惊心动魄，成为流传千古的精妙之作。

到了近代，围棋在日本蓬勃发展，中国的围棋逐渐被日本赶超，清朝后期，中国棋手和日本棋手之间已经有一定的差距。新中国成立后，陈毅元帅也是一个围棋爱好者，他大力发展中国的围棋事业，新一代的围棋国手在新中国成长起来。代表人物有陈祖德、聂卫平、马晓春、常昊等。20 世纪 80 年代中后期，聂卫平在中日擂台赛中创造了八场不败的纪录，取得了前三届中日擂台赛的胜利，也在神州大地掀起了新的围棋学习的热潮。现在，围棋主要呈现中、韩、日三国鼎立的局面。日本由于故步自封，在世界大赛中战绩不佳，因此现在多呈现中、韩对抗的局面。

三、舞龙舞狮

中国是龙狮运动的发源地。舞龙、舞狮自问世以来，一直深受各族人民的喜爱，历代相传，长盛不衰，并由此形成了灿烂的龙狮文化。

舞龙也叫"耍龙灯""龙灯舞"，从春节到元宵灯节，许多地方都有舞龙的习俗。龙在中华民族代表了吉祥、尊贵、勇猛，更是权力的象征。人们在喜庆日子里用舞龙来祈祷龙的保佑，以求得风调雨顺、五谷丰登。舞龙的主要道具是"龙"。龙用草、竹、布等扎制而成，龙的节数以单数为吉利，多见九节龙、十一节龙、十三节龙，多者可达二十九节。十五节以上的龙就比较笨重，不宜舞动，主要是用来观赏，这种龙特别讲究装潢，具有很高的工艺价值。还有一种"火龙"，用竹篾编成圆筒，形成笼子，糊上透明、漂亮的龙衣，内燃蜡烛或油灯，夜间表演十分壮观。时至今日，舞龙经过不断发展和改进，成为一种具有观赏性的竞赛运动。舞龙的动作千变万化，九节以内的侧重于花样技巧，较常见的动作有蛟龙漫游、龙头钻档子、头尾齐钻、龙摆尾和蛇蜕皮等。十一节、十三节的龙，侧重于动作表演，金龙追逐宝珠，飞腾跳跃，时而飞入云端，时而入海破浪。再配合龙珠及鼓乐衬托，成为一种集武术、鼓乐、戏曲与龙艺于一身的艺术样式。

  在我国，狮子被认为是祥瑞之兽，舞狮能够带来好运，所以每逢春节或其他一些庆典活动，都会在阵阵锣鼓鞭炮声中，舞狮助庆，祈求吉利。唐代时狮舞已成为盛行于宫廷、军旅、民间的一项活动。唐段安节《乐府杂寻》中说："戏有五方狮子，高丈余，各衣五色，每一狮子，有十二人，戴红抹额，衣画衣，执红拂子，谓之狮子郎，舞太平乐曲。"诗人白居易《西凉伎》诗中对此有生动的描绘："西凉伎，西凉伎，假面胡人假狮子。刻木为头丝作尾，金镀眼睛银帖齿。奋迅毛衣摆双耳，如从流沙来万里。"诗中描述的是当时舞狮的情景。在一千多年的发展过程中，狮舞形成了南北两种表演风格。北派狮舞以表演武狮为主，即魏武帝钦定的北魏"瑞狮"。小狮一人舞，大狮由双人舞，一人站立舞狮头，一人弯腰舞狮身和狮尾。舞狮人全身披包狮被，下穿和狮身相同毛色的绿狮裤和金爪蹄靴，人们无法辨认舞狮人的形体，它的外形和真狮极为相似。狮子郎以古代武士装扮，手握旋转绣球，配以京锣、鼓钹，逗引瑞狮。狮子在狮子郎的引导下，表演腾翻、扑跌、跳跃、登高、朝拜等技巧，并有走梅花桩、蹿桌子、踩滚球等高难度动作。南派狮舞以表演文狮为主，表演时讲究表情，有搔痒、抖毛、舔毛等动作，惟妙惟肖，逗人喜爱，也有难度较大的吐球等技巧。南狮以广东为中心，并风行于港澳，以及东南亚侨乡。南狮虽也是双人舞，但舞狮人下穿灯笼裤，上面仅仅披着一块彩色的狮被而舞。和北狮不同的是狮子郎头戴大头佛面具，身穿长袍，腰束彩带，手握葵扇而逗引狮子，以此舞出各种优美的招式，动作滑稽风趣。南狮流派众多，有清远、英德的"鸡公狮"，广州、佛山的"大头狮"，高鹤、中山的"鸭嘴狮"，东莞的"麒麟狮"等。南狮除外形不同外，性格也不同。白须狮舞法幅度不宽、花色品种不多，但沉着刚健、威严有力，民间称为"刘备狮"。黑须红面狮人称"关公狮"，舞姿勇猛而雄伟，气概非凡。灰白胡须狮动作粗犷好战，俗称"张飞狮"。狮子为百兽之尊，形象雄伟俊武，给人以威严、勇猛之感。古人将它当作勇敢和力量的象征，认为它能驱邪镇妖、保佑人畜平安。所以人们逐渐形成了在元宵节时及其他重大活动里舞狮子的习俗，以祈望生活吉祥如意、事事平安。表时间，加入了喜、怒、哀、乐、动、静、惊、疑各种神态，舞动起来，就变成一头活生生的狮子，几个大狮子欢腾跳跃、辗转腾挪，为节日平添了许多喜庆和热闹。

四、龙舟

提起龙舟，人们自然就会想起纪念屈原。据说，当时楚国人民因舍不得贤臣屈原投身于汨罗江而死，于是划船追赶拯救，他们争先恐后，追至岳阳洞庭湖却不见屈原踪迹，后每年五月五日人们划龙舟，是想借划龙舟驱散江中之鱼，以免鱼吃掉屈原的尸体。是为龙舟竞渡之起源。

其实，龙舟作为一种文化，它的出现比屈原所处的年代要早得多。据专家考证，进行龙舟竞渡的先决条件必须是在产稻米和多河港的地区，这正是我国南方地区的特色。有关龙舟起源的记载，最早出现在东汉。据此可以推测，端午的习俗最初可能只在长江下游吴越民族中流行，后来吴越文化逐渐和中原文化交流融合，这种习俗才传到长江上游和北方地区。近年又盛传龙舟源于湖南西北部沅陵之说。《沅陵千年龙船》认为沅陵龙舟起源于5000年前，比纪念屈原的说法要早3000多年。

"龙舟"是做成龙形或刻有龙纹的船只。古代那些有"真龙天子"之称的帝王，行走水路时一般都要乘龙舟。如"天子乘鸟舟龙舟浮于大沼""上御龙舟，幸江都"。皇帝乘坐的龙舟，高大宽敞，雄伟奢华，舟上楼阁巍峨，舟身精雕细镂，彩绘金饰，气象非凡。但民间用来竞渡的龙舟和皇家龙舟不可比肩，一般都做得窄小狭长一些，以利赛事。用作竞渡的龙舟，其形制因时代而变化，因地域而不同。据载，旧时西湖上的龙舟，四五丈长，头尾高翘，彩画成龙形；中舱上下两层，船首有龙头太子和秋千架，均以小孩装扮，太子立而不动，秋千上下推移；旁列弓、弩、剑、戟等"十八般武艺"和各式旗帜。尾有蜈蚣旗，中舱下层敲打锣鼓，旁坐水手划船。

唐、宋、元、明、清各代帝皇，均有临水边观看龙舟的娱乐，也属于游戏之类。《旧唐书》中记穆宗、敬宗，均有"观竞渡"之事。《东京梦华录》卷七，记北宋皇帝于临水殿看金明池内龙舟竞渡之俗。其中有彩船、乐船、小船、画舱、小龙船、虎头船等供观赏、奏乐，还有长之四十丈的大龙船。除大龙船外，其他船列队布阵，争标竞渡，作为娱乐。宋张择端《金明池夺标图》即描绘此景。又明代皇帝，在中南海紫光阁观龙舟，看御射监勇士跑马射箭。清代则在圆明园的福海举行竞渡，乾隆、嘉庆帝等均往观看。也有的是游船式竞渡。如《淮南子·本经训》"龙舟鹢首，浮吹以娱"，指划着龙船、摇船在水上奏乐、游玩。《梦粱录》中记载南宋杭州"龙舟六只，戏于湖中"。湖上有龙舟，只是画舫游船的一部分。

当今，造龙船也不只是为了竞渡。如贵州黔东南和湘西一带苗族同胞的"龙船节"，所做的龙船就不是为了竞赛，而主要是为了乘坐龙船游村串寨，会亲访友。如今，龙舟作为龙文化的一个分支，在东莞、浙江、福建一带盛行，并逐渐成为一项国际性的娱乐赛事。

第二节　中国体育文明的中间层

一、武举制

先秦就有以武艺弓射取士的先例，汉代入仕多由察举，武猛谋略等人才是应时需推荐。科举取士源于隋炀帝，但军事人才仍需荐举。唐朝武则天将武举列入科举，武举制得以出现，并一直延续至清末。

（一）唐朝开创武举制先河

早在唐太宗贞观年间，选拔某些将军时就采用考试的方法。唐太宗开创了唐朝以武取士的先河，为后来武举的创立打下基础。武则天为广开仕途，选拔有军事才能和武艺出众的人才，于长安二年（702）正式实行武举："其制，有长垛、马射、负重、身材之选。翘关，长丈七尺，径三寸半，凡十举后，手持关距，出处无过一尺。负重者，负米五斛，行二十步者，皆为中第，亦以乡饮酒礼送兵部。"武则天设立武举的主要目的是维护她的新政权。唐朝至武则天时，勋官身份地位日渐下降，甚至唐人认为"频年征战，唯取勋官，牵免辛苦，与白丁无别"。勋官是唐初制定的给立军功者的赏格，但武则天时求勋官的人越来越多，而征战相对较少，所以百姓感到求取勋官有困难不愿征行。在征行出现困难、尚武之风渐衰的情况下，武则天决定开设武举制。武举是一条进取仕途、升官发财的路径。当时武状元官至侍郎，武举人的荣耀不亚于唐初驰骋战场、用生命换来的勋官，因此应试的人数有增无减。唐朝武举的内容有长垛（靶射）、骑射、马枪、步射、负重和翘关（考察臂力）。至于"身材言语"之选，则取躯干雄伟、应对详明、有统兵才干者。若文职官吏参加武举，则取身高六尺以上、年四十以下、强勇可以统人者。另外，考试中还有掌握特殊兵器等附加项目，如筒箭、机弩等。只要合格，不论出生、门第、官位、家境，均由兵部官员根据考试成绩综合高低差异，分别授予不同的武职。唐朝的武举每年举办一次，开科的时间、间隔固定，确定了"武科"的"常科"特点。实行武举制度，把军事将领的选拔纳入科举的轨道，使选拔制度化、规范化、经常化。这对于发现和造就大批军事将领、提高军官的素质和军队的战斗力具有重要的意义。实行武举制度也打破了门阀荫袭世官的一统天下，为习武之人打开一扇进身之门，同时大批文人学士也崇尚武功，提高了"武"的社会地位，也推动了民间武艺的普及和提高。

（二）宋朝武举制度趋于完善

由科举而进身仕途的观念在宋代深入人心。宋朝的武举在唐朝的基础上又有了新的发展，并逐渐趋于完善。宋朝武举主要有制举、常选和学选。首先出现的是制举。制举是汉代察举制度的余绪，为皇帝临时下诏所置，在两宋已不占主导地位。宋仁宗于天圣七年（1029）下诏复置制举凡六科，武举中的常选自此开始，但真正形成三年一度的武举制度是在英宗之后。学选即通过武学选拔武官。武学是培养武艺人才的专门学校，始于仁宗时，庆历三年（1043）置武学，继而中断，时间很短。至神宗熙宁五年（1072）始立制度，在武成王庙建立武学。武成王庙的武学为中央武学，不论出身、阶层均可应考，合格者即"以策为去留"。宋朝首开武举殿试之先河，形成解试、省试、殿试的三级考试制度。解试、省试由兵部主持，殿试则由皇帝亲试。殿试的出现，显示出宋朝统治者对武举的重视程度。宋朝武举的内容文武并重，其标准以文为主、其内容为武艺和策论。武艺以考弓马为主，弓马合格，则参加文章考试，先考策问，后考《武经七书》。仁宗时就确立了武举以文为主的制度，对武艺的要求并不高。宋朝的武举一改唐朝武举只重武艺的做法，变为既考武艺，又考策论，这使得宋朝武状元、武进士整体文化素质得以提高。但是武举标准以文为主，武艺偏低也导致了"主教者非将领之才……有教兵之虚名，而无训兵之实艺"。军队的作战能力较低，军事武艺的实效性也较差。宋朝设立了武学，编制了专用教材《武经七书》，使武举人才的培养有了较为坚实的基础，这不仅是对中国教育制度的一个贡献，也是对武举制度的完善。

（三）金朝武举制仿汉制得以延续

女真族建立的金政权仿照汉制开设武举。金朝的武举与宋代武举大体相似，依成绩分为上、中、下三等。金代武举重视对骑射的考核，内容有步射、马射、马枪、兵书。值得一提的是，金代对文人科举也施行武考，合格者方能选中。金章宗承安三年（1198），对文人武考作了详细规定："以六十米立垛，去射者十五步立两竿，相去二十步，去地二丈，以绳横约之。弓不限强弱，不计中否，以张弓巧便，发射违正中为娴熟，射十箭中两箭，出绳不至垛者为中选。"这些规定足以看出金朝统治者对"武"的重视程度。

（四）明朝武举重开并得以振兴

明朝立国后，生性猜忌的明太祖朱元璋担心武将手握兵权、威胁皇权，因而大肆杀戮武臣，并让武臣子弟入卫学、儒学，学习儒家经典。直到弘治六年（1493），孝宗颁布武举法才使在元代被废除的武举制得以重新开张。明朝中后期国内农民起义风起云涌，随后的数朝君主不得不利用武举制度招揽大批武学人才。明朝的武举坚持了弓马策略、实践和理论兼备的原则，但以"策略"为重。明朝的武举制度初定时即以"策略"为重，宪宗、孝宗承其定制。武宗虽然改为先试武艺，但是并未从根本上扭转"以答策为主"的局面。其考试科目大体分为"策略""技勇"两大类。明宪宗时期，武举的科目有"策"、马射和步射三种；武宗时，包括骑射、步射、"策"和"论"四项；穆宗时又将"力"加入考试科目。从穆宗至思宗时期，国内及周边局势更趋恶化，武举科目中更加重视"技勇"。武举取士使明朝统治区域内习武蔚然成风。士民普遍习武，全民军事体能、技能大大提高，对增强明朝军队的战斗力有着很大的作用，从而为朱明王朝，特别是其中后期政权的巩固和社会秩序的稳定起到重要作用。

（五）清代武举由盛转衰直至消亡

清代基本上沿袭明末的武举制度，但重视程度大大超过明朝。特别是康熙亲政后，改革了前朝凭文取官的弊端，使武举朝着文武并重的方向发展。清代是武举制度的鼎盛时期，共举行了112次武会试。清代的武举依照文榜程序，考试大致分为四个等级进行。①童试，县、府进行，考中者为武秀才。②乡试，在省城进行，考中者为武举人。③会试，在京城进行，考中者为武进士。④殿试，已取得武进士资格者，再通过殿试（廷试）分出等次，称为"三甲"。一甲前三名分别是武状元、武榜眼、武探花，获"赐武进士及第"资格。二甲十多名"赐武进士出身"资格。二甲以下者皆为三甲，获"赐同武进士出身"资格。殿试以后，通常立即由兵部授以官职。顺治三年（1646）是清朝武举第一科，当时规定武状元授三品的参将，武榜眼授从三品的游击，武探花授正四品的都司。二甲授正五品的守备，三甲授从五品的署守备。康熙年间又有变动，改一半授营职，是直接带兵的官；一半授卫职，是皇帝的宫廷侍卫。以后各朝武进士的授官情况有所变化，但品阶基本上以康熙朝定制为准。考试办法差不多和明朝一样。分一、二、三场进行。一、二场试弓马技勇，称为"外场"。三场试策略武经，称为"内场"。鸦片战争以后，武举人才已不能适应新的战争需求。除了长矛大刀与坚船利炮的差距，还有基本素质和军事思想的差距。光绪二十一年（1895），康有为联络在京参加会试的各省举子1300余人，上书光绪皇帝。奏疏中提出废武举、建学艺的主张。荣禄也提出废止武举考试，主张各省创设武备学堂，以西洋军事课程培养新式军人，然而他们的倡议并没有得到大多数朝臣的响应。武举考试竟被延续下去，光绪二十四年（1898），照例举行会试，但这也是中国历史上最后一次武会试。光绪二十七年（1901），在火器的压力下，武举制被废除，至此，唐以来的武举制度便退出了历史舞台。总的看来，清朝的武科比以往任何朝代都完善，考试制度更加健全，但是由于脱离时代的要求，仍一味地考马步弓石刀箭，远远落后于战事兵备的需要，加速了武举制度由鼎盛走向消亡的步伐。①

二、教坊

乐舞由于事关宗庙祭祀，所以乐工隶属于官府。由于两晋南北朝的长期战乱，宫廷乐工大量散落民间。隋朝把乐舞人才搜集到宫中。隋炀帝时乐舞人员到达3万多人，遂于大业六年（610）设专门机构加以管理，这就是教坊的由来。后来唐高祖置内教坊于禁中，掌教习音乐，属太常寺。武则天如意元年（692），改为云韶府，以宦官为使。唐玄宗改组大乐署，又置内教坊于蓬莱宫侧，京都置左右教坊，掌俳优杂技，教习俗乐，以宦官为教坊使，后遂不再属太常寺，教坊逐渐受到重视。此后凡祭祀朝会用太常雅乐，岁时宴享则用教坊俗乐。宋、金、元各代亦置教坊，明置教坊司，司礼部，清朝废止。

教坊属于宫廷机构，有能力从各州县征调艺人进京服役。服役的乐工和被淘汰的舞女成为宫廷和民间乐舞交流的媒介，促进了社会舞蹈艺术的普及和提高。

三、瓦舍

瓦舍又称"勾栏""瓦肆""瓦子"，是宋元时期兴盛一时的民间艺术演出场所。瓦舍以极其丰富的曲艺说唱杂技等表演为内容，标志着一种更为大众性的享乐消费异军突起。

瓦舍始于宋代，也仅仅在宋代生存和发展。瓦舍的出现标志着一场城市生活、城市景观变革的完成。在宋代以前，城内街道上一律不准开设店铺。晚上大街实行宵禁。变化始于唐朝末年，到了北宋，商家街头买卖既成事实，皇帝下诏，承认现状。于是，大街上店铺栉比，熙熙攘

---

① 王树宏等：《中国历代武举制度述略》，《沈阳体育学院学报》2005年第2期，第122~124页。

攘。在开封等大城市，一类固定的聚会玩闹场所也在热闹地点出现。这种固定的玩闹场所就叫瓦舍，之所以叫瓦舍是因为当时没有一个现成的名称，古人发现这类玩闹之徒忽聚忽散，犹如砖瓦之属，便将其聚会玩闹的场所称作瓦舍。由于市民阶层不断壮大，瓦舍兴起。瓦舍里玩闹的项目很多，都有杂货零卖及酒食之处，还有相扑、影戏、杂剧、傀儡、唱赚、踢弄、背商谜、学乡谈等表演。瓦舍原在北宋盛行，汴京（开封）城内有50多家。到了南宋，临安（今杭州）城内外也有瓦舍24座，名字都叫某某瓦，其中以众安桥的北瓦最大。瓦舍的出现使城市娱乐业兴旺，标志着普通市民阶层的壮大与城市生活、城市经济的活跃。瓦舍和酒楼、茶坊一起，通宵营业。南宋的杭州全城拥有23处瓦舍，其中"北瓦"最大，有勾栏（上演百戏的场所）13座，分别演出史书、小说、音乐演奏、舞蹈、杂技、戏剧、相扑、傀儡戏、说唱、说浑话和学乡谈（类似相声、滑稽）、皮影戏等。昼夜不停地演出，上千观众围得水泄不通。

四、清末新政

1901年，清政府迫于国内外日益危急的严峻形势宣布改革，在全国推行新政。在所有的新政措施中，有三件规定对体育的命运产生了重大影响：废绿营、兴新学和禁淫祀。

最先开始的是废绿营。清朝后期，清军已经不堪一击。从1862年起，清政府开始编练新军，并引进西方兵操，主要是聘请英国军人训练洋枪、洋炮和洋操。其中洋操的主要内容包括列队、刺杀、战术、战阵等及普通体操。甲午战争后清政府开始聘请德国军官作为新军教练，自然也把德国体操传入中国。到1903年，清政府设置练兵处，开始全面淘汰绿营，废除武举，编练新军。其次是兴新学。1904年，各级学校必修体操，拳术因被认为是"中国式体操"而逐渐进入学校，武术也开始成为学校体育的重要组成部分。又由于科举制被废除，习武者大都改转经商，做武术教师、做教官、开办武术会等。20世纪初，社会掀起了一场以禁淫祀为主要内容的反对迷信的活动，对民间练武组织产生了强烈的冲击。

总体看来，清末新政对中国传统体育的打击是巨大的，中国传统体育生活也因此而面临严重的生存危机。

五、《奏定学堂章程》

《奏定学堂章程》是清朝政府颁布的关于学制系统的文件，光绪二十九年（1903），由张百熙、张之洞、荣庆等奏拟。此年为癸卯年，所以又称《癸卯学制》。该章程是中国近代第一个以教育法令公布并在全国实行的学制，它根据初等教育、中等教育、高等教育等几个阶段的划分，对学校教育课程设置、教育行政及学校管理等作了明确规定。它对中国近代教育产生了重大影响。《奏定学堂章程》除规定学制系统外，还订立了学校管理法、教授法及学校设置办法等，施行至辛亥革命为止。该章程主要包括《学务纲要》《大学堂章程》《优级师范学堂章程》《初级师范学堂章程》、《实业教育讲习所章程》，以及《各学堂管理通则》《任用教员章程》《各学堂奖励章程》等。《癸卯学制》规定教育年限：小学为九年，高等小学堂四年，中学堂五年，学生到达7岁年龄后，理应一律进入。《奏定学堂章程》是中国历史上第一个正式颁布且在全国普遍性的学制，它的颁布以及随后所实行的一系列措施产生的影响是十分深远的，它奠定了中国现代教育的基础，打破了儒家经典一统天下的局面，建立了统一的教育行政体系，并为结束科举制创造了条件等。

《奏定学堂章程》在体育方面也作出了强调，规定体操为各级各类学校的必修科目，并对具体的体操教学内容作出了详细的说明。《奏定学堂章程》对培养国民的尚武精神和军事素养具有特殊的意义。

六、精武体育会

精武体育会是中国群众性武术团体，1910年霍元甲创办于上海，以教学武术为主要活动。1911年秋，该会在上海举行第一次武术表演，此后，在浙江绍兴设立了分会，在上海也设立了3个分会。从1918年起，又先后在武汉、广州、佛山、汕头、厦门等城市设立了分会。1920年以后，又分别在东南亚各地设立分会，如新加坡、吉隆坡、雅加达、三宝垄、泗水、西贡、马六甲等华侨聚居的地方。在吉隆坡还成立了女子精武体育会，国内派教师前往教授武术，并在当地华侨子弟学校担任武术教学工作。抗日战争开始后，该会活动时断时续。中华人民共和国成立后，一度停止活动，后又有所恢复。

精武体育会以体、智、德三星会旗和三星会徽为标记，提倡"体、智、德"三育并进和"乃武乃文"、体育以武术为主，逐步确立了初、中、高三级的"精武三十套武术基本套路"；德育上积极提倡和实行"爱国、修身、正义、助人"的精武精神。该会曾编辑出版《精武本纪》《潭腿精义》《潭腿卦图》《工力拳》《达摩剑》《粤曲精华》《新乐府》《测光捷经》《医说》等数十种作品和书刊；还将一些武术动作拍摄成电影，曾做专场放映招待驻沪各国领事。精武体育会对南北武术流派兼收并蓄，教师都是南北武术流派中有专长者，后又增加了其他体育项目的教学，如摔跤、拳击、球类等。霍元甲及其创办的精武体育会对传统体育尤其是武术的发展和传播具有不可估量的作用。

七、中华全国体育协进会

1924年5月22日到24日，国民政府在武昌举办第三届全国运动会。由于该运动会汇集全国体育界领导人士，大家皆认为需成立全国性的体育团体，以统筹推进全民体育，举办全国性的运动会，进而参加国际竞技活动。几度会商，推选 8 名筹备委员成立了筹备机构。7 月中华教育改进社在南京举行第三次年会之际，各地代表集会通过章程，8 月 24 日召开第一次全国代表会正式成立中华全国体育协进会，并取代原中华业余运动联合会，推举名誉会长张伯苓、主席董事王正廷，沈嗣良为名誉主任干事。董事会由 15 人组成。1927 年郝更生继任会长，第八届远东运动会在上海举行，由中华全国体协第一次筹办国际运动会。1928 年得中国青年会帮助，美国洛氏基金会又慨允无条件借用上海租界广场 130 多亩，并获得程贻泽慨助经费，兴建田径、足球、棒球、篮球、网球等场地，并商购美侨棒球建筑物，体育会始有独立的会所。

1937 年 7 月 7 日抗战爆发，中华全国体协随政府西迁重庆，会务停顿。1941 年 2 月 1 日张伯苓等在重庆夫子池新运模范区 135 号办公，并于 5 月向社会部备案，批准为社会团体。1942 年 10 月 1 日召开临时董事会，依法将董事会改组，分别组成理事会及监事会，推张伯苓为理事长，商震为常务监事，附设六种委员会，总干事下设一室三组，社会部核准为特种人民团体，准予组织各省市县分、支会。1943 年 1 月迁入大田湾办公，董守义以后任代总干事及总干事，会务日益展开。1948 年 5 月第七届全国运动会在上海举行，中华全国体协召开第四次代表大会改选理监事，王正廷当选理事长。1949 年中华全国体协驻地由南京迁至台北，会务停顿近两年。至此之后会址迁移不定，总干事也轮流更替。主要负责台湾地区的对外体育交流和各种级别的体育竞赛。

1952 年，中华人民共和国在中华全国体育协进会的基础上成立了中华全国体育总会。当时未向国际奥委会申请承认，遂在苏联协助下向国际田径总会及国际篮球总会缴会费，要求替代中华全国体协，并从乡下找来董守义，宣称中华全国体育总会由中华全国体协改制而成。

第三节　中国体育文明的里层

一、气一元论

　　气一元论是一种生命观，属于中国古代哲学理论范畴。中国古人认为，气是构成天地万物的本原，气的运动是物质世界存在的基本形式。"气一元论"的哲学思想认为：其一，气是物质；其二，气是天地万物的本原；其三，由气的运动变化而形成一切事物和现象的发生、发展和变化。气一元论的观点奠定了体育养生的思想基础。主要表现在以下三个方面：第一，人与天地万物一样，都是阴阳二气运行变化的产物。尽管不知道气如何产生人、影响人，但视生命为天地阴阳二气的产物。第二，阴阳二气是人与自然的共同基础和本质，因此人与自然必然是一个和谐的统一体。第三，人与自然在元气运行的基础上相互影响和制约，"人与天地相应"，有助于人从身心形神统一的角度把握养生实践。

二、整体健康观

　　整体健康观强调内外兼修，是在气一元论生命哲学基础上形成的。健康被认为是阴阳二气在人体内部的不断运行和相互平衡。它一方面表现为人体自身元气、精神、形体之间的和谐一致，另一方面表现为个人与社会、自然环境之间的和谐一致。健康的概念起源于殷商时代，不但包括了身体、精神和意志，还包含与社会的和谐，这与现代健康身心群的概念不谋而合，都强调内外、形神统一。

三、伦理至上

　　根植于伦理政治型文化背景下的古代体育，始终把道德礼仪的培养作为首要任务，目的是培养具有理想人格、文武兼备、身心俱德的君子。比如，礼射本身是我国古代的习武礼仪活动，后经儒家"道之以德，齐之以礼"思想指导得以重新整理和诠释，进一步强化了道德礼仪的教化功能。一方面，礼射继续保持了烦琐复杂的礼仪程序，体现了森严的等级观念。另一方面，寓教于射，重视礼射的道德教化功能。祖师孔子主张"射不主皮"，淡化射技的同时，重视射手的道德礼仪培养，提倡"揖让而升，下而饮"的爱人精神。

尊德重礼的古代体育伦理思想在巩固宗法等级制度的同时，使古代体育活动从一开始就在人们的主体意识中丧失了公平竞争的可能，从而限制了体育的进一步发展，但对防止体育，尤其是竞技体育的异化具有重要的作用。

四、中和为用

"中和"学说是中国传统哲学的一个核心范畴，也是养生保健的总原则。反映在体育伦理思想上，主张科学地吸纳不同流派的伦理精髓，通过异质文化内部的磨合、交融，达到外部的整体和谐。中和思想在儒家和谐理论中表现为"中庸"思想。中庸之道强调人和，反对纷争，重群体，重友谊，适用于人际交往的各层面，在古代体育活动也得到贯彻。传统养生要求"顺应四时"；蹴鞠力求营造"三朋和气满，入队笑声喧，四海人皆喜"的和谐氛围；太极拳要求身形"虚灵顶劲，尾闾中正"，推手时做到"无过不及，随屈就伸""不丢不顶"等，正是这种中庸之道的直接反映。中和为用的思想对我国古代体育伦理思想的建构具有双重意义：一方面注重社会的整体和谐，这对于中国体育形成团结合作、友谊第一的集体主义精神具有积极作用；另一方面，中庸之不偏不倚，允之适度观念，限制了人格独立，约束了个性解放，在个性上严重缺乏冒险、竞争、超越的精神，从而决定了古代体育缺乏独立性，最终发展成为与个性张扬的西方体育完全不同的体育形式。

五、维新派的体育思想

中国真正对近代体育思想的接受和传播，是在中国近代第一次思想解放运动的戊戌变法中，通过维新派（或称改良派）人士进行的。维新派的主要代表人物从近代教育的角度提出了明确的体育主张，其中比较突出的是康有为、梁启超、谭嗣同和严复等。

康有为的体育思想主要集中在他的著作《大同书》中。主要包括三个方面：第一，废除以弓刀步石为主要内容的武科考试，推崇德国练兵制度和学校教育。第二，各级学校都要注意卫生、体育设备及环境布置。在他所设想的"学院"中，"体操场、游步场无不广大适宜，秋千、跳木、沿竿无不具备"。第三，要特别重视少年儿童的体育，主张儿童阶段要把体育放在第一位。康有为的学生梁启超也非常重视学校体育，认为"德育、智育、体育三者，为教育上缺一不可之物"，他还非常重视少年儿童的身体健康，主张少年儿童"习体操"。梁启超还著《中国之武士道》，提倡尚武精神，以改造中国的重文轻武之风。谭嗣同最突出的贡献是其"主动"的哲学和教育思想，认为"西人以喜动而霸五洲，驯至文士亦尚体操……"严复积极主张运动强身，认为力、智、德三育为强国之本，强调体育对救国救民的重要价值。

维新派人士批判了封建教育和封建武举制度，提倡现代教育和体育，宣传德、智、体全面发展的三育思想，向国人展示了与传统思想截然相反的身体观、运动观和体育价值观，为近代体育的广泛传播扫清了障碍，并为体育的现代化奠定了思想基础。

六、以毛泽东为代表的清末民初的体育思想

（一）毛泽东及其《体育之研究》

1917年4月，毛泽东以"二十八画生"的笔名，在《新青年》上发表了体育论文《体育之研究》，针对当时中华民族体质衰弱的实际状况，就体育的意义、作用、体育与教育的关系等问题发表了自己的观点和见解。文章首先对体育的含义作了较为科学的解释，认为"体育者，人类自养其身之道，使身体平均发达，而有规则次序之可言者也"。说明体育是人类特有的锻炼身体的方法；体育能使人体全面、均衡发展，其本身又具有一定的规律性。这是我国最早解释"体育"这一词的具有代表性的观点之一。其次，毛泽东的《体育之研究》正确地阐释了体育与智育、德育的关系，指出身体和知识、道德同样重要，身体犹如"载知识之车""寓道德之舍"，因此强调"宜三育并重"。文章同时对体育的基本作用也作了较深刻的阐述，指出体育能"强筋骨"，以及"增知识""调感情""强意志"等。文章还特别强调人们参加体育活动的自觉性，指出体育锻炼"重在实行"，锻炼的方法不要贪多，提出要"有恒""注全力""蛮拙"。总体看来，毛泽东的《体育之研究》在体育的一些相关问题上提出了独到而深刻的见解，代表了先进的体育思想和主张。

（二）清末民初的其他体育思想

除了毛泽东外，清末民初代表进步体育思想的还有恽代英的《学校体育之研究》、陈独秀在《新青年》杂志上发表的一些随感录，以及徐一冰等人的文章。

恽代英在《学校体育之研究》中指出，学校体育的目的是"保学生之健康"，抨击学校体育中锦标主义性质的"选手体育"。同时还揭露了"军国民主义"的危害性。陈独秀认为身心强健是所有一切的先决条件，进而大声疾呼："司教育者与夫受教育者，其速自觉觉人！"徐一冰要求统一中小学"体操及游技"，"革除兵士教练"等，其思想系统而全面，既先进又切实可行。这些进步体育思想为近代体育的进一步发展奠定了思想基础。①

---

① 谭华：《体育史》，高等教育出版社2005年版，第86~255页。

第四章

中国武术

第一节 武术概述

一、武术的概念

中国是武术的发祥地,在我国几千年的文化发展史上,经过无数先辈的研讨和锤炼,武术在我国体育文明中脱颖而出、独树一帜。目前为止,体育学界对武术的定义已经比较科学完备,认为,武术也称为传统武术,是以徒手和器械攻防技击为主要技术内容、以套路和搏斗对抗为运动形式、注重内外兼修的中国传统体育。

武术的概念还需要着重强调武术的指导思想与特点。在我国古代朴素的整体观、辩证观、系统论等思想的指导下,武术体现了从人的整体出发这一思路。其套路和动作的编排、设计都有独到的特点,具体表现为三个方面。第一,讲求形神兼备,要求练武不仅是肌肉、骨骼等肢体参与活动,而且要求意念活动,要求全神贯注,意动身随,用意识引导动作,达到形意相合、尽力内蓄。第二,注意动静结合,强调静是养元气,积蓄精力,由静功保持身体的元气,要求动作动则快速有力,静则稳若磐石。第三，追求内外合一，既练外又练内，练外是指练形体、练素质、练技术，练内指练内脏器官、系统、脉络和气血，从整个人体的结构和功能上全面培育与锻炼，达到内壮外强。

二、武术的文化内涵

武术是中国的民族传统体育项目，在整个社会的发展进程中，中国武术对推动中国社会文化的发展起到了不可替代的积极作用。当今世界，由于受东西文化的交融影响，西方文化的传播与渗透对武术带来一定程度的影响和冲击，使我们不得不重新审视武术的文化内涵，以便能保留其与社会相适应的精华，而抛弃那些相对落后的糟粕部分。总的看来，中国的武术文化内涵表现在军事、哲学、社会风尚、社会生活、民族精神、尚武精神等文化层面。

（一）军事文化

中国武术是由军事武术、民间武术及宗教武术三个部分有机构成的。冷兵器时代的军事训练需要文化和实战相结合，是一个理论和实战不断重复和交替的发展过程。中国武术军事文化的最实际体现是军训、实战及格斗理论。直到现在，武术仍旧充分保留并体现出其最原始的格斗属性，为军事斗争的需要服务，它的突出特点是简单、实用、杀伤力大、不受限制、一招制敌等。此外，民间武术和宗教武术的目的也大体是为了抵御外敌，保家护院，求一方平安。

（二）哲学文化

中国武术源远流长、流派林立，但各个流派都蕴含朴素的唯物主义哲理，主要包括伏羲的《易经》、老子的《道德经》、庄子的《南华经》这三经学说，用太极阴阳、八卦易变、五行生克及河洛精蕴等唯物辩证方法来研究攻防哲学原理。《易经》的理论思想所揭示的"天人合一""阴阳辨证"等的对立统一思想，构成了中华文化最稳定、最本质的内核，影响了包括武术在内的中国传统文化的各个方面。老子的《道德经》继承了阴阳论,指出道是万事万物的出发点,提出道是一个浑然体,里面包含矛盾的构成,强调阴阳代表相反相成的存在。庄子的《南华经》在哲学领域对中国魏晋玄学及中国将印传佛学改造成"禅宗"都起到直接激发作用。二者的思想也为武术的产生发展提供了重要的哲学基础。

（三）社会风尚文化

社会风尚指的是社会风气,就是社会成员的追求和崇尚。社会风尚存在于人的社会生活的理性层面,是理性与感性共同作用的结果。和谐的社会风尚是当今世界的主题,但同时,人类正面临许多严重的不和谐现象,主要表现为人与自然、人与社会、人与人、文明与文明等之间的冲突。反观中国武术,其核心理念是对和谐的追求,旨在推进人与自然、人与社会、人与人、文明与文明之间的整体和谐发展。博大精深的中国武术文化,为我们提供了丰富的和谐思想资源。

（四）社会生活文化

现代工业革命和信息革命为人类带来福祉的同时,也造成了激烈竞争、人口老龄化、现代文明病的蔓延、快节奏的生活方式、高度紧张的工作环境以及来自各方面的精神压力等,对人类的健康造成严重影响。武术作为我国传统的健身方法,在提高现代人的生活质量和健康水平方面,有其特殊的意义和作用。武术内容丰富,不同的练习形式和内容有不同的运动特点,对人的力量、耐力、速度、灵敏、柔韧、弹跳等各种身体素质的发展都有良好的促进作用,不同的人可以根据个人的爱好和条件,选择适合自己的武术内容进行锻炼,以达到更好的增强体质的目的。

（五）民族精神文化

中国武术有很多清规戒律,如武德、意志、风格和民族精神等,造就了众多武术领域的精神典范。中国武术界流传着不少励志警句和豪言壮语,培养了练武人的刻苦、勇敢、豪爽、坚强、谦虚、谨慎、仁义、助人、爱国、爱民族、刚正不阿、疾恶如仇、正气凛然、见义勇为、侠义心肠、忠义千秋、精忠报国等武德，形成了中国王道仁义英雄的民族精神。当今中华体育精神的众多特质，诸如为国争光、无私奉献、遵纪守法、顽强拼搏等，无不与中国武术的民族精神相契合。

（六）尚武精神文化

中国武术的尚武精神贯穿其产生和发展的全过程，源远流长、经久不衰。武术的尚武精神在不同的时代有不同的形式和内容，但总体上表现为崇尚英雄、不畏强暴、知难而进、勇往直前等。武术的精神内涵总是随着历史的发展而不断丰富发展，但其精神实质是自强不息的爱国主义，这一点是一以贯之、亘古不变的。从本质上看，尚武精神是一种忧患意识，即一种创造性、推动性的精神动力。更高层次上讲，武术表现出来的尚武精神所反映的其实是对民族、国家和人民的命运及其利益的强烈关怀和责任感。[1]

三、武术的特征

（一）整体的神秘性

武术从整体上看具有非常强的神秘性。武术的神秘性主要表现在武术的概念和理论、武术的技术练习和掌握过程、武术的传承途径等方面。武术的许多抽象理论都陶醉于"难以言喻"的境界之中。这不仅让外国人感到困惑、难以理解，就连国内的、甚至是多年的武术习练者也说不清道不明。武术技术具有体悟性，练习武术是一个长期的过程，其修炼一般包括三个层次：打基础、意识的培养及强化、形神合一。最高层次的形神合一其实是一种身心融汇、随心所欲的阶段，其实是一种"只可意会不可言传"的境界，让人感觉神神秘秘，深不可测。武术"家族"的"口传身授"式传承方式，使得积累的许多丰富的、闪烁着实践理性之光的经验，很少得到应有的系统整理和传发，大多数是以一

---

[1] 李志强：《中国传统武术文化内涵体系探析》，《广州体育学院学报》2010年第2期，第121～124页。

种秘法心诀，或者谚语格言的形式流传下来，从而导致妄语丛生，多为无边际之妄谈，这些都给武术蒙上了神秘的面纱。中国传统思维中的直觉思维是武术神秘性产生的主要根源，而宗教对武术神秘性的产生起到了推波助澜的作用。[1]

（二）本身的文化性

中国武术是中华民族文化的重要组成部分，其特有的文化内涵与形式体现出中华民族特有的文化品位，反映出的文化属性体现着民族化的生活方式。武术所承载的传统文化内容，所折射的民族精神光彩，是丰富、深厚、内蕴的。在这个意义上武术不仅是一种体育运动，也是一种文化形态、一种民族文化的重要载体。中国武术具有精神、文化、教育的功能，它所传承的是中国传统的哲学思想，是儒释道的精神要义，体现的是人们的一种生活方式，它所体验到的是中国人对生命的理解、个体修养、思想训导和人生价值等。正如其他优秀文化一样，武术也具有广泛的影响，对广大人民起熏陶和教育作用，起着激励进步、促进发展的积极作用。

（三）技法的哲理性

文化是民族的灵魂，世界上每一个民族都有属于自己独特的个性文化。一个民族一旦失去自己民族的文化传统，尤其是标志性文化特质、体现文化灵魂的哲学思维传统，历史证明是很难自立于世界民族之林的，终究是要被淘汰出局的。武术作为中国传统文化的重要组成部分，在我国古代特有的文化哲学中孕育而生，深受中国传统哲学的影响与熏陶，技法上也同样具备哲理基础，体现着中国传统哲学思想和哲学思维。如中国传统哲学思想"阴阳""八卦""天人合一""五行""太极"等，阐释了中国武术套路中的虚实、开合、攻守、刚柔、轻重、动静等对立统一规律，导致武术在技法上形成神形兼备、动静结合、身心合一等特点。再如，习练中国武术也一直强调"循序渐进"，最终达到"悟"的境界，这体现着量质互变的哲学思想。所以说，中国武术

---

[1] 谷晓红：《对武术神秘性的剖析》，《山东体育学院学报》2011年第12期，第43~44页。

的技法总是能体现出中国哲学的身影,展现出中国哲学的价值所在。

(四)过程的教化性

中国武术同西方竞技体育由于在哲学思想和思维方式上的差别,导致二者对待"过程"和"结果"的态度不同。西方竞技体育虽然倡导"参与比获胜更重要",但更提倡"更快、更高、更强",其实质是对结果的追求。同样,虽然武术也被列为正式比赛项目或表演项目,但其骨子里是强调过程的。"武术是一种高层次的体育文化现象,对练习者具有良好的教化作用。实践证明,习武是一个接受民族文化思想的教育过程。它对于人的思维方式、价值观念、道德风尚、处世方法、审美趣味等社会意识、社会心理及行为习惯,都具有潜移默化的影响。"人们通过习练武术,不仅能体会到外在的体肤砥砺过程,更能寻求一种能激发人生向上的内在精神动力源泉。

(五)内容的艺术性

中国著名美学家朱光潜先生强调节奏是一切艺术的灵魂,而中国武术历来以动作之优美、节奏的韵律为追求目标,其表现出来的动静结合、虚虚实实等外在形式也有很强的节奏运动轨迹。武术中蕴含着"内外兼修"的审美意境、"整体意识"的精神意境和"天人合一"的哲学意境,体现着阴阳、辩证观、整体观等众多哲学思想,这也就为武术成为一门艺术奠定了基础。武术的内容不是真实的技击,而是对技击的想象和艺术化,我们不能离开艺术的视角来审视武术的技击,同样也不能摆脱技击来品味武术的艺术性。作为艺术的武术,是对技击动作的幅度、力度、速度等进行艺术处理后的产物,并要用艺术的尺度进行衡量,它是一种艺术化的身体运动形式。[①]

[①] 权黎明等:《传统武术文化特征的当代阐释》,《成都体育学院学报》2010年第9期,第40~43页。

四、武术的分类

武术在我国运用广泛，已正式列为比赛项目，许多省、市建立了武术队，各种各样的武术班遍布大街小巷，武术热逐渐流行。而从功能上讲，武术的广泛开展能有效地增强体质。武术中联系柔和、缓慢和轻灵的拳术，如太极拳，可以使周身血脉流通，适合于慢性病患者作为医疗手段。对抗性的散打或武术短兵等运动项目，运动激烈，除能增强体质外，还能培养勇敢、机智和敏捷等优良品格。

对于武术的分类，一般来讲，武术运动分为套路和散打两大类。但具体地说，武术的分类有以地区划分的，有以山脉、河流划分的，有以姓氏或内外家划分的，也有按技术特点划分的。现代一般按其内容分为拳术、器械练习、对练、集体表演、攻防技术五类。

第二节 武术的起源与发展历程

一、古代武术的起源

中国古代武术是起源早、发展时间长、影响波及远的一项运动，其萌芽于原始社会，成形于奴隶社会，并贯穿我国奴隶社会和封建社会始终，映射着我国博大精深的传统文化。古代武术伴随着人类社会的产生而出现，最早可以追溯到原始社会人类的生产活动中去。可以说，从人类有意识的劳动开始，武术的雏形便已形成。

在人类社会的早期，原始人基本过着一种半人半兽的生活，其基本的能力补充和体力维持主要依赖于狩猎。狩猎的过程不仅使原始人创造了大量锋利的生产工具，而且也培养了他们搏杀的技能。这些工具如刀、石斧、弓箭等，连同刺、击、躲等基本搏杀技能是武术动作的基础，初步具备了武术的雏形。

到了奴隶社会，社会生产力相对提高，私有制应运产生。这一时期，人们除了要与自然界斗争来获取食物外，人和人之间的争夺也越来越频繁。人们为了抢占资源和地盘，往往发生大规模的战争，使最初人与兽搏杀技能向人与人的格斗技能迅速转化。战争所需要的一切格斗技术，包括兵器使用，在实战中有重要作用的徒手搏斗技术在内的一系列攻防技术开始从生产技术中分离出来，通过战争而发展成为独立的技术领域，武术正式形成。

成形以后的古代武术体系还是以民间武术流派的成熟为标志的。春秋战国时期，由于奴隶制度处于崩溃边缘，原先由奴隶主贵族在军队和教育方面垄断武术的局面被打破了，武术开始走向民间。一方面，社会上出现了专门凭借武艺本领立足为生的职业武士群，这为武士在下层社会的传习提供了师资保证。另一方面，列国混战、攻伐激烈，为了生存与兼并，各诸侯国都非常重视武术，纷纷推行一系列新的军训制度和选拔将士的国策。这些国策的制定与推行极大地激发了民间习武的积极性，民间习武之风日盛。随后，在中国古代武术不断演变、发展、成熟的数千年的历程中，虽然军事技艺始终与其保持有千丝万缕的联系，也一直发挥着重要的影响作用，但是民间，武术始终是其主流。

二、古代武术的特点

古代武术在其形成和发展过程中形成了许多自身的特点，这些特质在武术的历史发展中起到了很大的作用。古代武术虽然在名称和内容形式等方面上都发生了很大的改变，但正是由于这些优良特征的存在才使武术文化当中的精髓源远流长并保存至今。这些特征表现在两个方面：由蛮斗到巧斗、由单一到多样。[1]

---

[1] 郭蔚：《体育文化中的瑰宝——中国古代武术文化再解读传》，《芒种》2012年第146期，第194~195页。

(一) 由蛮力到巧斗的发展

远古社会的人类不仅社会生产力低下，而且自身尚处于半人半兽状态，独立行走困难，蹲跳和伸展等动作也不足够灵活，劳动工具也非常简单，主要以石头和木棒等为主。在这种情况下，人类与自然界的斗争主要依靠体力和蛮力，而不是智力。随着社会的发展，人类的智力提高，意识增强，再加上劳动工具的改进，尤其是部落之间的战争普遍盛行，人们开始注重斗争中的技巧和技术运用，使得当时的武术技巧性大大提高。

(二) 由单一化向多样化发展

古代武术的多样化发展表现为武术工具的多样化和武术动作的多样化两个方面。一方面，原始人制造工具的能力很差，其工具主要来自自然界现成的事物。随着社会的发展和生产力的提高，人们制造工具和使用工具的技能不断提高，武术工具逐渐丰富。另一方面，武术的动作，也由简单的身体动作向多样化发展。原始人在与自然与人类的不断争斗中，不断总结经验，从简单的肉搏到踢、打、拳、拿，越来越重视身体整体的配合与协调，使用工具也由简单的防守到刺、勾、砍、格、挡等，利用工具的技术越来越娴熟，工具与身体动作配合得也越来越灵活，各种技法作用也发挥得越来越充分。

三、古代武术发展、传播及其影响因素

古代武术源远流长并保存至今，并不代表着武术在其发展过程中一帆风顺、毫无挫折，但总的看来，武术在古代总的走势还是一直向前发展的。春秋以前，习武为贵族特权，而战国以后，各国统治者鼓励民间习武，兵农合一促进了民间习武盛行。隋唐以后，骑、射受到高度重视，武举制实行，僧众习武也开始盛行。宋明清时期，武术逐步形成独立体系，武术技击原则和武德思想等逐步成熟，武术开始按照自身的规律发展，军事教育突出，武术流派形成，武术会社茁壮发展。

当然，古代武术在传播和发展过程中受到很多因素的限制，其中主要的限制因素包括四个方面：官方的压制、宗法门派的限制、武术理论发展滞后的限制、自然环境的限制等。

（一）官方压制

官方压制在很大程度上限制了武术的传播。官方压制主要出现在封建社会，主要原因是封建统治阶级巩固政权的需要。官方压制的主要形式往往是禁止民间私藏武器，禁止民间习武结社，对违反相关法令的，轻者坐牢，重者处死，更有甚者株连九族，甚至殃及邻里。所以说，尽管民间武术从未真正失传，但来自官方的强力压制还是极大地限制了武术在民间的传播和发展。

（二）宗法门派的限制

宗法制是从氏族制下的血缘关系发展起来的，普遍盛行于中国古代社会，源远流长，甚至在文明社会的今天也不能完全杜绝。宗法关系是中国古代社会的普遍现象，作为产生于中国社会并置身于其中的武术，不可避免地深深地打着宗法的烙印。中国武术门派繁多，并多使用"宗""派""家"等称谓就清楚地说明了其间的关系。宗法制度影响武术的传播主要表现在两方面：一是限制了武术的纵向传播。因为宗法要求"传内不传外""传男不传女"，使得武术在传播过程中路越走越窄，甚至出现自灭现象。二是限制了武术的横向传播。宗法制度讲究门户和派别，而门户和派别极大地限制了各流派之间的交流与传播。

（三）武术理论发展滞后的限制

毋庸置疑，武术理论对武术传播作用很大。中国武术虽然源远流长，绵延数千年，但在浩如烟海的中国古代史籍中，却很难寻觅到武术的相关资料。直到明清时期，才出现了为数不多的较有代表性的与武术有关的典籍或武术论著，如明代的《武编》《耕余剩技》；清代的《手臂录》《拳经拳法备要》《内家拳法》《苌氏武技书》《太极拳谱》等，由此可见武术理论研究的滞后。而理论的滞后使武术拳法拳理的阐释只能以口传身授为主，许多技术方法在同一种拳术的不同版本拳谱中出现音同字不同或音字都相近的现象。至于在民间辗转传抄的拳械谱之类的武术资料，也因极少示人使许多老拳家总结的经验理论毁于丢失或战乱。所以说，武术理论的滞后在一定程度上影响了武术的传播。

（四）自然环境的限制

在中国古代社会，自然环境限制了武术的远距离传播，导致武术只能在本土传播，而且拳种和技法的交流具有非常强的地域性。由于我国所处的独特的纬度、海陆、海拔以及广袤的领土，加上交通的不发达，导致我国古代武术处于一个相对封闭的系统中。这种相对封闭的环境也使得中国古代武术的国际传播很落后，国内传播也仅仅局限于近距离的传播，造成拳种纷杂、流派众多。①

四、近现代武术的发展历程

从宏观上讲，近现代武术的发展经历了"三落三起"：晚晴时期废除武举制，又禁止民间习武，武术发展第一次跌入低谷；民国时期，政治上对武术军国民教育价值的重视促使武术再度崛起，国术馆系统的建立及民间武术社团的发展将武术发展推向第一个发展高潮；日寇侵华，抗日战争爆发，武术发展再次跌入低谷；新中国成立，武术发展再度崛起，被正式归属于现代体育范畴，并出现新中国成立后第一个高潮；"文化大革命"前半期，武术运动再次跌入低谷；"文革"后半期，竞技武术开始崛起，改革开放后，武术逐渐发展到最高潮。

（一）晚晴时期武术的衰落

近代鸦片战争的枪炮声显示了火器的威力，武术的军事价值日趋衰微。特别19世纪末的中日甲午海战和义和团运动的失败，以及八国联军入侵北京，许多人意识到武术在现代战争中的作用微不足道，旧有武举的存在也是无足轻重。这种情况下，1901年，清廷宣布废除武举制。

---

① 郑海娟等：《析古代武术传播的影响因素》，《搏击·武术科学》2006年第12期，第3~4页。

处于极度自卑状态的中国人呈现出一种"必须向西方学习"的共同心理趋向,在军队、学校、社会教育中普遍采用西式兵操,旧有武术几乎被完全放弃。这标志着历史上延续了几千年的那种"以满足军事需要为目的,由国家机器所驱动的,促使武术技术不断发展的良性循环过程"被打破,军事武术体系失去了国家机器的驱动而瓦解,社会失去了习武动力。武术失去了军事和政治依靠,仅剩下了民间武术一条线,而清政府历来禁止民间习武,八国联军入侵,清政府又将其归咎于义和团运动,因而,严禁人民存置武器,致使这段时期的武术发展陷入前所未有的衰微状态。武术只能依靠天地会、白莲教、义和拳等一些秘密结社组织来延续发展。清末几年里相继成立的一些武术社团,对武术的传播也起到了一定的积极作用,但是,无论从数量,还是从影响上,相对当时大量兴起的其他各类社团(包括新式体育社团),其力量十分有限。总之,到了晚晴时期,武术作为战争的工具,依附于军事而存在和发展的时代一去不返,而仅存的民间武术也被明令禁止,只能在相对紧缩的社会环境里缓慢前移。

(二)民国时期武术崛起

清末民初,以振兴国粹、倡扬武魂为目的而提倡的尚武精神和武侠豪情,深深地影响着革命党人,这促使他们建立民国后,重新审视武术的价值,认为武术在军事中虽然基本上失去了作为直接作战手段的价值,然而其精神教育价值仍然存在。因此,武术成了军国民教育的重要内容。1904年,梁启超写成《中国武士道》,发出了提倡武术教育的先声。民国初,热衷于军国民教育的贾丰臻提出拳术"足以练胆气,增益体力","各学校应添授中国旧有武技,此项教员于各师范学校养成之"。著名教育家徐一冰也持此观点,1914年他上书教育部"拟请于学校体操科内兼授中国旧有武术,列为必修科以振起尚武精神",次年此建议被教育部采纳。孙中山在《精武本纪序》中也把武术精神归结为"以振起以来体育之技击术,为务于强种保国有莫大之关系推而言之的尚武精神"。当时社会上大批武术社团、会馆相继成立,它们无不提倡

"尚武精神"，武术已成为可振奋民族精神、铸就尚武国民，以"强种保国"的教育手段，这使得民国时期武术的社会地位骤然提高。武术社会地位的提升促使武术再度崛起。此后，以武术为基础的尚武思潮再度高扬，几乎没有中断，九一八事变后，逐渐达到空前激昂的程度。曾任西北军将领的张之江认为："一国之存亡，乃视民族精神之良芬以为断"，德国的"铁血主义"、英国的"坚忍主义"、法国的"恢复主义"、日本的"大和魂武士道"皆为民族精神的核心，中国应通过武术以唤起尚武精神，"以造成强毅独立之国家"。在其不懈努力下，1928年3月，成立了国术研究馆，6月易名为中央国术馆，此后，在各省市县通设国术馆，使民国年间，几乎没有一个城镇没有国术馆。国内各级国术馆（社）都受上级国术馆和同级政府领导，这样就形成了一个较完备的国术馆系统，对武术发展起到了以点带面的作用。除受官方领导的国术馆系统外，于清末民初相继成立的各种武术社团组织在民国中期也发展到了高潮。如精武体育会到1929年，在海内外已有分会42个，总会员达到40万人。此外，北京体育研究社，天津中华武士会，上海的中华武术会、致柔拳社、武当太极拳社、汇川太极拳社、益友社等在这个时期也影响较大。此时期又有许多武术组织成立。以中央国术馆为首的国术馆系统的建立及各个武术社团的大发展，将近现代武术发展推向第一个高潮。

（三）抗日战争爆发，武术再次陷入低谷

抗日战争爆发后，战火纷飞，社会动荡，经济凋敝，国民政府无暇顾及武术的发展。20世纪40年代初，中央国术馆由南京迁出，经长沙、桂林、昆明，1940年迁到重庆的北碚，1945年抗战胜利后，又迁到重庆市区。而各地武术馆由于经费无着，人心浮动，相继停办，个别的如山东国术馆被改为武术队，参加了抗战，只有西南一隅的国术馆得以存活。抗战胜利后，部分省市国术馆重新组建，但多数在苦苦挣扎了一两年后就不得不停止活动。在民间，大批武术社团相继停止活动，精武体育会的活动中心也不得不转迁到南洋地区。这段时期，虽然仍有一些零星的武术活动，但从总体上讲，武术发展转入低潮。

（四）新中国的成立造就了武术的再次崛起

新中国成立，武术发展再度崛起，被正式归属于现代体育范畴，并出现了新中国成立后第一个高潮。新中国成立，国家的性质发生了根本变化，武术的性质、地位、目的和作用也发生了很大的变化，受到了政府的重视。1952年刚成立的国家体委，设置专门机构——民族体育形式研究会，对武术实行领导，标志着武术被正式列入体育范畴，成为社会主义体育事业的一部分。1953年在天津举行了全国民族形式体育表演及竞赛大会，武术作为主要内容，有145名运动员作了包括各种拳术、器械及散手、短兵在内的多个项目的表演及竞赛，展现了新中国成立初传统的武术的最高水平，受到了人民群众的极大关注。这次大会将武术发展推向了新中国成立后的第一个高潮。在这次大会的推动下，各地武术组织和群众活动得到迅速发展。

（五）"文化大革命"导致武术发展进入又一低谷

"文化大革命"开始后，武术运动受到了巨大冲击。当时，"左"的思想泛滥，除社会秩序、政治思想、经济建设领域遭到极其严重的破坏外，武术运动也同样受到冲击和摧残。1968年，林彪、江青、康生等人炮制了一个"五一二命令"，诋毁国家体委系统"长期脱离党的领导，脱离无产阶级政治，钻进了不少坏人，成了独立王国"，并决定对全国体育系统实行军事管制。许多优秀拳种被打入冷宫，使得广大民间武术失去了立足的社会基础。职业拳师不准进公园教拳，剥夺了群众习武的基本权利。部分传统拳种、器械，优秀的技击方法，有科研价值的气功、硬功以及传统练习方法、经验，都被划入禁区。不少老武术家及专家学者遭到不同程度的打击和迫害。大量有价值的拳谱资料被毁掉，一些武术器械被收缴或损坏。武术训练、竞赛制度受到干扰破坏，竞赛活动被迫停止，科研工作限于停滞，武术的对外交往也因此中断。武术运动本身也受到批判，传统武术遭受空前浩劫。

(六)改革开放后的武术发展达到最高潮

党的十一届三中全会后,随着党中央"解放思想、实事求是"的工作方针确立,武术步入兴盛发展时期,逐渐发展到最高潮。自1982年第一次全国武术工作会议的召开,各种武术会议陆续召开,加强了对武术发展的指导。在后来的发展中,相继完善了组织机构,并将武术比赛列入国家和亚洲比赛项目,加速了武术的竞技化进程。在各种比赛的带动下逐渐成立了从武术优秀运动队、运动技术学校到业余体校、传统项目学校的一条龙训练体系。另外,社会上,各种形式的武术馆、校、站、社相继成立,形成了一个宣传武术、传播武术、推广武术,组织群众开展武术活动的广阔基地,成为武术事业发展中的生力军。随着各大体院相继成立或恢复武术系,及武术硕士点、博士点的建立,学校武术也得到了前所未有的蓬勃发展。1979年及1982年对民间的传统武术进行了两次规模较大的挖掘整理活动,更富有技击特色的传统武术也得到了一定程度的发展。此外,武术正大踏步地走向世界。1984年武汉第一次国际武术会后,短短几年间,世界范围内掀起了一股波及全球的武术热潮。武术在世界上产生了巨大的影响。此后,各种国际邀请赛和锦标赛陆续开展,标志着武术的标准化和国际化跨上了一个新台阶。

五、武术思想的演变历程

武术思想是指在武术实践、理论和发展认识中关于武术的方法、功能属性、规则制度和文化意蕴等的观点和认识。武术思想是武术文化核心价值观的具体体现,武术思想的形成随着环境的改变、社会的变革和时代的变迁而不断地变化。总体上看,武术思想的发展历经古代、近代和现代三个大的阶段,而近代武术又可以五四运动为界线划分为两个阶段,现代武术可以改革开放为界线划分成两个阶段,所以,武术思想从形成至今有五大阶段,历经四次大的历史演变。

(一) 古代武术思想

1. 武术精神与儒家思想的融合。

儒家文化是我国两千年文化中的核心，由仁、义、礼、智、信、忠、孝、悌、恕、宽、中庸等道德要素组成。儒家文化与道家、墨家、兵家、法家、阴阳家等共同构成我国传统文化的精髓。武术文化作为我国传统文化当中的重要分支，无疑会在发展过程中与众家文化进行交流融合。武术最初的起源与狩猎和战争密切相关，但在后来的发展过程当中，单纯的身体和武器的对抗越来越不适应社会发展的需求，武术必须有自己的内涵基础作为支撑。儒家文化不但本身包含众多的体育因素，而且作为封建社会的主流文化，自然地被武术接受，并在长期的社会发展过程中互相渗透、相得益彰。

2. 武术与科举制度的合流。

唐代武举的建立是我国武术文化发展的重要转折点。从唐代开始，武举正式成为科举考试的内容之一，武举制的出现改变了以往科举制度中重文轻武的偏颇风气，确立了武术在政治体制中的重要地位，使得武术能够受到官方的重视，在民间得以盛行。武举制在唐朝之后从未间断，经历了几乎整个封建社会，使得武术能够持续向前发展。

3. 武术传播与宗法门派的调和。

封建宗法门派的存在对武术的传播起到非常严重的制约作用，使得武术只能在很小的范围内、在小部分人之间进行传播，而不能发扬光大。但凡事应一分为二地看待，这种宗法门派的存在也使得我国武术拳种丰富、风格各异。当前，交流与融合是大势所趋，武术也日益受到重视，应加强不同武术拳种和门派之间实践和理论上的交流，促进我国武术的进一步发展。

(二) 近代 (1840~1949年) 武术思想

1. 鸦片战争之后至五四运动之前的武术思想。

1840年鸦片战争以后，中国沦为半封建半殖民地社会，社会动荡不安、民不聊生，社会意识复杂。由于长期历史文化的积淀，武术思想已成体系，但由于多种思想意识，特别是西学东渐的影响和冲击，尚武思想作为一种精神上的对外防御而在这一时期空前高涨，一度成为这一历史时期的主流武术思想。以武救国成为广大民众反抗封建统治者、驱逐外敌的主要精神力量，武侠思想在现实中深入人心，军国民教育思想对尚武思想的深化产生了积极的影响。

第一，尚武救国的思想空前高涨。武术作为中国传统文化的重要载体，历经数个朝代的发展，早已与传统文化和思想融为一体。到了晚清，尽管社会动荡不安，但武术在技击层面上并未受太大影响，反而在技术体系上有了更深层次的发展。这个时期的武术一度成为农民反抗封建统治者和驱逐外敌的主要手段，最典型的例子是三元里人民抗英、太平天国革命、义和团运动等。

第二，武侠思想深入人心。基于晚清凄凉的社会环境，再加上新思潮的影响，一些具有爱国思想的民众加入会社、会党等革命团体。这种秘密会社组织为武术的传播创造了绝佳的条件，能够加强武术各拳种和门派之间的交流合作，促使武术的技术体系向深层次发展。这种秘密组织深入到民间，使得基层民族得到了精神上的依托和生活上的依靠，除暴安良、行侠仗义的武侠思想广为流传。

第三，军国民思想对武术的发展具有积极影响。军国民思想是一种军事体育思想，也是一种教育思想，其目的是增进年轻一代的身体素质，使体育技能转化为军事技能。在这种社会背景下，武术成为军国民教育的一部分内容，甚至是主要内容。随着西学东渐的不断深入，进步知识分子的宣传以及"强国强种""尚武救国"等救国思潮的影响，军国民教育思想对尚武思想起到了促进作用，同时也推动了学校武术教育的发展。

2. 五四运动之后至新中国成立之前的武术思想。

这一时期，武术基本脱离了军事，技击价值明显弱化。军国民体育思想、自然主义体育思想、民族体育思想及"国粹"等各种体育思想交融并存。在体育思想的影响下，武术也向着体育化和规范化方向发展，武术体育化的思想成为这一时期武术的主流思想。

第一，自然体育思想。自然体育源于美国的自然教育思想，讲求"从玩中学"，注重人的本性，强调体育运动要适应人的生理和心理特点，注重校内竞技游戏，促进人的个性发展。自然体育的思想为武术提供了理论基础和理论依据，使得武术有了可供选择的新的传授方法和竞赛方法，对武术的思维方式产生了巨大的冲击，也为武术步入体育的范畴提供了理论支撑。

第二，土洋体育之辩促进了体育思想的成熟。提倡"土体育"者提出西方体育不合中国国情，提倡"洋体育"者认为本国的体育已经颓废，西方先进的东西应该学习。"土洋之争"引起了广泛的社会关注，体育自觉意识增强，对体育思想的成熟和武术的科学化发展起到了积极作用。

第三，武术民族化的国粹思想。伴随着中国数千年的传统文化，武术明显有着社会心理上的优越感，这是武术国粹思想的由来。由于受外敌侵略影响，多数民众民族主义情感增强，爱国主义情怀浓厚，多数民众对外来文化都不自觉地产生心理抵触，致使民众对武术的依赖感进一步增强，再加上各种武术团体的推动，武术民族化的国粹思想渐浓。

（三）现代（1949年至现在）武术思想

1. 新中国成立至十一届三中全会之前的武术思想。

新中国成立后，武术被正式纳入体育的范畴，并按照国家制定的体育方针政策发展。武术在国家的大力发展下呈现出兴盛的局面。武术成为增强人民体质的体育运动项目，武术的目的和任务同体育一样，随着社会的需要而不断改变。

第一，增强人民体质的指导思想。1952年，毛泽东题词"发展体育运动，增强人民体质"，引发了人们对武术功能认识的一边倒现象。武术增强人民体质的思想被一度放大，武术成为增强人民体质的体育项目之一。在党和政府的领导下，体育健身在全国蓬勃开展，特别是武术得到了很多人的重视，广受大家喜爱，增强人民体质的思想使武术健身思想得以进一步巩固和提高。

第二，普及与提高相结合的指导思想。为了满足广大人民群众的锻炼需求，我国一方面借鉴西方体育的标准改革武术，一方面开展对武术拳种的挖掘整理工作。在普及与提高相结合的指导思想下，武术向科学化的方向发展。把武术列为推广项目，并成立民族形式体育研究会，制定"取其精华、去其糟粕、百花齐放、推陈出新"的指导思想。国家加强对武术推广的同时也进行了整理研究和宣传出版工作，社会上出现了武术开展比较兴盛的局面。

第三，武术竞技化思想。为促进武术的竞技化发展，1958年新中国制定了第一部《武术竞赛规则》，武术竞技成为武术发展的主导。一系列的改革极大加快了武术竞赛活动的开展，在规范化的前提下，武术运动借鉴了西方体育的竞赛模式。

第四，学校武术教育的指导思想。1956年，武术被列入《全国大中小学体育教学大纲》中。1958年8月，国家体委正式确立武术为体育学院的专修课和普修课，开始武术专业人才的培养。这时学校开展武术的指导思想受苏联"三基"（传授体育基本知识、技术和技能）的影响，同时还受军体和娱体思想的影响。

2. 改革开放30多年以来的武术思想。

十一届三中全会以后，整个社会环境充满生机，解放思想的潮流充斥各行业，武术领域里也出现欣欣向荣的局面。此后，武术的发展一直坚持继承与创新的指导思想。武术国际化的思想包括竞技武术国际化思想和武术文化全球化思想，竞技武术国际化的最高目标是武术申奥，武术文化全球化的思想是武术国际化的终极目标。在后奥运时期，我国又提出了人文武术的思想和武术标准化的思想。

第一，武术继承和创新的指导思想。改革开放以后，武术挖掘工作受到武术界广大民众的热情支持，民间武术家纷纷献计献策，捐献拳谱和技术。武术挖掘整理的指导思想是"源流有序、拳理明晰、风格独特、自成体系"。武术的挖掘整理工作和当时热播的武打电影，掀起了全国的武术研究以及练武习武的"武术热"。长期受到冷落的武术技击价值在武术热的浪潮中被提上议程，我国开始了对武术技击传承和创新的研究。而且在武术的继承上，还制定出申请非物质文化遗产的指导思想。

第二，武术国际化的思想。为了促进武术的国际化，我国先后提出"武术要开展国际交流，积极稳步地向外推广"的战略方针，以及"在全世界进一步推广和普及武术，发挥武术的健身、修身、防身的功能为人类造福，并力争为奥林匹克运动会贡献一个中国项目"的指导思想。为了与奥运会接轨，制定了"高、难、美、新"的武术竞技发展纲领，以及武术也继承传统，倡导"友谊第一、比赛第二""重在参与"等竞赛思想。同时，为了武术能进入奥运会，需要打好武术国际上的群众基础，分别提出了武术的标准化和全球化思路。

第三，人文武术的思想。北京奥运会以后，胡锦涛同志提出了"由体育大国向体育强国迈进"，为后奥运时代体育的发展指明了方向。未来体育将回归以人文为核心的文化意蕴层面。武术的人文思想是武术思想的最高层次，追求自然、和谐、以人为本和人的全面自由发展，这一思想将不断得到巩固和发展。

第四，学校武术的指导思想。新时期的学校武术主要受学校体育指导思想的影响，贯彻德、智、体全面发展的教育方针，面向全体学生，坚持在校全过程的体育教学，促进学生身心全面发展。在武术技术适应社会的发展上，我国又提出"淡化套路，突出方法，强调运用"的指导思想和以武术操的形式推进武术进中小学的指导思想。武术高等教育也把培养更高级的武术专业人才作为指导思想，并取得了丰硕的成果。[1]

---

[1] 李永明：《近代以来武术思想的演变历程》，《体育文化导刊》2012年第2期，第144~147页。

六、古代武术与现代武术的关系

（一）古代武术向现代武术的演变过程

任何事物总是处在发展变化中的，武术也不例外。纵观古代武术演变所经历的几个阶段，应该承认，它与我国近现代社会政治、经济发展轨迹是相吻合的。晚清的中国，政府昏庸无能，再加上西方列强的侵略，使中华民族面临数千年来从未有过的"大变局"，面临前所未有的民族危机。动荡的社会时局，促使了来自平民阶层的武侠思想在社会蔓延。从社会平民布衣到早期资产阶级革命志士，从秘密会党到资产阶级革命团体，从具有广泛性、社会性特征的民众开始，进而渗透为少数社会精英、思想家的信仰、观点。在这些社会精英或者说是先进资产阶级分子的领导下，民众追效历史上武侠的壮举，奋起投身反对列强入侵和清朝统治的斗争，在这特殊历史时期，武侠思想发挥了十分重要的作用。武侠的处事风格、武侠的品质时时感召着他们，成为广大民众反清抗暴、驱逐侵略者的精神力量。民国时期，昏聩无能的政府对戊戌维新运动的镇压，及由此而来的民族危机的愈发深化和西方近代学说的东渐，催化了社会思潮的流转，驱使知识分子寻找了一种变革社会的新意识——"尚武思想"复兴。应该说，尚武思想的提出无疑切合了当时武力革命反清的思潮，是混乱的社会政治、经济局势的直接产物。新中国的成立给新民主主义文化思想在全国的贯彻实现，创造了有利的条件。体育成为建设新民主主义及其将来社会主义不可或缺的部分。体育的首要作用是增进健康，增强体质的思想开始得到确立。武术被正式纳入体育的范畴。

（二）古代武术向现代武术转变的主要原因

由于社会需要及武术技术的自身矛盾运动，使其特质属性发生迁移和变化，古代武术逐渐嬗变为具有浓厚现代体育特色的现代武术运动。这个过程源于19世纪下半叶的"西学东渐"，武术由本土体育向近现代体育转型。当然，这个过程受多方面因素的影响，如社会需求、体育制度等等。人们通过对其他体育活动的研究发现：运动技术发展涉及三方面的因素，即政治、军事、经济和文化等社会需要；运动技术本身的自身矛盾运动；现代科学技术向体育领域渗透。正因如此，近代以来人们顺应社会需要不断对武术进行项目改造，已发展成为套路和散打两个竞技项目。

（三）古代武术与现代武术的关系

从以上武术的几种表现形式可以看出，古代武术在西方"分解"思维的影响下，其各种功能都得到强化，各表现形式都得到了发展。套路竞技武术、艺术武术是武术表演功能强化的结果，是武术演练形式的发展；技击竞技武术（散打）是武术技击功能强化的结果，是武术技击技术的延伸；健身武术、功力竞技武术是武术的健身功能强化的结果，是武术基本训练方法运动形式的发展延续。

（四）古代武术与现代武术的文化差异

1. 产生的时期不同。

古代武术是中国古代劳动人民在生产劳动过程中逐步创立并形成的，是一种土生土长的民族传统体育，它很少受外来体育的影响，具有历史的延续性。古代武术在原始社会萌芽，形成于奴隶社会，历经整个封建社会。原始社会时期的武术不过是人类用以满足自身需要，维持自身生存的一种手段。在漫长的历史演进过程中，人们在原始的狩猎活动和部落战争中积累了一定的攻防格斗技术，随着社会分工的进一步加深，武术技击技术逐步成型。奴隶社会已进入一个具体分工时代，开始有了专门的武术教育，奴隶主为了增强自己的军事实力，而开始有目的、有意识、有组织地进行武术习练，练武与武舞也逐渐开始分化。武术发展到封建社会时期已基本成型，而且通过自身不断的分化重组逐步完善起来。特别是封建社会晚期，武术更是形式多样，修炼方式各异，而且大多拳种已创立了自己的理论体系，通过吸收中国传统文化中有益的成分，从思想体系上对练武之人进行整体引导，最终使武术成为培养健全人格的一种方式，成为中华文明巨系统中的一个子系统。但到了近代随着西方列强的入侵，冷兵器在军事上明显消退。西学东渐的文化改良，中国传统文化在受到西方文化冲击的同时，传统武术也同样受到西方体育思想的强烈冲击，逐步演变成中国近代体育的一个组成部分，竞技武术开始萌芽。新中国成立后，随着我国竞技体育的迅速发展，竞技武术在原来的模式下，开始全面地接受西方竞技体育文化，在政府举国体育体制的大力支持下，开始了传统武术的改造，形成并逐渐完善发展成今天的竞技武术。

2. 产生的文化背景不同。

第一，古代武术是根植于我国民族传统文化，以技击为核心，武为外形，讲究形神兼备，内外双修的一种以防身、健身、修身为目的的融合多种表现形式的几乎纯个人的传统修炼行为。竞技武术是在继承传统武术的基础上受西方体育影响，在统一标准下进行演练评价并有一定的量化标度，受规则限制，有一定的实利目标并具有特定表现形式的一种竞技体育。第二，古代武术是在东方农耕文明中形成的，它是东方传统文化巨系统中的一个子系统，受中国传统哲学、政治理论、军事思想、文化艺术、医学原理、社会习俗等东方文化影响，因而它自然具有封闭性，而且在长期的封建中央集权限制下，它比较注重整体的东西、宏观的东西、共性的东西，从而在整体理论中讲求一种"调和"，追求一种动态的"和谐"。竞技武术是在西方工业文明对东方农业文明的强力影响下逐步形成的。它讲究的"竞争"是西方文化的典型思想。西方文明是在希腊城邦制中发展起来的，它看重平等、同一标准下的竞争。现代体育中的"更高、更快、更强"的口号很明显表明，竞争意识已渗透到每一项运动中去了。竞技武术的根是扎在传统武术这片沃土之中的，但其枝杈又受西方体育思想影响而偏向竞技体育，于是它逐步向"奥林匹克运动模式"靠拢，从一些具体的、细微的、局部的、技术性强的东西入手，按一个标准，在设定的条件下研究，评比一个动作，给原本自由自在的传统武术套上一个枷锁，弄成一种不中不西的东西。在奥林匹克大家族中，没有一项运动是在比赛中比不快不慢、不高不低、放松安舒、轻松自然的"太极中庸式"的动作,更没有一项是"师傅说招,徒弟交手,点到为止,武德至上"的技击项目,它们所追求的是更直接、有效、实用、精确的东西,而不是所谓的艺术享受。第三,传统武术是建立在中医理论上的,它以传统中医的阴阳五行说、经络学说、脏象说等为练功的基本理论依据,讲究"精、气、神"的相互配合修炼以增加内力。而竞技武术则是在西医理论的基础上发展起来的,它以人体的肌肉、骨骼、神经、血管为研究对象,运用生理解剖知识去对某块用力肌肉进行训练,以使其达到某种程度,它用一种直接、武断,甚至是残酷的训练以达到功力的增长。如竞技武术中的散手运动便是依据生理机制、心理功能、思维能力等几近西方化的知识对人体进行训练,以达到力量、速度、耐力、抗击打性等各项身体素质的提高,以便取得胜利。

3. 表现方式的不同。

古代武术的主要表现方式有三种:传统套路运动、传统的搏斗对抗、功法运动,而这三种与现代竞技运动在表现方式上存在巨大差别。其一是传统套路中吸收了大量攻防格斗的技术内容,并且各家各派的独门技术也是以套路的形式保存下来的。这些套路将一定的传统战术理念融入具体动作招式中,且经过无数次的修改补充已形成固定的招式,这样做就便于武术的传授、观摩、交流,使练习者产生兴趣,更有益于武术的传播。而竞技武术中也有套路比赛,但这些演练的套路中大多是"竞艺性"的。竞技武术套路是以"长拳体系"为代表的,虽有技击格斗动作,但大多是表演性质的,带有浓厚的主观倾向,竞技套路成了创编者和演练者主观的"意想技击",从而失去传统套路中的注重技击的终极目标,与真正的技击格斗只能是貌合神离。其二是传统的搏斗对抗运动与现代竞技中的散手、推手、自由搏击等不同。一是没有体重限制,不分级别;二是以击倒对方分胜负,禁打部位少;三是活动范围较大,没有场地规格及护具的要求;四是犯规处罚不明显;五是竞赛规则少。此外古代武术中极为讲究的功法运动,如个人修为、内功等,在现代竞技武术中几乎无法体现。

4. 评价方式与衡量标准的不同。

古代武术大多以感性评价为主，没有一定的客观标准，不受时间、场地、器械等条件约束，而且在功法中有许多是测不准的动作，评价方式极为模糊不定。再有传统武术大多流传于民间的拳社、武棚、杂耍、卖艺、职业教头等社会底层行业中，因受社会环境以及自身素质所限，使他们视"武术"为绝技，多采用家传、族传或宗传方式秘不传外人，因而形成了中国独有的"门派"之分。而且所谓的高下之分，也大多是同门师徒、同宗亲友之间的比较。不同帮派的比较也讲究"点到即止"，比赛的质量不高，其评价也大多以权威压人，因而形成了中国传统武术的评价方式："宗亲评价"。而竞技武术则不同。它要求极为严格，评分规则也极为明确、详细，有条理，可操作性强，有一定的客观条件限制，讲求在同一条件下进行比赛，它体现出一种广泛的"公平"与"公正"，且以合乎规则、对抗优胜为终极目标，讲究理性的分析与评价，可以说是一种"比赛评价"。另外，中国传统武术中很重视对"武德"的考查，甚至在某种程度上"武德胜过武技"。而竞技武术中则没有将武德视为一个很重要的评价标准。

5. 修炼形式与目的不同。

古代武术是一个长期的终生修炼过程，目的并不很明确，往往将武术当作一种强筋壮骨的提高自身修为的途径，成为一种满足自身精神需要的高级活动。而竞技武术则不同，它是在西方思想中萌发的一种短期行为，讲求功利，注重实际，有明确的目标。竞技武术的修炼是一种短期行为，往往训练短短几年，便可一战成名，训练效果特别明显，是一种有功利色彩的纯竞技体育的运动。古代的传统武术则追求长期的修炼，修炼十几年甚至几十年才能表现出一定的功夫。此外，古代武术还有一个从防身到健身再到修身的过程，追求的是以满足自身修为所需要为主要目标的行动，竞技武术则只追求夺冠这一单纯目标。[1]

---

[1] 许时高：《古代武术与现代武术比较之研究》，《中国－东盟博览》2012年第5期，第70页。

第三节 武术的三大主要门派

一、少林武术

（一）少林武术的起源

少林武术是中华武术中的重要组成部分，也是中华武术的一大名派，是佛教文化与中国固有的传统文化融合的典型代表。在有关少林武术的历史起源问题上，目前主要有三种观点：起源于南北朝时期、起源于隋唐时期和起源于元明时期。

1. 起源于南北朝时期。

地处嵩岳的少林寺，于495年由北魏孝文帝为天竺高僧跋陀所建，稍后，世传印度高僧达摩进住此寺。由于种种原因，在过去相当长的一段时期内，许多武术论著把达摩奉为少林武术鼻祖而大加渲染。可以说，达摩传拳是少林武术南北朝说的核心内容。达摩大约于公元5世纪来中国，首先到达南朝刘宋境内的南越（今广州），随后北渡长江至北魏，在洛阳、嵩山一带传法，至于其是否入少林，早期的史书上并无明确记载。然而，达摩的事迹到了唐后期开始有了较大演化和传说，演绎出了许多故事，并成为文人笔下的诗文题材等等。虽然达摩所传禅宗及其传闻故事在民间影响非常广远，但在各种传闻故事中并没有达摩与少林武术有关的内容。达摩传武于少林寺的故事，很可能起源于民间具有广泛影响的《易筋经》。关于该书的作者与年代，目前有两种说法：一是南北朝的达摩，其根本依据就是署名唐代的"李靖"为该书所写的"序"；二是由明代天启年间的天台紫凝道人所编撰。对于"李靖序"以及序文里所记述的达摩传经故事，自清乾嘉以来，已有不少学人对此提出质疑，甚至予以否定，如向恺然和唐豪等。但是，民间习惯于将传闻故事历史化，至今对此类故事有着高度认同。清末，又有《少林宗法》和《少林拳术秘诀》等书问世，进一步把达摩传武少林的故事具体化。民国时期，此类故事进一步为一些武术论著所用，加之当时以达摩和少林为名的各种武术功法、套路充塞社会，不少凿空之谈不绝于耳，因而造成了达摩传少林的确凿论调，即便在今天，依然有个别人士对此深信不疑。但事实上，南北朝时期的少林寺并未见其确凿的习武资料，而所有的关于"达摩传拳少林"等说法均经不起历史学的推敲。

2. 起源于隋唐时期。

少林武术源自隋唐这一说法普遍被民间接受并广为流传，其根据主要有二：一是隋朝末年，有农民起义军攻打少林时，"僧徒拒之"，从而推导出当时的少林僧徒已有习武活动；二是唐初，13位少林寺僧徒帮助李世民抗击王世充，为新建的唐王朝立下了战功，故而得到了李世民的褒奖。但这一说法也经不起历史的分析。首先，隋末少林寺僧抵御农民军不能作为演绎少林僧徒已开展习武活动的证据。其实，抗拒外来势力对自己生活环境包括人身安全的侵犯，应是人类社会活动的一种本能反应。而且，隋末时，农民军攻占佛教寺院的现象相当普遍，而少林僧人对于农民军的攻掠其抗拒非常有限，几乎无效。其次，唐初少林僧徒帮助李唐抗击王世充能否视为是少林武术之起始呢？同样是个值得具体探讨的理论问题。隋唐之际有关少林寺的各类记载不少，但至今为止尚未发现一条反映少林僧徒的习武资料，同时，我们在逻辑上也不能由于古代某人因参加了一次军事活动便可得出该人就习武的结论来。

3. 起源于元明时期点。

明代是古代武术发展的一个繁盛期，在这个大环境下，自唐初至元末鲜有习武记述的少林寺终于开始与武结缘，人们常说的少林武术（或曰少林武功）也得以扬花吐艳。从各种记载来看，少林武术早先名于天下的是棍术。戚继光的《纪效新书·拳经捷要》篇在提及古今拳家中列有少林寺之棍，称其为"今之有名者"。其他如何良臣的《阵纪》、赵光裕的《武经标题正义注释》等中，都对少林棍法有过介绍。当然，对于少林武术起源的具体时间至今并不能完全确定，但依据明人笔记及少林寺内现存的碑文可以确定，不晚于15世纪初，少林寺内的习武活动已成规模，并以勇武而闻名。明正德八年（1513）都穆的《游嵩山记》中已曰："少林僧至今以勇武闻，则其所从来远矣。"另一块万历年间所立的《钦差督理粮储带官分守河南道左参房批示碑》云："刘贼、王堂及倭寇并师尚昭等倡乱，本寺武僧屡经调遣，奋勇杀贼，多著死功。"还有，据少林寺塔林中的"三奇友公和尚塔"记载，有位名叫"友公三奇"的和尚在正德年间被征调镇守山陕等地。通过这些记录可以推测，不晚于明正德之际，少林寺内已出现武僧，并时常被官府征调为僧兵。①

（二）少林武术的发展

少林武术在明代以后远播天下，和他们参加抗倭战争有关。沿海倭寇为患，在各地抗倭援兵中，少林寺僧兵最为骁勇，曾屡次大破倭寇。嘉靖三十二年（1533），少林僧人参加抗倭战争，他们堪称"驹男雄杰"，屡立奇功。以月空和尚为首的30多名武僧"多所斩获"，"敌遇者即仆"，但在一次遭遇战中被倭寇包围，全部战死沙场，在少林僧兵史上书写了可歌可泣的一页。

清初对民间习武控制极严，曾一度住持由朝廷任命，甚至修缮房舍都要报呈皇帝审阅，僧人不能公开练武。直至清朝中期，朝廷放松对民间习武的管制，少林寺才得以重新公开练武。时至今日，少林武术以名声远扬，并逐渐为全球所接受。

（三）少林武术的思想基础

少林武术的思想基础是"三教合一"思想，是佛教的传播者调和儒、释、道的结果，是中国传统武术与三种主流文化的完美结合。"三教合一"思想，从理论上说是以禅宗的本心概念为中心，融摄、解释儒家的心性概念，保持了佛教在哲理上的优先性；从实践上，是将儒家伦理置于佛教戒律之先，为佛教争取一个良好的政治生存空间。在

---

① 周伟良：《"武中道场"的历史源起评述——兼论少林武术起源》，《北京体育大学学报》2012年第2期，第5~10页。

"三教合一"思想的影响下，佛教在多方面进一步世俗化，促进了佛教与中国文化融合的历程。佛教的中国化不仅使少林寺接纳了武术，并在汇集百家精华的基础上综合创造了少林武术；而且使少林武术在文化内涵上最大限度地映射出"儒家的博大""道家的紫气""佛家的灵光"，并因此而扬名天下，形成了区别于其他中国武术流派的鲜明文化特征。

1. 儒家文化与少林武术。

儒家文化是一种道德文化、礼仪文化，强调道德和礼教对社会秩序的重要性。在提高僧人修养方面，儒家的伦理道德规范成为对僧人的基本要求，尤其对那些习武的僧人来说，武德成为他们学习少林武术的先决条件，少林武术从来不传授给无德之人。在对政权的态度上，结合儒家忠君报国的思想，少林僧人越来越臣服于君主的权威，形成少林武术文化的一个重要特征：安邦靖世，保家卫国。少林寺僧正是受儒家文化的影响，才能够超脱自己，超越与世隔绝的修行生活，献身于一切重大的护寺、护法、爱国行动中去。也正是由于具有了这样的爱国精神，少林武术才被世人无限赞美，并成为少林武术独特的文化特征。

2. 道家文化与少林武术。

老子讲求"无为而治"，认为道法自然、无欲无争、无为清净，从而求得社会的安定与和平，使人类回归自然质朴的本性。道家所倡导的那种自然无为的最高境界，以及那种与世无争的"治身"思想在少林武术文化中多有体现。以老庄为代表的道家思想的浅淡含蓄、虚弱宽柔的色彩，强调"顺其自然"来影响人们的道德情感，构建理想中的和谐社会，反对一切武力。这对塑造中华民族性格和文化习惯起到了重要的作用。当然，老子重视的柔弱，并非追求柔弱本身的个别现象，而是突出"柔弱胜刚强"。少林武术多以威猛、彪悍的技术为特色，以刚柔并济为其战术思想，以无为的心态追求武术的最高境界。这种最高境界就是"以武悟道"，从禅宗的角度来说，就是"以武悟禅"，最后达到"禅武一体"的最高修炼境界。许多少林拳法强调的"动静相生""刚柔相济""虚实转换"等拳理要求和技击原则，大多来源于道家所推崇的"天人合一""阴刚辨证""五行生克"等哲学观念。此外，道家的一些练气方法和理论也被少林武术所吸收。少林内功中的"练气"，是在佛家禅功基础上结合道家气功锻炼方法而形成的练气方式，一种结合调息的身体锻炼。而"气"是充塞宇宙天地之间的"元气"，一定要配以道德、正义，否则它就会失去活力。少林武术的最高境界就是通过习武修身养性，是修禅所要达到"明心见性"的境界，这种境界与道家"天人合一"的目标在实质上是统一的。

3. 佛教文化与少林武术。

佛教作为外来文化，为少林武术的发展和存在提供了客观条件，可以说，没有佛教在中国的发展，就没有少林武术今天的辉煌。少林武术大量地吸收禅宗的一些理论，使得少林武术与少林禅宗并肩发展，形成少林寺独特的魅力。比如禅宗修习全凭自身体验，武术的锻炼也要靠悟性；禅宗是一种修养，武术也是一种修养等等。此外，少林武术修行还讲究修"忍"，也深受佛教"修忍""禅定善行"的影响，即"修行"。另外，少林武术与禅宗的结合还表现在其他的一些方面。在少林武术的动作名称中大量出现，诸如罗汉睡觉、罗汉担刀、罗汉亮臂、罗汉穿衣、罗汉卸衣、罗汉扭衣、罗汉抖衣等式都是借鉴罗汉塑像动作形象，体现出少林武术与佛教文化的融合。少林武术的手法中吸取了佛教丰富多彩的手印形式和理念，产生了少林"金刚指""金剪指""三阳指""金铲指"等指法。少林武术套路的起势和收势中，一般都有诸如"童子拜佛"之类的动作，且这些动作在完成的时候把对佛教的虔诚刻画得淋漓尽致，充分反映了少林武术对佛教礼节形式的借鉴，同时，也突出了少林武术作为佛教禅宗表现形式的特征。

（四）少林武术的文化内涵

1. 浓厚的中国传统文化特色。

少林武术在中国传统文化的土壤之中生根发芽，中国传统文化孕育它形成，哺育它成长，促使它不断发展与完善。少林武术在理论上深受中国古代哲学思想的影响；武术防身制敌法受古代军事学影响较大；气功健身法受养生术和中医影响较深；少林武术表演受武舞影响较重。而少林武术受禅学影响，禅修融入到习武之中，强调"形神兼备、禅拳合一"。人的身体内无形的意、气、力、劲、功与人的肢体是融为一体的，因而要求意、气、劲、形的统一。自然界与人之间存在"天人感应"的关系，也是一个和谐的整体，因而要求人的运动与自然界的运动统一。

2. 集众家之长求发展。

少林武术的形成与发展，是一个不断吸取百家之长、补己之短，自身不断完善与发展的过程。宋朝末年，福居和尚召集全国十八路武林高手集聚少林寺，相互切磋武艺，并汲取各家之长，汇编成少林拳谱，使少林武术套路发扬光大，在提高少林僧人的实战技法方面发挥了重大的作用。如宋将相滚的大枪之戳胸，高怀亮、高怀德的黑虎铜锤之抵心等都是高超的战术。俞大猷的棍，被戚继光推崇为"短兵长用"的典范。明嘉靖年间，抗倭名将俞大猷经过少林寺时，发现少林寺棍法已失去真传。于是少林寺僧人虚心向俞大猷请教，派了两名年轻的武僧普从和宗擎，跟随他到军中学艺。历经三年苦学，普从和宗擎学成归来，随后将所学武艺教授给其他僧人，学有所成者有近百人。自北魏太和二十年（496），有僧稠和尚成名后，历朝都有带着武艺进少林寺的新僧，如隋大业十年（614），皈依弘忍门下的神秀，唐代中期到少林寺的圆静，宋代有金陵出家到少林寺的智瑞，五代十国年间的白玉峰，明代隋雪居和尚进少林寺的园会，清代到少林寺出家的海玲，在入寺之前，都是属于不同的武术流派功夫的人，他们出家后，与其他僧人广泛交流自己的武功，使少林武术海纳百川，汲取了全国各门派武术的精髓。

3. 安邦靖世、保家卫国的习武思想。

少林武术的重要目的是保护寺庙，此外僧人们还提倡而且屡屡实践了保家卫国、报效祖国的习武思想。在明朝，为平定云南叛乱与抗击倭寇，众多的少林僧人牺牲在战场上。后来，李世民允许少林寺大规模训练僧兵，少林寺武僧人数激增，据《少林寺志》记载，"少林寺即有僧众二千，其中武僧有五百余众"，少林武术得以迅速发展。少林武术的作用也由原来单纯的护院、护法与健身，演变为与国家密切相关，发展成为一支保卫国家、辅佐军事的力量，历朝历代都涌现出为国尽忠的人物事迹。从嘉靖到成化的一百年间，少林寺僧人先后 30 多次应诏抗倭戍边。[①]

(五) 少林武术品牌建设与发展

1. 少林武术品牌建设的过程。

文化品牌的建设都有一个不断积累和沉淀的过程，少武林术的品牌建设大致经历了三个阶段：第一个阶段是品牌意识树立的最初阶段，大约发生在 20 世纪 80 年代初到 90 年代中期。在此过程中，电影《少林寺》的热播使这座偏居中原山坳的千年古刹声名远播，也给嵩山少林武术带来巨大的发展机遇。少林寺的游客在 1984 年达到历史最高峰 260 万人，随着旅游业的发展，少林寺成了国内著名旅游景点之一。第二个阶段是少林武术文化品牌逐步面向市场、开始走向世界的阶段，发生在 20 世纪 90 年代中期到 21 世纪初。随着少林武僧团的公开对外表演，在这期间少林武僧团的足迹已经遍及多个国家，更是走进了维也纳金色大厅和英国皇家剧院进行演出。同时，民间各类武术培训学校、武术竞赛事业也蓬勃发展，取得了较好的成绩。此外，国内少林寺商品注册、河南少林寺影视有限公司、嵩山少林寺武僧团培训基地等的成立也促使少林武术在近年来的市场开发中逐步站稳了脚跟。第三个阶段是少林武术文化品牌产业链条趋向成熟的阶段，发生在 21 世纪初至今。在这一阶段，随着市场化经营模式的运作，少林武术文化品牌得到了空前迅猛的发展，目前的少林武术文化品牌囊括了包括武术技巧、竞赛、表演、影视、旅游、商品经营在内的诸多方面的内容，形成了市场化日渐成熟完善的武术产业链条，有力地推动了少林武术品牌的发展。

2. 少林武术品牌建设和推进中存在的主要问题。

随着时代的发展和社会的进步，今天的少林武术无论从发展规模、

---

① 唐军：《论"三教合一"思想对少林武术的影响》，《西安体育学院学报》2010 年第 5 期，第 76~78 页。

传播范围，还是受众人群等方面，都产生了巨大的影响。但在其品牌建设和推进中仍然存在一些不足之处，主要表现在四个方面：第一，少林武术休闲商品市场开发不够。还没有成为人们生活中的休闲商品。第二，少林武术教育商品市场中的消费者文化素质较低，没有形成自身的教育品牌，而且也因此影响了少林武术的发展。第三，少林武术的健身商品市场开发不够，在传播过程中注重其技击性、表演性的开发，而对少林武术的健身市场开发不够。第四，少林武术进行时尚市场营销时缺乏对武术商品的包装意识，致使少林武术文化不够凸显，以及差异性营销策略实施程度不够，影响了少林武术的进一步发展。

3. 少林武术品牌建设的发展策略。

推进少林武术的品牌建设，首先要丰富少林武术品牌建设的内容，包括禅文化的传播、武文化的传播和禅武文化的传播。禅文化的传播要进一步搞好"少林问禅活动"的举办，包括机锋辩禅、少林问禅名家讲座、高峰禅会、禅茶雅集、观看"禅宗少林音乐大典"、参观嵩阳书院等活动。武文化的传播重点搞好"少林武僧团的巡回表演"，扮演好中国武术和中国文化的代言人角色；禅武文化的传播方面《禅宗少林·音乐大典》的发展发挥了很好的作用，还需要进一步创新发展。推进少林武术的品牌建设，还要在传播途径上做好文章。要以影视为媒介提升少林武术的知名度，并采取多种商业化的运作模式，诸如各类武术竞赛以及通过借助名人效应等来推动武术产业的发展。同时，发展少林武术的品牌建设，一方面要推进少林武术的国际化，发展对外演艺市场；另一方面还要充分挖掘和开发少林武术旅游资源，实现少林武术的文化、经济、社会和政治等方面的价值。

二、武当武术

（一）武当武术的主要内容

中华武林，"北崇少林，南尊武当"，这足以说明武当武术在中国武术中的重要地位。武当武术,是指在中国传统武术文化和武当地域文化长期氤氲滋养下,元末明初武当道人张三丰通过道教内丹术与之前少林武术的有机结合,而开创的蕴功法、套路、格斗三位一体的一种养生技击并重的拳术,它包括由张三丰创立,以及经过历代尊张三丰为祖师且有明晰传承的拳师改良完善的各种流派的单练与对练的拳种、器械等传统拳术。武当武术功法内容种类繁多,浩如烟海,功法世代相继,融汇了医、儒、释、道诸种功法,每种功法都包含了命功的练习和性功的启迪,以及性命双修的高深境地。有来源于道家的丹元大道之法,也有释教的四禅八定之功,以及贤侠剑道的武技秘术。历代授艺均为单传,仅武库妙说记载的第一洞天真品,即有二十四种奇兵演练,七十二个禅桩变化行功。大体上看,武当武术是以太极拳、形意拳、八卦掌为主体组成的整体,后经历代武术家不断创新、充实、积累,形成中华武术一大流派。

(二) 武当武术的主要特征

1. 以道理为指导。

武当武术的产生不是经验主义的产物,而是理性的产物。武当武术是先有理论后有拳法,其理论基础就是道家哲学。道家哲学当然不是专为道家拳术创立的理论,但武当武术创造发明于道家,在于道家哲学可广泛运用于道家生存的每一个领域。道家比一般人更注重保存自己,因此也必须具有防卫术。道家哲学的本体是"道",认为"天、地、人"之间有一个永恒的"道"存在。它孕育演化为万物,而又制约万物。它的存在是无形无象、无始无终;它的行为是贵柔守雌、无为不争;它的表现是柔、静、虚、空、圆、中、正、和等。这些都可以太极、阴阳、五行、八卦概括表示。这些哲学基本原理用于指导武当拳法,与其他一些武术相比,可以收到事半功倍的效果。

2. 以养生为宗旨。

中国的道教,尽管它的神仙术、炼丹术充满了神秘色彩,但它却表现了一个很明确的愿望,那即是要人在今生今世里修成,而不是像佛教那样颇重因果报应的来世。所以，道教修炼的最基本原则就是获得养生效果。具体来讲，武当武术在实践中极其重视人体精、气、神的修炼，讲求炼精化气、炼气化神、炼神还虚。准确掌握三调（调心、调息、调身）贯彻始终，不违背医学卫生原理。无论在何种功法上，对外强调手、眼、身、法、步的训练，对内则强调精、神、气、力、功，注重内外兼修，阴阳变换，圆弧扭丝、动静结合、柔中含刚。通过修炼，一方面增强了人的生命活力，取得祛病益寿之效；另一方面，又以人的生理特征的合理运用，发挥出意想不到的防身御敌技击效果，表现了张三丰"欲令天下豪杰延年益寿，不图技击之末学"的真实效用。

3. 以技击为末学。

"以技击为末学"是武当拳派的道德观核心。其根本原理还是源自道家的"道"，指出道的本原是个浑沌体，在浑沌体里不存在矛盾和对立。因而，在道家的社会观念上，人与人之间也应以"浑沌"而处之，不应发生矛盾闹对立。强调和平共处，宣扬以理服人，而不以力服人。因而，技击理所当然地被视为"不急之末学"。当然，道教历来讲求辩证，因为矛盾对立，当不善行为出现，应当尽力铲除，所以需要拳法的练习。也正是从这一角度讲，道家的拳法都是在被动的情况下才使用。所以，它便产生了"后发制人"这个重德重礼的出发点和"贵化不贵抗"的斗争原则。又因为它始终不忘养生之本，所以在战术上多讲求"虚心实腹""守贵承守雌""崇下尚退""静以制动"。所以，以技击为末学是由武当武术的养生宗旨和道德观念决定的。

4. 以道德为门风。

从道教的戒律和民间武当内家拳派传承的戒律来看，条款、内容虽各有不同，但基本原则是统一的，即作为一个武当武术的继承人，必须"克己复礼"，遵守公共道德。翻开以前的历史可以看出，在张三丰之后的武当武术发展中，各个掌门人皆根据不同历史时代、环境等客观情况作出了不同的训诫。提出"三戒""五戒""八戒""十戒"等，甚至最多的戒律达1200多条。徒弟犯戒不能传其衣钵，而且犯戒者轻者斥责、罚跪，重者则杖革或驱逐出山。而当武当武术流入民间后，一些戒律明显加进了传统礼教内容，而且还根据时代和社会公德的需要随时增删不同内容。还有武当内家师传认为，一个人不具备功德，学武功拳法只会有害无益，因为没学到技艺倒也罢了，学到技艺反倒会祸及很多人，所以武当派历来择徒甚严、甚秘。此外，从武当门派传人与他派人士比武中也可看出其武德来，在与人交手时，武当传人都须先让人三招，并且要事前申明：第一，天下之交和为贵，不必争斗；第二，武技之较非死即伤，最好不真打；第三，万一真打，点到为止。尽管这些美德随着时代进步而赋予新的内容，但它热爱和平、讲究和平文明的本质并没有改变。

5. 以自然为神韵。

纵观社会上流行的各种武术，从审美角度欣赏，各家都有独特的艺术风格或称神韵。有的疾如闪电，有的稳若磐石，但武当派拳法则以柔绵见长，处处体现出圆、圈、旋的有机交合运化之势。由于武当武术创自道家，所以其拳法的美学原理就出自道学之道。道学是从宇宙宏观和微观的全部自然世界中获得的，从"其大无外，其小无内"的道的本原看，"圆"的运动贯穿一切，所以，武当既然是以"道"为指导思想的拳术，便会当然按照"道"的圆圈去运动。武当武术的这种遵道而行的拳法，无意中表现了一种淳朴的自然风韵。还有一个引人关注的现象，在武当内家拳派当中，以动物命名的拳最多，看起来这是拳术的仿生学问，其实最根本的还是探索的道，即自然的"圆"的同变化。武当武术的自然之神韵，是拳家将拳法融归自然之结果，能达到表现自然之神韵的境界。[1]

（三）武当武术的思想基础

武当武术与道教的渊源颇深，道教是武当武术最基本的思想基础。武当武术注重内功修炼、以武求道、以武悟道、以武演道、贵柔守雌、

---

[1] 龙行年：《文化视野下武当武术与武当武术文化的定义》，《武汉体育学院学报》2011年第10期，第83~86页。

以柔克刚、以静制动、后发制人、尚意不尚力、柔化圆活等特征，无不闪烁着道教智慧的光芒。总的看来，道教的"道法自然"、阴阳对立统一、"贵柔崇雌，崇弱尚下""少私寡欲""不敢为天下先"等思想对武当武术的拳法及其理论提供了重要的思想基础。

1. 道家"道法自然"的思想促进了武当武术"拳法自然"理论的形成。

以道为本，崇尚自然，认为道的本性是自然，自然中有真、善、美的精华，按事物的自然本性去因势利导地取自然之精华，不违背自然规律去强做蛮干，这就是老子修身、为人、处事、治国、论道的总原则，是道家哲学的精华所在。武当武术在老子"道法自然"的思想影响下，认识到修炼内功拳技不能违背自然规律去盲目练习，而应追求人与自然的和谐统一。取法自然也是武当武术区别于其他武术派别的最本质的特征之一，这突出表现在武当武术对大自然的模仿上。其实，武当拳功的几乎每一进程，都与模仿生物、非生物的结构、形态、性情、能力发生着密切关系。从武当武功的导引术—五禽戏—易筋经—八段锦—内功图说—太极拳的整个体系来看，对自然界各种生命现象特点的模仿是发挥其健身效能的奥妙。相传张三丰从鹊蛇相斗中悟出深刻哲理，并以此创造出武当内家拳，就是武当武术"拳法自然"最好的诠释。

2. 武当武术的"拳法阴阳"理论来源于道教的阴阳对立统一思想。

"阴阳"是老子哲学的重要理论基础之一，提出"道生一，一生二，二生三，三生万物"。"二"便是阴阳这两个相互对立的气体，天地万物就是通过它们化合而成的，老子根据阴阳对立的两个方面提出许多矛盾的范畴，如长短、有无、动静、虚实、生死、祸福等，并认为这些矛盾是对立统一的，而又可以相互转化。他虽然承认矛盾双方的对立与斗争、包含与排斥，但却十分强调矛盾之间的统一和协调。武当武术从理论和实战上都极力推崇阴阳。从拳技上讲，武当拳功的招式都是以阴阳为根本的。在实战中，武当武术强调把敌我双方当作阴阳对立的整体来看，根据攻守、进取、前后、左右、上下、动静、刚柔、顺逆、开合等阴阳双方变化规律，采取相应对策。这对太极拳和八卦掌等的影响非常明显。

3. 武当武术的"贵柔守雌"理论来源于"贵柔崇雌，崇弱尚下"的道家思想。

老子认为，正阵可以转化为奇阵，善良可以转化为妖孽，祸中伴随着福的征兆，福里潜伏着祸的根苗。根据这一转化规律的认识，提出了"反者道之功，弱者道之用"的辩证观点，强调弱则活、强则死，事物强大了，就会引起衰老，若有意造成事物的强大，就违反了道的原则，因为这会促使它早日结束生命。老子认为"弱柔"之道是生命成长的必经之途，是天之道。老子深知什么是雄强，却安于守雌柔，虽深知什么是光荣，却安于处卑辱。"贵柔崇雌，崇弱尚下"的道家哲理对武当武术的影响极大，构成了武当武术的贵柔守雌的显著特点。武当武功在技击上讲究柔化，不以气力胜人，利用动作的轻松和谐而自然形成，绝对不用强制方法。练拳时，最忌用力，务使全身松开，气血贯注，日久自然练成内劲。这种内劲是很柔的，遇敌时，不含抵抗性，能随敌劲以为伸缩，利用动作的轻松和谐而自然天成，这样气力就会用之不尽，连绵不绝。很显然，武当武术贵柔守雌并非终极目的，其终极目的是以柔克刚。

4. 武当武术的"后发制人"理论源于道家"少私寡欲""不敢为天下先"的思想。

老子提出"无为而治"的主张，认为治理国家的办法，应该是使老百姓"虚其心，实其腹，弱其志，强其骨"。在此基础上，进而提出了"不敢为天下先"的思想。受此思想影响，武当武术强调"后发制人"，倘敌欲发我，则应心中坦然，审候应机，静以俟之，微动即应。诸如"彼不动，我不动，彼微动，己先动""后人发，先人至""以不发先动为主，遇敌来击，先以化劲化之，待其不稳，从而击之，则用发劲""不挡架，手欲弃取顺中成，手出要择途径近，后发先至呈技能"……所有这些论述，都是强调"后发先至"。而后发之所以能先至,其前提为避实就虚,引进落空。[①]

（四）武当武术的主要价值功能

1. 养生价值。

武当武术具有内外兼修的特点,可以使人祛病延年,强身健体,增强实战抗暴能力。同时,武当武术还可以修养人的品质,磨炼人的意志,丰富人的精神,开启人的智慧,全面提高人的素质,升华人的个体生命质量。所以,我们说武当武术既属于体育又高于体育,全面推广武当武术,无疑可以促进强种强国,促进中华民族的复兴。

2. 文化价值。

武当武术以道家文化为理论基础,以武演道,以道显武,生动形象地表现道家天人合一、以柔克刚的理论。此外,由于广受儒释兵家等文化影响,武当武术的内核要素及承载内容、表现方式等方面,均突出了中华传统优秀文化。通过习练武当武术,可以汲取到传统文化精华。许多外国人了解中华传统文化,甚至了解中华民族,都是由太极拳开始的。近20年来,无论蜂拥而至自费到中国学拳的外国人群,还是武打影视在外国受到追捧;无论是国内举办的武术活动常见的金发碧眼的朋友,还是传统武术出国表演团所到之处卷起阵阵旋风,都充分显示了武术文化的魅力,也表现了武术在东西方文化交流中的巨大作用。

3. 产业价值。

武当武术与其他武术和技击项目一样,蕴含着巨大的产业价值。美国的职业拳击,日本的空手道,韩国的跆拳道,印度的瑜伽所创产业价值都是惊人的。河南登封少林寺,仅武校在校学员达5万人之众,年创直接效益5亿元;全国许多武术器械厂、武当山的刀剑市场等都表现出了武术产业的美好前景。作为上亿人习练的武当武术,其服装器械、书刊、影视、培训、赛式等方面所潜藏的商机难以估量。

[①] 王洪军等:《刍议武当武术的道教思想基础》,《郧阳师范高等专科学校学报》2009年第1期,第10~12页。

（五）武当武术的发展策略

1. 加强理论研究。

武术理论（即拳理）是指导武术实践的方针，没有科学先进的拳法理论，就不可能促使一门武术提高和发展。武当武术也不例外，所以要重视武当武术的理论研究，要从力学、物理学和人体医学方面，探讨武当武术与现代人体科学的内在联系，用现代科学的方法来论证武当武术各种技击方法及功法的实用价值，使人们真正认识武当武术的功能和价值。组织武术传人与专家联合编写教材，使武当武术教学科学化、规范化。由基本功到套路练习、技击训练，都应当制订出一套系统的循序渐进的教练方案，各个阶段都应有一个考核成绩的标准，对不同的学习对象可以采用不同的教材、教学方法、教学要求和考核标准，使武当武术既能普及，又能提高，拥有各种人才，更有利于武当武术的发展壮大。

2. 走产业化道路。

加大武当武术的产业开发力度，要适应市场经济的发展，制定中长期战略规划，加大市场开发人才的培养力度，进一步拓宽发展渠道，培育武当武术市场。进一步挖掘和整理传统套路，抓紧时机抢救武术遗产，加大力度对武当武术文化的收集与整理，充分发掘其多元的功用及丰富的拳理、哲理、医理，突出武当武术文化独特的魅力，一方面可以弘扬民族文化，另一方面可以丰富武当武术的产业化内容。

3. 加大培训力度。

建立武当武术俱乐部，在各国和各省、市武协下设立武当武术培训中心，在各基层建立武当武术培训基地，派出专家教授和高水平教练员到各培训中心讲学和执教，以技术动作传授为基础的同时，进行武当武术文化的深层渗透，并且以此提高国内外的武当武术习练水平。组织教练员、裁判员培训班，培养高层次的复合型人才，使武当武术走向世界。提倡大力发展武当武术特色学校、武校，如太极拳武校、形意拳武校、八卦掌武校等，使武当武术能够更好地得以继承和发展，并且逐步走向世界,成为世界人民喜爱的武术项目。抓好武当武术的民间普及。

4. 改革竞赛体制。

21世纪是个充满着激烈竞争的时代,武当武术也只有在竞争中才能求生存,求发展。要建立富有武当武术特色的竞赛体制,遵循武当武术"体用兼备"的特点,符合武当武术的技击特征,使武当武术技击功法和技法能够得以充分体现。让竞赛体制作为撬动武当武术发展的有力杠杆,成为激励武当武术发展的活性元素。举办多种多样的竞赛活动。一方面,通过竞赛交流可以及时地发现当前武术事业发展中存在的问题,以保证武当武术正确的发展方向。另一方面,通过竞赛、交流,可以进一步规范武当武术,使之适应向世界推广的要求。

5. 加大对武当武术的宣传力度。

利用《武当》、武当杂志网站等媒体进一步对武当武术展开全方位的立体宣传,把武当武术的最新赛事、活动,武术名人的趣闻逸事以及武当武术的最新科研成果,及时地发布,并以此构建武当武术的学习、研究园地。扩大武当武术的对外影响,促进武当武术的健康发展;广泛联络影视公司、网络游戏公司,以武当武术为题裁,编制影视片、网络游戏扩大武当武术的知名度;通过发行武当武术套路光盘进行广泛的宣传和普及;组建一支高水平运动队,进行全球性的巡回表演、演讲等,真正扩大武当武术的影响力。[①]

三、峨眉武术

(一) 峨眉武术的起源

峨眉武术是指产生、起源于四川峨眉山地区的峨眉山僧、道武术与民间武术,主要流传于峨眉山地区,并广泛流传于整个巴蜀地区乃至其他地区的,以峨眉命名的各种拳术、器械、功法和武术理论等武术内容和形式的总称。峨眉武术起源于峨眉山地域的道家养生功法。原因有

---

① 胡容娇:《武当武术现代发展策略构想》,《武当》2006年第10期,第10~12页。

二：一是峨眉山是先有道教再有佛教。在佛教传入峨眉山之前，就有方士、仙家、隐者在峨眉山修道、隐居。道教吸收了古代巫术、方士、神仙家的观点，主张清静无为、养生修炼、长生成仙，因此，道家与道教导引术最有可能成为峨眉山地域武术的最初内容。二是现存最早的、并有文字记载流传下来的峨眉武术内容——峨眉十二桩的创编者白云禅师原本是峨眉山一个道士，峨眉十二桩是依据道家《黄庭内外景经》《太上清静经》与《阴符经》创造发挥的，其以《黄庭内外景经》为练功的纲目指南，动作名称及技术内容明显有道教养生功法的特点。另外记载峨眉山武术最早的诗由明代抗倭名将唐顺之所作，在其《荆川先生文集》中有一首《峨眉道人拳歌》，曾写到"道人更自出新奇，乃是深山白猿授"，因习练武术的目的与峨眉山佛教教义相去甚远，因此我们认为此拳歌中所描写的也是道家的武术内容。所以说，峨眉武术起源于峨眉山武术，起源于峨眉山道家养生功，而后通过峨眉山道家、佛家及民间三条途径流传至今。

（二）峨眉武术的技击思想

1. 浓厚的攻防搏击意识。

四川人自古以来生活在地处"西僻之壤"的四川盆地，气候特殊、地形复杂，巴蜀民众勤劳勇敢、尚武善斗，素以灵巧著称。因此，凡练峨眉派拳术必须带着深厚的攻防搏击意识（即带有强烈的敌情观念），做到与假设之敌进行模拟拼搏，要求精神高度集中，神思敏捷，身灵步活，拳脚生风，击法变换于瞬间，做到"有形打形，无形打影"。峨眉派拳术技艺的深厚意识，是拳师们在长期的习武实践中产生的。练峨眉派拳术技艺十分强调胆壮、气足、力雄、法准、机巧。

2. 地域性拳术的特殊属性。

中华武术源远流长，在发展过程中，由于种种原因而形成了众多的技术流派，峨眉派拳术技艺，除具有中华武术的普遍性之外，还独具手法细密、一法多变、掌指兼用、身灵步活、拳脚生风、刚柔相济、内外兼修等特点。这些特点，就是峨眉派拳术技艺的特殊属性。在峨眉派拳术技艺的发展过程中，拳师们不断地吸取各技艺流派的技击精华，充分发挥四川人机智灵巧、顽强勇斗的精神，打法则以偏侧滚进、单边攻防、以巧制化、以小制大等特点，使其技艺不断创新、不断发展。这种在继承中华武术固有的攻防技击性和运动形式基础上，充分发挥四川人拳术技艺的独特打法，使之扬长避短，从而使峨眉派拳术技艺既有中华武术的普遍属性，又具有四川地方拳术的特殊属性，主要表现为以下几个方面。

第一，刚柔相济。这对矛盾在峨眉派拳术技艺中尤为重要，所求之刚，是指肌肉收放的速度力量的外露，是拳风之外象，需具有阳刚之健美；所求之柔是指四肢、体躯的肌腹、关节腱膜的最大牵张、各主要关节活动面最大幅度的伸转或多轴性运动。刚与柔的关系在峨眉派拳术谱中多有论述。"刚与柔"的相互变化与合理使用，是演练好峨眉派拳术技艺的一大劲力法则。第二，快慢结合。它是峨眉派拳术技艺中运动节奏的具体表现，快与慢要相互依托，互为其根，有慢才有快，有快才有慢。多数峨眉派拳术讲究"慢拉架子快打拳。"慢讲究以快打慢、以快制快、慢中待发、快慢相兼的技击原则，强调快与慢的正确处理是快而不乱，慢而不散，以快为主，在快中求准，快中坟稳，快中求活动，快中求美，快速有力，快慢相兼。第三，动静结合，以动为主。"动极而求静，静极而生动，动中有静，静中有动"被认为是峨眉派拳术技艺发展的内在原理之一。动是峨眉派拳术技艺的基本动态，这种动态包含着踢、打、摔、拿、劈、刺、抡、砸多种击法以及身躯拧旋折叠、吞吐浮沉、俯仰屈伸，步法的腾挪闪展、进退变换；表现于内的动则是气血的流畅、精神的聚敛、神思的敏捷、判断的准确，反应的及时。第四，虚实结合。四川人体质轻灵，体力不如北方人雄厚，在散打时，讲究"避实击虚"，以巧制胜。强调攻出时要开之以虚，诱敌深入，伺机反攻，防守时要合之以实，使敌无懈可击。峨眉派拳术技艺讲究虚中有实，实中有虚，虚虚实实，令人莫测。在拳艺中则表现为重心为偏侧以利步势之变换，其脚就有左虚右实或右虚左实之分；其手法因常以单边攻中带防、防中含攻、攻守兼备，故称之为实，防之谓虚，以实击虚，一击必中，一触即分，用虚化实，虚而引之，使敌进击之力失去攻击点。第五，高低结合。这对矛盾反映在拳艺中是指动作结构上的变化要有高低之变化。因此，峨眉派拳术套路中，就有高桩与矮桩之分；有满手与短手之别；身法上有挺展放大与收缩紧小之异。峨眉派拳术演练风格上多有高低起伏、扭旋折叠、俯仰伸屈等变化。第六，轻重有度。峨眉技艺讲究轻如蜻蜓点水，重如铁锤击石。击拳以气摧力，快而有力，发腿似野马飞蹄，掌指点穴似离弦之箭，疾步似燕子穿云，势沉如高山巨鼎，蹿蹦似猿猴攀枝，静沉似龙盘虎踞。故峨眉派拳术技艺一招一式重如铁，一法一式轻如叶。轻为突出重，重为轻之根，轻重缓急，使演练拳艺更趋技艺的悠扬旋律。[1]

（三）峨眉武术的发展对策

1. 加大峨眉武术的理论研究。

对峨眉武术进行深入的、系统的、全面的理论研究，是峨眉武术能够持续发展的基础与保证。峨眉武术历史悠久、内容丰富，但文献资料相对匮乏，要成立专门的研究机构，吸取高层次科研人才，提供论文报告会这样的交流平台。理清峨眉武术的"源"与"流"，研究如何发展峨眉武术特色旅游产业、特色文化产业。勾勒峨眉武术将来发展的图景，制定发展战略，使峨眉武术的理论研究全面地、扎实地开展起来，为将来的发展奠定坚实的基础。

2. 建立完善的峨眉武术教育体系。

武术人才的培养是一个长期的复杂的系统工程，从基本功训练，到组合动作的掌握，到完整套路的反复练习与打磨，在每个阶段对人的意志品质和身体都有不同程度的考验和锻炼。因此，要想培养峨眉武术专门人才，就必须整合优化当地的武术资源，建立专门的峨眉武术研习学校，峨眉武术研习学校要以峨眉武术为主要学习内容，聘请峨眉武术的

---

[1] 王亚慧等：《试论峨眉武术的起源及对"白猿起源说"的质疑》，《成都体育学院学报》2010年第5期，第51~54页。

著名拳师、武术精英为教练，严格要求。建立由政府指导的、学校教学部具体负责的峨眉武术科研小组，将峨眉武术的技术进行挖掘、整理，并根据技术的难易程度进行分类汇编，编成不同的套路，按照学生年级与习武年限的不同教授不同的内容，使学校的学生能系统地掌握峨眉武术。高等学校，特别是四川当地高校应在民族传统体育专业课程中开设峨眉武术课程，培养峨眉武术专门人才。

3. 打造峨眉武术品牌。

作为三大拳派之一的峨眉武术，依靠峨眉山，拥有成熟的技术体系及深厚的巴蜀文化内涵。它与少林、武当相比毫不逊色。当前峨眉派武术没有少林、武当那样有名和峨眉武术的宣传起步较晚、宣传力度不够有着莫大的关系，因此，应借助于正在实施的打造峨眉"天下第一山"战略，搭乘峨眉山市"十二五"期间全力打造"一校一节一基地"峨眉武术品牌的东风，推选峨眉武术代言人，创编峨眉武术规定套路，组建"峨眉武术表演团"，举办峨眉武术的专项赛事，搭建"国际武术节"的交流平台，将武术的宣传与峨眉山的宗教文化相结合，将峨眉武术的发展与旅游相结合。打造峨眉武术电视、网络传媒平台。全方位、多层次、持续性地宣扬峨眉武术，树立自己的文化品牌。

4. 加强宣传，拓展峨眉武术旅游。

武术文化旅游是在世界及国内旅游业迅猛发展大背景下逐渐崛起的一项新兴产业，少林寺与少林拳、陈家沟与太极拳这些享誉世界独一无二的武术文化品牌，为河南省发展武术文化旅游提供了先天的优势，这种优势已经在河南经济、社会等各个领域得到了现实转化和体现，成为国内武术文化资源丰富地区旅游发展的参考模式。峨眉武术与少林、武当武术有同样的武术文化品牌，峨眉武术也拥有得天独厚的自然条件，但在实践中不但远远落后于少林、武当，而且在峨眉旅游中相对于温泉旅游和滑雪旅游也无优势可言。因此应抓住机遇，发挥优势，突出文化特色，塑造整体形象。应高起点规划，充分发挥峨眉山旅游资源的文化特色和潜在优势，建立以峨眉武术为主题的旅游景观，以峨眉武术文化为图式的旅游宣传图册，建立峨眉武术博物院，增强峨眉武术旅游的吸引力和震撼力。①

第四节 现代武术的两种主要形态

现代武术有两种主要形态：一是现代武术套路，二是现代武术散打。

一、现代武术套路

（一）武术套路的概念

武术套路就是一连串含有技击和攻防含义的动作组合，是以技击动作为素材，以攻守进退、动静疾徐、刚柔虚实等矛盾运动的变化规律编成的整套练习形式，又被称为"套路运动"。一般认为，套路运动是技击的高度提炼和艺术再现，它来源于技击，又高于技击，是武术的最高表现形式。武术套路旧时称作"套子"或"套"，强调技术的结合和连贯，属于武术运动的一种形式。武术套路一般由4段或6段组成，都有起势与收势。现行的竞赛套路类型有国标武术套路、传统套路及对练套路等。

武术套路是在冷兵器时代搏杀的各种实战里不断地改良提取的精华，是代代武术家研究揣摩的心血，是在实战中不断的改进的成果。套路讲究慢修细行，练习者往往要通过数年甚至数十年才能领会和参悟其中的含义，所以说中国的套路才是真正的武术精华。

（二）武术套路的特征

1. 多样性。

中国武术从明代开始，就形成了众多流派、拳家。人们常以博大精

---

① 赵红波：《峨眉武术发展面临的问题及对策研究》，《洛阳师范学院学报》2012年第5期，第96~98页。

深、丰富多彩来形容武术。从拳种来说，仅从1986年全国武术挖掘整理成果统计来看，光拳种就达129种之多，还有许多小拳种，类同拳种，体系不完整的套路和功法，不计其数，甚至有时同一拳种，又有几种技术流派。就其功能来说，一个拳种既可健身，又可修性，既可用于防身，又可用于娱乐观赏（包括自娱和他娱）。从运动形式来看，既有以踢、打、摔、拿、击、刺等攻防动作编成的拳法和器械套路，又有实战意义的对抗性竞技格斗，还有以针对某一项身体技能为主，进行专门强化训练的各种功法。从风格流派上讲，不仅有内、外家之说，南、北派之分，武当、少林之别，而且还有以各种门类划分的"太极门""八卦门""形意门""地躺门"以及长拳类、短打类等等不同风格的派别。这些刚柔各异的拳种套路，千姿百态的打法，使武术表现出形式内容多样、风格流派广博的特点。

2. 内敛性。

武术套路体现了"道"的精神，修炼过程讲究"身心俱炼"，它的运动技术主要以内外的整体和谐为特点，历来注重"内外合一"，与西方体育相比表现了更大的内敛性。"内"主要指诸如心、神、意、气等内在的心理品质，"外"主要指手、眼、身、步等外在的形体动作。武术套路的内倾性表现了中华民族重内、重意、重合、重直觉的文化心态，既是最实际的，也是最理想的。武术技术、技法中的内涵，常常需要"反求诸己"的体悟，从反复实践中方能得其要领。武术套路与其他具体的外在竞技不同，难以划定。武术劲力是靠以意领气、以气催力来实现的。手、眼、身、步形体动势是内在精、气、神的反映，形与神、内与外是相互联系的统一整体。内劲、内气、内在意境，妙到令人玩味不尽，体味不尽。

3. 竞艺性。

人的竞争性其实是人的一种天性，起源于搏杀格斗的中国武术，自然也充满着竞争性。尤其在先秦封建文化的两大支柱儒道体系尚未形成前，以技击为基本特征的武术是人们实现自我价值、满足竞争心理的重要竞技活动。随着儒道思想的成熟，尤其是儒家思想占据社会正统之后，对人们竞争天性的逐步压抑，必然导致社会竞技精神的逐渐萎缩。武术套路的出现，使武术由外向向内敛转变，由"争胜"向"争理"与"仁义"扭转，使它的竞争性逐渐向竞艺性转化。中国的艺术文化自宋以后走向平民的审美文化，传统的整体思维方式，反映在艺术中最典型的就是整体艺术观。武术套路也深受其影响，不仅技术艺术化，而且演练更加艺术化，尤其表现为整体的意境、神采、气韵和对比衬托。在武术套路中，不仅着眼于一招一式、一拳一脚的技术和功力，同时也着眼于整套的劲力、协调、精神、节奏、内容、风格、结构、布局所表现的功力和技巧。在传统的技法中，尤注重从精神、节奏、风格中体现一种整体的意境，气势如虹，气韵生动，表现出一种英武不屈、坚忍不拔的斗志和气概。

（三）武术套路产生和发展的动因

1. 人的生理需要。

生存需要是人的最原始、最本能的需求。原始社会时期，生产力低下，凶猛的野兽对原始人的生存是一个主要的威胁。狩猎是原始人类为了维护生存所必需的活动。一个猎手，同时也是战士，战斗时的武器，也就是狩猎的工具。严酷的生活条件，迫使人类不断地改善自己的体力和智力，并在集体劳动过程中及部落战争中发展徒手或简单武器的攻防格斗技能。如拳打脚踢、躲闪、跳跃、摔跌等，这就是拳术的萌芽。劈、砍、扎、刺、撩则是武术长短器械使用方法的萌芽。同时，战争胜利后或劳动休息时，人们往往会把战斗和狩猎致胜的技术以"舞"的形式表演一番以示威武和荣誉。用这种"舞"的形式把攻防动作予以抽象再现，目的是抒发自己的心情感受或表演一下技击方法。在战争中运用成功的招式没有固定的动作规格，因而在舞练的过程中也没有呆板的程式。经过漫长的历史岁月，随着社会物质生产的发展，人们技击方式及"舞"的形式都在不断提高。这种没有程式的舞练逐渐变成了有程式和表现主题的"武舞"，而同时"武"的攻防格斗因素减少，成为专门供人欣赏的一种艺术活动，而"武舞"中的舞练形式及丰富的演练技巧都成了以后套路技艺中的主要内容。

2. 人的心理需要。

人们在满足了最基本的生理需要（生存需要）以后，就需要满足心理的需要。武术套路运动作为一种艺术要想持续不断地发展下去，也势必随人们审美情趣的改变而改变，这是它得以存在和发展的必然规律。原始社会，由于生产力低下，战争繁多，"武舞"虽是经过加工提炼过的技击动作，但它仍较近于实战。到了中国古代文化高度发展的唐代，由于国力强盛，经济繁荣，对外贸易发达，文化交流频繁，为各种艺术的繁盛创造了有利条件，武术也开始强调表演的艺术效果。套路由许多连续活动的技击动作和艺术动作构成，人们不仅能从这些动作中获得外在形体美的感受，而且还能从动作力度的强弱、运动速度的快慢、沉浮节奏上的对比中获得国画般意境美的感受，使人们产生无限的联想。这种联想的产生，可以使人们的感情得以抒发，而得到愉快的情感体验。套路除具有较高的欣赏价值外，还具有较强的健身价值，它的健身价值和欣赏价值一样，从套路萌芽之日起就被人们所认识了。正是人们健身和艺术欣赏的需要，才使其得以产生和发展。

3. 套路的自身功能。

武术套路源于技击，但又不同于技击，如果用套路中的动作来进行实战显然是不符合实践需要的，因此套路不等于攻防实战，它是技击动作经人们改造、组织和提炼后再加入其他艺术内容串联编排而成的。随着时代的发展，物质生产越丰富，套路内容和各种演练技巧就越多样，从而出现了众多很少有实战技术意义的观赏和健身类拳术。构成套路内容的动作不具备实战技击的要求，这种性质决定了套路的发展方向。在套路尚未完全成形以前，其雏形多以"武舞"或"健舞"的舞蹈形式出现。套路内容多数取材于技击，因而技击内容的发展无疑也将促进其形式——套路的发展。在此过程中，"阴阳五行学说"这一古代哲学的朴素的辩证法对以后套路的演练风格起到了巨大的推动作用，人们把实战技击中的阴阳学说运用到套路中，并加以改造使其为套路的演练效果服务，套路才得以充分表现攻防技击含义的艺术效果和感染力，才使得其更加符合人们健身和审美的需要。在表演和演练的过程中，通过这种节奏所组织起来的步法、动作、姿态和动作组合，实际就是套路表演中动作意义的主要提示，从视觉和本体感觉上感染观者和练者，从而直接从套路演练中感受套路动作的寓意。

4. 社会的进步和发展。

目前，人们习惯于把武术称为传统的民族体育项目，而实际上这是现代人从现代社会出发而为的。中华武术在其千百年的发生、发展历史中，一直深受中国传统文化、宗教思想的影响，并受到中国封建社会落后、生产力发展水平及其社会环境的制约，它在表现形式上是一种格斗手段和大众的文娱活动形式，所以在没有受到现代体育规范之前，武术不可能是现代体育的内容之一。严格地说，这种状况是新中国成立之后才得以改变的，武术这种社会功能的转变是人们根据现代社会的需要对武术作出的选择。武术的实际性，在今天与其他体育项目存在的目的一样，是达到自我身心的锻炼，就像西方人学习拳击并不是为了打架，而是为了比赛，为了强健身体。只有这样，武术才有可能被大多数人接受。我们今天社会所需要的武术套路运动，应是一种中国传统武技与西方现代体育融合的一种人体锻炼形式。事实上，武术套路作为一种被规范了的体育运动项目，才有可能被生活在其他文化传统氛围中的人接受。武术作为传统的一种格斗手段，已渐渐地趋向消亡。在继承和发扬民族传统的宝贵遗产时，必须站在时代的高度，从现代社会的实际需要出发，迈向奥运会，成为被世界更多的民族所接受的一种良好的健身体育项目才，这是唯一的出路。

（四）现代（竞技）武术套路的发展历程。

现代武术套路也称作竞技武术套路，强调武术套路的竞技性，突出武术套路的技击本质。现代武术套路的发展经历了萌芽期、成形期、停滞与激进期、回归期、成熟期五个阶段。

1. 萌芽期（民国时期）。

民国时期，受西方竞技体育的影响，武术拉开了竞技化的序幕，当时武术竞技的主流是"打练结合"的方式，当然也有纯套路演练的形。套路表演和竞技规则简单，比赛项目种类繁多，套路长短不一，动作多寡相悬，完成套路时间无严格要求，有些甚至无年龄和性别分组，裁判员只是按照一些简单的标准，据运动员临场表现评分。因此，此时期的武术套路竞赛只是一种评奖式的表演活动，并没有形成真正意义上的竞技武术套路，但是却开创了了武术套路竞技的先河，是武术套路竞技的萌芽。

2. 成形期（20世纪50年代初到60年代初）。

真正的现代意义上的竞技武术套路是在60年代前后形成的。1953年举行的"全国民族形式体育运动大会"，武术作为主要内容，拉开了竞技的序幕。但是，由于这次比赛沿用了民国时期"打练结合"的比赛方式，而受到改革派的批评。另外，当时政治形势比较复杂，有些习武者搞封建迷信，破坏社会秩序，骗取钱财，甚至搞反革命活动，因此，1955年的全国体育工作会议提出对武术工作采取了"暂时收缩，加以整顿的方针"。在整顿过程中，武术技击的发展受到了严厉限制，不仅技击对抗形式比赛被取消，而且武术套路中的技击成分也成为改革对象，导致以展现技击艺术性为主要特色的武术套路逐渐成为武术发展的重点。1959年公布实施的第一部《武术竞赛规则》借鉴体操的评分方法，主要引导武术向"质量高、难度大、形象美"的艺术方向发展。武术门派林立、套路繁多的状况不适于比赛。为了更有利于裁判员的评判，促进武术套路竞技化发展，1960年，编制了五个项目的"武术竞赛规定套路"，这一方面改变了过去不同拳种套路内容庞杂、风格各异而无法评判的现象，提高了竞技难度，增加了可比性，另一方面，也造成了武术竞技单一化发展的趋向。1960年的规则相应增加了规定套路的比赛条文。1960年9月在郑州举办的全国武术运动会，除原设有长拳、太极拳、长器械和短器械外，增设了南拳项目。至此，以长拳、南拳、太极拳、刀、剑、棍、枪为核心的竞技武术套路技术体系的雏形基本形成。

3. 停滞与激进期"文革"期间。"文革"前期，许多优秀拳种被打入冷宫，武术运动本身也被戴上"传播封建迷信的工具"的帽子，受到批判，传统武术瑰宝遭受空前的浩劫。在这种环境下，原有的武术训练、竞赛制度，受到严重的干扰破坏，竞赛活动被迫停止，竞技武术套路发展陷入停滞状态。70年代的"乒乓外交"不仅打开了中国外交的政治局面，同时也促进了体育的发展。因"中国功夫"在西方世界的巨大影响，武术一直是中国对外交往的一张名片，在中国武术出访过程中，运动员以其矫健的身姿和出色的表演赢得了国外朋友的高度赞誉。鉴于武术对展示新中国形象的重要作用，1972年武术比赛得以恢复，并且更加强调展示优美形象，注重演练效果。1973年《武术竞赛规则》引人注目地设置了0.7分的"出色完成难度动作和创新难度动作"分值，这对竞技武术套路技术发展产生了极大的影响，使得后来运动员在比赛中的动作越来越快，奔跑越来越多，器械越来越轻薄细小，技击特点越来越少。该规则的实施虽然催化了武术的艺术化进程，具有一定的积极意义，但是，由于过分突出跳跃翻腾，而使运动员忽视了武术的固有特点，从而产生了极大的消极影响。随着武术的技击特点越来越少，艺术演练特色越来越浓，人们逐渐意识到了武术套路技术发展得过分激进，1977年的全国武术比赛宣布停止使用1973年规则。随后出台的1979年规则开始引导武术转变方向。

4. 回归期（改革开放初至20世纪90年代前期）。

改革开放之初，随着党中央"解放思想，实事求是"方针的确立，"文革"中的许多领域的错误逐一得到纠正，武术也是这样。当时比较一致的呼声是武术姓"武"，不姓"舞"，动作具有攻防含义是其最主要的特点，具有攻防含义的动作是其最主要的内容，以此内容构成的套路、对抗性练习以及有关的练习方法，则是武术的形式。这促使武术逐渐向传统回归，向技击回归。这种回归主要表现在三方面：挖掘整理民间武术；恢复武术对抗形式比赛；重视竞技武术套路的技击特点。各方面力量对武术的努力本应促成武术界各拳种"百花齐放、百家争鸣"的盛大局面，但是，当时整个体育发展的大方针是"在普及和提高的前提下，侧重抓提高"，根据"国内练兵，一致对外"的原则，调整了全运会项目，初步形成了以发展竞技体育为先导的"举国体制"。这种大环境对武术发展的积极影响是促进了竞技武术的蓬勃发展，消极影响是使对民间武术的三年挖掘整理成果被搁置，并没有带来各个武术拳种的蓬勃发展。

5. 成熟期（20世纪90年代后半期至今）。

竞技武术发展的最高目标开始锁定在"进入奥运会"，这促使其发展重新转向艺术化方向。1994年的第二次武术训练工作会议，张耀庭指出："凡是以评分为特征的运动项目，无一不是以创新和难度为目标，引导运动员向更强的体能和更高的技巧方面努力"，从而确定了武术"高、难、新、美"的发展方向，这标志着武术重新走上了加快艺术化进程的发展之路。1996年规则及新世纪试行规则是这种发展趋势的集中体现。1996年规则不仅在"长拳主要动作的组别和要求"上增加了11个跌扑滚翻动作，而且增加了0.2分创新难度分；新世纪试行规则不仅保留了裁判长对创新难度的加分，而且将难度分值增至2分。这种高度重视动作难度的倾向正引导着竞技武术套路一步一步向"更快、更高、更强"的奥运精神靠近。[①]

二、现代武术散打

（一）武术散打的内涵与外延

武术散打是两人按照一定的规则，在擂台上运用武术中的踢、打、摔和相应防守技法进行的徒手对抗的现代竞技体育项目，是中国现代武

---

① 杨建营等：《从竞技武术套路的发展历程探讨其未来趋向》，《北京体育大学学报》2009年第3期，第136~137页。

术的重要组成部分。毋庸置疑，武术散打经过30余年的发展日趋成熟，与世界各国搏击项目交流频繁，为国家争得了荣誉，使武术在世界范围得到了较广的传播，是当代武术发展的新形势。

武术散打的内涵至少应理解为两个方面。一方面，就武术散打内涵的内容而言，武术散打的最高境界是品德与技术两种表征的融汇。武术散打技击原理充分运用了中国传统哲学的对立统一，如刚柔、动静、虚实、顺背、急缓等等。武术散打在中国哲学思想模式的影响下，在潜移默化中形成了以"内圣外王"为最高主旨，以"修身"为表征的传统范式。另一方面，就其性质而言，武术散打主要表现为变化和竞争两个方面。从变化中，武术散打得以不断丰富和发展；从竞争中，武术散打不断得以创新。

武术散打的外延也包括两个层面。一是"实的形式"，也可以称为实用武术散打，包括竞技武术散打、实用武术散打、健身武术散打等。二是"虚的形式"，包括文学武术散打、影视武术散打、动漫武术散打等。之所以把虚拟武术散打放进武术散打这个概念之中，其理由如下：其一，虚拟武术散打体现了武术散打内涵；其二，虚拟武术散打以武术散打动作为原型；其三，虚拟武术散打对武术散打的传播起了极大的作用；其四，虚拟武术散打为武术散打市场化提供了新的途径。

（二）武术散打的特征

1. 武术散打的民族性与时代性共存。

武术散打是受中国传统武术影响和启发而产生的，民族性突出。武术散打实行现代化，其目的之一是张扬一种有显著中华民族文化特色的武术散打，而这一目的的实现，必须建立在继承的基础上。武术散打有别于西方体育文化，有自身的民族特点，即具有其民族性。武术散打的时代性，就是那些代表进步方向的内容彰显时代精神。时代精神改变着民族精神，使武术散打具有新的面貌，民族精神影响着时代精神，并左右武术散打的行程。

2. 武术散打的对抗性和竞技性融合。

作为对抗性项目，技击是其基本运动特征，融体能、智能、技能于一体，突出了它的综合应用能力，更突出地反映了武术散打的本质即技击性。武术散打又是竞技体育项目，必须体现体育的本质属性，突出竞争和规则。武术散打最终要分出胜负，而且制定了完善的竞赛规则，规定把人体安全和健康作为自身生存和发展的前提，其技法的实用性在一定范围内起作用。

3. 武术散打集哲理性、技巧性、科学性于一体。

文化思想的哲理性体现的是中国传统文化的自省特点，能使广大习武者在追求技术提高的同时，更强调人格的完善。习武者在武德规范下对自身技艺和身心的修炼，通过对技艺和道德的完善，从而有能力作用于社会，实现"治国，平天下"的宏图，这反映了习武者对社会的强烈关怀。武术散打具有较强的技巧性，它倾向于对格斗的想象，更多地表现为对格斗技巧的精细、巧妙、多样化追求。个人技艺的纯熟、神韵和意境，正是成就人格完美的传统审美意趣；主张"轻力""尚巧"，以巧智取、顺势借力的技击原则，反映了中国人礼让三先、有理有节，刚强而不狂野、功力扎实求内在的竞争特点。武术散打还具有很强的科学性，主要表现为重视多学科的基础研究对武术散打技术发展的指导和应用，以及多方位、整系统、面向武术散打科学化训练研究。[1]

（三）武术散打发展的回顾与展望

1. 起步与探索阶段（1979～1989）。

这一时期以1978年国家体委运动司武术处成立武术散手调研组和写出《关于开展武术散手运动的报告》为始端，以报告提出的"积极、稳妥"批示为标志，从而拉开了现代武术散打发展的序幕。具体体现在以下几方面。

第一，体现为武术散手实施措施的制定。为了与武术散手运动发

---

[1] 徐宏魁：《散打的文化特征及其技击属性》，《武汉体育学院学报》2012年第2期，第88～90页。

展同步，确保武术散手沿着规范化、科学化方向发展，在开展散手试点的同时积极制定武术散手竞赛规则和制度。1979年国家体委按照竞技体育的模式与需要率先在北京体院、武汉体院、浙江体委三家进行散手项目试点，并在试点的基础上进行对抗表演；1980年在昆明市举行的全国武术表演赛期间，国家体委调集了散手试点单位的有关人员开始制定《全国散手竞赛规则》（征求意见稿），于1982年制定《武术散手竞赛规则》（初稿），并通过对抗赛检验完善规则与制度，这对保障武术散打运动的开展，减少和避免伤害事故的发生起到了指导作用。1989年正式出版了《武术散手竞赛规则》，并在同年江西宜春举行的第一次武术散手正式比赛中采用了该规则，国家体委办公厅也在1989年颁发了《关于加强武术散手比赛管理的通知》，以上规则和通知都为当时武术散手的健康发展提供了有益保障，同时也指明了发展方向。

第二，表现为竞赛活动名目繁多。散手运动的起步与发展得到了各省、自治区、直辖市体委的高度重视与支持，全国各省、市纷纷举办和开展不同形式的武术散手竞赛活动。从1982至1989年共举办了八次全国武术散手对抗比赛、两届"少林杯"武术散手擂台赛、三届全国武警散手比赛、一次全国公安系统散手比赛。参赛队伍由最初参加1982年全国武术散手对抗赛的14个单位、发展到1989年全国武术散打擂台赛的26个单位，武术散手竞赛活动出现迅猛发展的势头。

第三，主要表现为武术散手技术的探索与整合。这一阶段武术散手技术得到丰富和发展，多种技术并存并趋于多元化，技术的整合与运用尚处于探索、实验阶段。1982年全国武术散手对抗赛，运动员的技术运用表现为南拳北腿，由于受某些规则限制，运动员击打对方的大腿和躯干部位才能得分，两臂、小腿等其他部位击打属无效不得分，常常出现运动员蛮打硬拼、抱缠过多等现象。1983年全国武术观摩交流大会，散手比赛划分为7个级别，分戴头盔组和不戴头盔组，运动员技术水平有所提高，出现不同风格的踢法、摔法与打法，存在的最大问题是攻守技术不平衡，进攻与防守技术脱节。1984年全国武术散手对抗赛对规则中得分部位进行了修改，得分部位增加了头部和小腿，并且明文规定"只能用手点击对方头部"，虽然散手技术有所进步，但攻防技术比例仍然失调，进攻技术多、对抗能力强，防守技术少、对抗能力差。1985年和1986年全国武术散手对抗赛的技术迈向了新阶段，比赛中出现了猛打巧摔、斗智比勇、南拳北腿的精彩场面；优秀传统技法得到运用，出现了"中国式搏击"的萌芽，从"硬拼乱打"的初级阶段，跨入以"技术为主"的新阶段；比赛规则也渐趋完善。1987年全国武术散手对抗赛首次采用了设台比武的方法，武术散打进攻的节奏感和层次感加强，拳、腿、摔与进攻动作的组合更加准确合理，连续击打能力有所提高，防守反击快、距离感强、攻防转换快、成功率高、战术有章法。1988年全国武术散手对抗赛，正式设置擂台，技术运用更加简练实用，冲、摆拳法、踹、鞭、蹬腿法得以证实有效，与此相应的规则与裁判法也在不断完善。1989年第一次"全国武术散手擂台赛"在江西宜春举行，比赛正式采用《武术散手竞赛规则》。同年，散手被国家体委批准列为体育正式竞赛项目，标志着武术散手竞赛规范化的开始，从此现代武术散手的发展出现了新的起点，迈向了新的高度。

2. 独立与发展阶段（1990～1992）。

这一阶段散手理论、技术体系框架初步形成，规则趋于完善，全国武术散手锦标赛的举行标志着武术散手比赛正式开始；《武术散手竞赛规则》已定稿并开始起用，武术散手运动的发展步入新阶段。这一阶段的发展具体表现为四个方面。

首先是项目发展受到重视。武术散手运动开始出现蓬勃发展的局面，突出表现为全国各省、自治区、直辖市体委相继成立了散手专业队；并先后在成都、宜春、重庆、郑州、沧州、武汉等地区举行了不同类型的全国性武术散手邀请赛；诸多散手赛事的举办为散手技术训练与竞赛管理提供了检验平台，促使训练与管理水平出现新的提高。

其次，开始颁布实施标准。1990年经国家体委审定，颁布、实施了新的《武术散手竞赛规则》，新增加了强制读秒的判罚。另外，《武术散手技术等级标准》正式颁布实施，同年有 14 名武术散打运动员晋升武英级运动员；经过培训考核，国家体委又批准了第一批国家级武术散打裁判员，这些规则、标准的实施标志着武术散打竞赛管理进入规范化、科学化发展阶段。

再次，构建完善框架体系。1990 年中国武术协会组织国内部分专家编写了《中国散手》一书，这是现代武术散手框架体系初步形成的标志，与历史以往散手书籍相比有质的区别。从技法表现特点上看，它不是对武术传统技击术的简单继承和再现，而是在继承的基础上发展了，突出了实际操作的能力；满足了现代社会需要，运用文化转型的结果把武术散打纳入现代竞技体育的范畴；通过对原有散手技术进行舍取与整合，确立了现代武术散手的框架体系。

最后，注重加强国际交流。为了让世界了解中国武术散手，推广、学习中国武术散手，中国武术研究院、中国武术协会于 1988 年 1 月在深圳举行了首届国际武术散手擂台邀请赛；1990 年在北京举办了"迅华杯"国际武术散手邀请赛，这些国际性赛事的举办是散手朝国际化方向推广、发展的标志。

3. 改革与创新阶段（1993~1999）。

随着社会主义市场经济的建立和体育产业化的开始与发展，现代武术散手发展也面临新的机遇和挑战，如何适应市场经济规律以及当代竞技体育发展的特点，是武术散手在这一阶段迫切需要解决的现实问题。这一阶段的发展成就主要体现在四个方面。

第一，增加金牌数量。金牌数量的增加，能够调动积极因素、促进武术散手项目的开展。1992 年在河南焦作召开了第一次全国武术散手工作会议，明确了现代武术散手的发展方向，同时把武术散手列入第七届全国运动会正式比赛项目，设男子团体一块金牌；1997 年第八届全国运动会武术散手金牌总数增至 3 块，分设大、中、小三个级别；2001 年第 9 届全国运动会武术散打金牌增至 6 块，这些措施的制定、实施，调动了各级部门的积极性。到此为止,全国各省、自治区、直辖市、解放军都已建立了自己的散手专业队伍,为散手运动的深化开展注入了新的活力与动力。

第二,修改竞赛规则。发挥竞赛规则的杠杆作用,通过修改规则不断促进武术散打理论与技术的进一步发展。国家体委武术研究院从1982年以来多次组织专家,针对武术散打运动的规律与现状,制定了众多的比赛规则。1996年、1998年又相继完善了《武术散手竞赛规则》。为突出民族特色、适应武术散手技术发展与推广的需要,从1999年起国内武术散手正式更名为"武术散打"。在比赛中除保留拳套、护齿外,脱掉了其他护具,使武术散打以崭新的形象出现在竞技体育的大舞台上,顺应了发展形势、确保了武术散打的持续发展。

第三,严格赛事管理。依据武术散打竞赛发展的形式,针对武术散打竞赛中存在的种种问题,加强宏观管理,严格赛制、赛风成为武术散打健康、深化发展的关键问题。为此,国家体委武术运动管理中心严格了武术散打比赛的审批条件与程序;加强了武术散打运动员的资格审查;实行运动员注册登记制度;制订端正赛风、严格裁判的管理制度;实施段位制、会员制等多种制度,这些措施的细化和健全为项目的宏观管理奠定了基础。

第四,探索市场化之路。按照当今市场规律的发展要求,依据武术散打发展的阶段特点与需求,探索武术散打市场化发展的路子是武术散打持续发展的根本。为了实现这一目标,国家武术运动管理中心、中国武术协会对武术散打做了大胆的改革与尝试,1993年成功运作了"中国武术散打南北争霸赛";为了进一步开发武术市场,1999年推出了"中国功夫—美国职业拳击"比赛;举办了"搏击职业试点赛""水上搏击擂台赛""中国武术散打对泰拳"等比赛;2000年又举办了首届"中国武术散打王争霸赛",尽管不是真正意义上的职业联赛,运动员还没有实现职业化,但毕竟在市场化的道路上迈出了可喜的一步,为武术散打市场化方向的发展积累了一定经验。

4. 深化与发展阶段（1999~）。

这一阶段的发展促使武术散打开始进入成熟完善时期，其发展具体表现为四个方面。

第一，实施"奥运战略"计划。借助北京2008年奥运会的举办，成功进行了"北京2008武术比赛"。武术作为特设项目在奥运期间进行比赛，为中华优秀传统文化的推广迈出了突破性一步，实现了国人的期盼与梦想。为了早日进入奥运会，原国家体委制定了详细的发展计划，对武术散打的技术与规则进行大胆的改革与尝试；多次举办国际武术散打教练员、裁判员培训班；多次开展国际武术散打赛事；编写大量国际武术散打教材；派出大批援外专家帮助其他国家组建国家武术散打队；利用网络平台进行武术散打信息交流。以上措施为现代武术散打早日进入奥运打下了坚实基础。

第二，重视多学科综合研究。为使武术散打运动健康全面发展，近几年国家武术运动管理中心、武术研究院、武术协会、直属体育院校加大对武术散打工作的科研力度。着重对以下领域进行研究：生物科学对武术散打技术发展的指导与应用；武术散打教学、训练科学化问题的探讨；武术散打项目的发展形势及战略；武术散打市场化探索；文化属性研究等，并取得了卓有成效的成果，为武术散打运动的研究提供了理论支持和广阔空间。

第三，完善规则条款。2000年，为了与国际竞赛规则统一，同时又能使运动员达到比赛的体能要求，增设了赛前体能测试，测试不合格者不能参赛。并将比赛时间改回"每场比赛采用三局两胜制，每局净打两分钟"；在禁用方法中增加禁止采用死拉硬推的方法将对方推拉下台；取消"不准用拳法连击对方头部的限制"，同时将武术散打运动员增加成完整的11个级别。2004年新的《武术散打竞赛规则》（试用）出台，其指导思想与评判标准发生了较大变化。"在原规则基础上限制进一步放开，倡导以组合技术为主的连续进攻，使比赛场面更加惊险、激烈，观赏度进一步提高"。"4分评分标准""小腿得分条款""除禁用方法外的武术各派的攻防招法等被取消",增加"双方可以进攻并累计积分""侵人犯规达3次取消比赛资格""穿戴大会指定护具"等条款,使武术散打技术发生新的变化,比赛节奏加快,观赏性提高。

第四,打造超级联赛。中国武术表演赢得了世界的认同与喝彩,武术散打期待能成为代表中国体育、富含民族传统文化内涵的联赛赛事,CKA超级联赛的打造就是要实现这一目的。比赛采用双循环加单败淘汰赛制,最终决出国家级武术散打团体最高荣誉和个人最高荣誉,代表了目前国内武术散打运动的最高水平。另外,时尚化的赛事制作及包装宣传为这项传统体育项目注入新的活力。跨界明星、民间高手和普通观众的共同参与,为此项赛事增加了更多的时尚和娱乐元素,开辟了中国武术散打比赛的新篇章。

（四）武术散打30多年发展存在的问题

第一,认识不统一。经过30多年的发展,武术散打建立了独立的理论体系、技术体系、竞赛体系,形成有别于传统散手的现代体育竞技项目。对现代武术散打这一存在事实的争议一直未停,并存在一定的看法;不能用辩证、发展的眼光对待现代武术散打的发展,仍局限于传统的思维与散手练习方式;对武术散打新技术的发展持困惑态度。

第二,使用名称混乱。武术散打继承与创新、吸纳与融合,从理念、理论到技术体系都发生了较大的变化,并被赋予新的内涵。但从武术散打的名称和技术动作的命名上来看,仍然非常混乱,使人们在认识上产生混乱,严重影响武术散打新时期的发展与推广。

第三,理论滞后。主要表现为理论工作者科学素养不高且数量不足,理论研究落后于技术的发展,缺乏有重大影响力的理论研究成果、缺乏用多学科知识解释本学科的应用及发展所遇到的问题;传统武术技法与现代散打技术应用脱节,造成与母体文化发生了断层等;技术动作缺乏继承、创新,战术意识淡薄,打法缺乏提炼,未形成个性特点等。

第四,管理推广落后。宏观管理调控跟不上时代发展,缺乏完善的管理体制与制度;相关的武术散打产业开发没能深入进行,缺乏品牌意识；武术散打国际化发展进程缓慢，缺乏进入国际化市场的法规保障，自我保护能力较弱。

（五）武术散打发展的相关建议

展望现代武术散打运动，应按照市场经济规律的要求，遵循竞技体育发展的规律，有目标、分步骤进行发展。要切实制订武术散打发展战略纲要；以国际、国内比赛为龙头，多种竞赛体制并存；大力开展商业性比赛，推进职业化发展进程；加大改革力度，加强科学研究，与竞技体育国际化要求接轨。武术散打要朝着多元化、科学化方向发展；要尽快统一名称与认识；重视理论研究与规则制定；规范武术散打管理体制；重视段位制推广工作。[①]

[①] 胡玉玺:《武术散打发展回顾与展望》,《体育文化导刊》2010年第3期,第114~117页。

第五章

中国传统体育养生

第一节 中国传统体育养生的一般概述

一、中国传统体育养生的概念

关于养生概念的来源有两种说法，一种是来源于《吕氏春秋》，一种是来源于《庄子》。据《吕氏春秋·节丧》解释，"养"就是扶正祛邪，"生"就是指生命、身体，合而为一，"养生"就是指人的生命体在自然和社会的大环境中保护平衡和适应，以达到健康长寿的目的。另据道家的《庄子·内篇》解释，养就是保养、培养、护养的意思，生就是生命、生存、生长的意思，养生，就是根据生命发展的规律，采取一定的方法，以达到提高生命质量的目的。但事实上，关于养生的最早记载应当首推甲骨文，甲骨文中尽管没有出现"养生"一词，但提出了要调理生活、预防疾病等。而真正具有哲学基础的养生概念是在先秦时出现的，认为养生就是要达到"天人合一、以人为本"。

目前，体育学界对养生的概念已基本达成共识，认为"养生"一词最早出自《庄子·内篇》，并对养生作出了比较科学的界定，认为养生术也称古代养生术或传统体育养生术，是指建立在我国传统生命科学理论基础之上，以人体自身的调形、调气、调神为修身养性的基本手段，能够改善生命协调程度、增强生命健康水平、延长生命长度、诱发生命内在潜能的身体练习和身体运动式养生保健理论和技法体系。简单地讲，养生术就是近代之前就已产生，并由中华民族世代实践和传承或影响至现代甚至未来、内蕴中华民族文化传统的身体练习和身体运动式的生命修炼方式。

二、中国传统体育养生的主要方法和形式

中国传统体育养生的具体形式主要包括行气、服食、呼吸吐纳、导引、按摩、按跷、桩功、五禽戏、八段锦、易筋经、六字诀、十二段锦、太极拳等。这些方法和形式主要体现在佛教、儒教、道教三大家的修炼思想和方法中。

佛教认为，养生不仅是养身，更贵在养心，非常注重向内心自省的"调心"功夫，强调只有形神合一，心胸开阔，才能延年益寿。他们的修炼方法主要是禅坐，即打坐，进行静功的修炼，也有佛教拳和站桩功为动功修炼方式。许多寺院有尚武的风俗，在养生健体上达到动静结合。

儒教的养生以"炼心"为主，注重道德的净化与陶冶，在练功时引入伦理规范，重视修身治学，摄生养气。修炼以静坐为主，认为静能生慧。中医的养生以防病治病养生保健为目的。从重视人的健康着手深入研究人的经络、脏腑运动的规律。主要有导引、按跷、吐纳、行气和按摩等。武术则强调意、气、力、形相结合，注重凝神聚气，以意驭气，以气引形，以增强人的体质和素质，其中站桩是武术练气的主要练功方式。

传统体育养生最具神秘色彩，而健身效果奇妙的应属道教的健身术。道教崇尚尊重人的生命，讲究提高人的生活质量，追求的是人的

133

延年益寿。道教认为，气是生命形成的物质基础，它虽然无形可见，但对生命的存在却非常重要。道教主要通过或动或静的方法来修炼，有行气法、胎吸法、存思术、导引术和按摩等，采用咽津、吐纳、闭息、存思、守窍、避谷等方法以人体窍内采聚自然界中存在的本元真气（炼丹），以此打通人体任督二脉，运行奇经八脉十二正经，运化五脏六腑，强壮人的体魄，激发人的潜在能力，整体改善人体适应自然的能力，使人的身心整体素质变化显著，达到增强人的体质、快乐健康和长寿的目的。

三、中国传统体育养生的功能

中国传统体育养生是祖先数千年总结的知识成果，凝聚了前辈们智慧和心血，其方法一般简单易行，无负面作用，只要方法得当就能收到好的效果。对人体的功能主要包括四个方面：一是能够强身健体，改善人体各大系统，提高人体的代谢能力，调治疾病。二是陶冶性情，优化人的情绪、意志与性格，增强心理适应力，塑造健全人格。三是开发智力，使人精力旺盛，注意力集中，记忆力增强，思维能力提高。四是能通过调动和发挥机体内在潜力，推迟或延缓人的衰老过程，实现延年益寿。

四、传统体育养生的特点

（一）注重预防，强调整体，神形俱养

我国传统养生主张未雨绸缪："消未起之患，治未病之疾，医之于无事之前，不追之于既逝之后。"这种防患于未然、不治已病治未病的做法突出了养生体育中预防的观点。除了强调预防之外，还强调整体。前人的阴阳五行学说就表明了人应该做到与自然、社会以及自我的心身统一，即形神同一。由于"无形则神无以生，无神则形不可活""形者神之质,神者形之用",所以,"形恃神以立,神需形以存"。由此看来,只有做到天人合一,才能达到神形具养,实现性命双修,从而达到天人和谐。

(二)注重实践,强调内倾,刚柔结合

中国传统养生体育强调动静结合,所谓动即指实践。中国传统养生体育并非一般性地理论上解析人体系统,它是理论联系实际、理论与实践相结合、围绕解决人的现实问题而展开,具有鲜明的实践性,换言之,中国传统体育养生是在理论的指导下,通过一定的体育健身来养生。所谓静即指"内倾"。中国传统养生体育宗旨是为了解决人生的终极问题,除了上述的"动以养形"之外,还须静以养神。静以养神即通过内求达到自身的完美。因此,中国传统养生体育要求人的形体运动应该保持适量,同时注重人体两大神经系统的协调发展。中国传统养生体育提倡的运动以负荷不大的导引、功法、拳术等套路为主,这些项目都是刚柔结合。[①]

五、中国传统体育养生的哲学基础

中华养生产生于上古先民为抗御严酷的自然环境,调整体力、防治疾病的需要,其最初形成源于为人治病的巫舞。中华养生观认为,各种养生方法都是通过调身、调息、调心等以修炼人的精、气、神三元。把"精气神"视为人体生命存亡的关键所在,认为只要精足、气充、神全,自然能够祛病延年。

中国传统体育养生思想是在汲取先秦诸子百家的哲学思想和古代医学思想,特别是先秦道家思想、儒家思想、易学思想和古代巫术、神仙方士等实践活动的基础上,形成的特有的养生方法及其思想体系。其内容涉及非常广泛,从外在的活动身体、就医问药、饮食起居、房中秘术

[①] 李小兰等:《论传统体育养生观对身心健康锻炼的镜鉴》,《北京体育大学学报》2011年第8期,第69~76页。

等等,到内在的思想修养、意念品质、蓄精养神都体现着养生的含义。

中国传统体育养生思想为中华传统体育养生的萌生、发展提供了肥沃的养料。宇宙生成论和天人论,阴阳五行论和八卦九宫说以及中华传统医学思想,是中华传统体育养生的哲学和科学基础。中华传统体育养生广泛地应用了这些理论,为自身理论的建构、发展和操作架构的完善提供了直接的哲学思想渊源和思维模式,形成了中国古代奇特的中华传统体育养生理论模式和阐释系统。传统体育养生思想反映和体现的是传统文化围绕人的生命价值、形神关系、动静关系等一系列问题的基本态度和哲学思考。总的看来,中华传统体育养生文化的形成和发展是对中国传统体育养生文化所表现出来的特殊观念、意识和思想的折射,是在特定的价值体系和文化环境中所形成的特定的思想动机和观念模式。①

第二节 中国传统体育养生的形成和发展

一、中国传统体育养生的萌芽

约在夏商时期,医疗保健和养生知识已有初步的积累,人们对于长寿和健康有了较为强烈的追求和朴素的认识。此后经过商、周时期的较快发展,养生方法逐渐丰富,出现了朴素唯物主义的阴阳学说和五行学,代表作《周易》《尚书》《诗经》。周易提出了阴阳八卦学说,为养生理论提供了哲学层面的思想基础,比如"凡动息则静,静非对动者也;语息则默,默非对语者也。""夫静为躁君,安为动主也"等养生思想。山东的蓬莱仙境是中国养生长寿思想的发源地,夏商乃至秦汉时的方士、术士多出自齐鲁之地。夏商时期的《尚书·洪范》中对人的"福"与"祸"分别提出了几条标准:人有"五福",即"一曰寿,二

---

① 覃燕庆:《传承弘扬中国古代体育养生文化为建设社会主义文化》,《体育文化导刊》2012年第5期,第7~11页。

曰富,三曰康宁,四曰好德,五曰考终命";人还有"六极"(穷极恶事曰极),即"一曰凶短折,二曰疾,三曰忧,四曰贫,五曰恶,六曰弱"。长寿与健康已经成了商周时期人们评判幸福的重要标志,这种观念对后来我国的养生学产生了深远影响。《诗经》中有关山东的诗歌中也有很多祈求健康长寿的诗句,如《鲁颂·泮水》的"永辞难老",《鲁颂·閟宫》的"万有千岁",反映了山东古人对生命长存和健康的希冀与追求。总体看来,夏、商、周时期医疗保健和养生知识的积累可以看作中国传统体育养生的萌芽。

二、中国传统体育养生的形成和早期发展

秦汉至三国时期,是我国封建社会的前期,与奴隶社会相比,更为先进的社会生产关系创造了空前的社会财富,养生理论与方法随着生产力水平的提高得以产生。养生思想最早出现在齐鲁大地。秦汉三国和魏晋南北朝时期,山东一些著名人士的养生理念与方法,对后世养生学产生了影响。秦始皇三巡山东,其主要目的是寻求长生不老之药。汉王朝建立后,采用"治道贵清静而民自定"的黄老学说和民休息政策取得了巨大成功。其中"无为而治"的黄老之学,尤其是黄老学说中有关养生安性的内容,得到了上层统治者的喜爱。此后,已有的养生方法和思想与古代人体科学知识相结合,促进了两汉三国时期养生文化的较快发展。春秋战国至秦汉三国时期,养生的代表人物及思想主要是诸道家、儒家思想和《黄帝内经》《吕氏春秋》《淮南子》等,在实践方面,主要成就是华佗创编的五禽戏。

(一)道家的重人贵生思想

老子和庄子的思想对中国文化特别是养生具有最广泛而深远的影响。道家"重人贵生",认为"道"是事物的本源和变化的依据,而"先天地生"的"道"也是生命的本源。老子因此提出,"人法地,地法天,天法道,道法自然"不但是事物变化的根本规律,也是认识生命问题的基本原则。道家的"贵生"体现出对人的生命本身的肯定,老子主张"致虚极,守静笃",由此逐渐形成"主静"的养生体系。庄子认为"形体保神,各有仪则",只要"守其一以处其和",使"气"与"道"相合,就可以做到使"身"不朽,长生不老。

道家除在理论上的贡献之外,还在实践上提供了许多养生方法。道家提出了"抱神守一"行气术的内气养形法、"却谷服食"法、"吹呴呼吸,吐故纳新,熊经鸟伸,为寿而已"的导引法,并认为"此导引之士,养形之人"。

(二)儒家的恪守中道思想

诸子百家都有关于养生的思想和方法,但体系性差,如管子提出"滋味也,声色也,然后为养生";墨子主张"赖其力而生,不赖其力而不生",肯定"人力"的作用;荀子主张"养备而动时,则天不能使之病",强调后天的养护和适时而动等。儒家也是这样,由于儒家学说主要是关于道德的学说,其养生思想也缺乏系统性。但因为儒家学说从创立到发展几乎一直是社会的主流文化,影响深远,所以其养生思想不可忽视。儒家把恪守中道看作养生的目标和根本,主张通过"反求诸己"和"浩然之气"等以求修身养性。儒家提出"气在身外、气在身先"等思想,包含了身心二元的倾向,强调"文武兼备"。儒家也主张贵生,但更注重道德层面的人格完善,又由于汉以后受道家思想的影响,提升了"气"的地位,而"身"逐渐被忽视,造成汉代以后重文轻武之风日盛。

(三)《黄帝内经》的治未病思想

《黄帝内经》提出"不治已病治未病"的原则,成为古代养生术的基础。同时,《黄帝内经》在养生方面的贡献还体现在以下三个方面:一是强调阴阳平衡对健康的重要性,提出"阴平阳秘,精神乃治,阴阳离决,精气乃绝",因此主张顺应自然,实现健康长寿乃至长生不老。二是重视精神修养,认为"恬淡虚无,真气从之;精神守内,病安从来?"同时注重形神兼修,"形与神俱"。三是提倡采用多种方法达到修身养性的目的，除了饮食起居和情志调节，还强调导引、吐纳等。

（四）《吕氏春秋》和《淮南子》思想

《吕氏春秋》和《淮南子》关于养生的思想虽然很杂，被称作"杂家"，但主流倾向普遍被认为是道家。《吕氏春秋》由吕不韦集合门客编著而成，书中的养生思想主要遵循"去害知本、动以养生"的基本原则。"去害"指去五位充行、五情接神和七淫动精之害；"知本"指精气流动之本，"流水不腐，户枢不蠹，动也。形、气亦然。形不动则精不流，精不流则气郁"。《淮南子》由刘安仿照《吕氏春秋》而成，书中提到养生的要义是做到形、神、气三位一体，其中养身最重要。此外，书中还提及要适度运动、保持心态平衡，主张"以中制外"，才能"百事不废"。

（五）五禽戏

五禽戏由东汉医学家华佗创制，又称"五禽操""五禽气功""百步汗戏"等，通过模仿虎、鹿、熊、猿、鸟（鹤）五种动物的动作而成，是以保健强身为目的的一种气功功法。五禽戏是中国民间广为流传的，也是流传时间最长的健身方法之一。五禽戏能治病养生，强壮身体，练习时，可以单练一禽之戏，也可选练一两个动作，单练一两个动作时，需增加锻炼的次数。从风格上看，五禽戏是一种外动内静动中求静、动静具备、有刚有柔、刚柔相济、内外兼练的仿生功法，与中国的太极拳、日本的柔道相似。锻炼时要注意全身放松，意守丹田，呼吸均匀，做到外形和神气都要像五禽。

三、中国传统体育养生的继承和发展

魏晋到隋唐时期是我国佛教、道教的全盛时期，也是我国养生学发展的重要时期。在此期间，玄学家对养生的辩诘，推进了士大夫阶层对养生的关注，从而摆脱了宗教与医学对养生术的垄断，呈现出儒释道医相互渗透发展的趋势。各种导引术与道教修炼功法都有了长足的进步，

众多按摩术也随着佛教的传入而广为流传，内丹术因帝王迷信方仙术而有了很大发展。这一阶段出现了不少医家和养生家，并在养生实践和理论水平方面成就斐然。

（一）嵇康的养生思想

嵇康的养生思想主要体现在《养生论》和《答难养生论》中。嵇康批判了儒家的"天命论"，否定了道家"去人任天"的主张，提出"寿夭之来，在于善求"，认为人的寿命并非命中注定，而是由个人的立身处世所决定的，肯定了人的主观努力作用；嵇康还提出"至理遣之，多算胜之"，强调人们应该提高对危害身心健康行为特征的认识，正确处理周围社会环境的影响，自觉抵制与防止有害行为对健康的破坏；嵇康最重要的贡献还在于他提出了"性动"与"智用"两个不同概念来区别人的生理与心理要求，认为"性动"是指因本性或生理需要而动的"不虑而欲"，由于认识活动而产生情感变化的"识而后感"为"智用"，祸患的根源在于"智用"而非"性动"。

（二）颜之推的养生思想

颜之推晚年撰写了《颜氏家训》，其中第五卷有一篇《养生》的文章专论养生。这篇养生专论虽只有582字，但对养生的论述，言简意赅，自成一家之言，体现了颜之推对养生的认识和主张。颜之推反对入山修道和炼丹服食，主张通过"调护气息""慎节起卧""均适寒暖""禁忌饮食"及"叩齿"等法养生。颜之推谈养生，提倡养生和养德相结合，以"全身保性"为前提，认为有"生"才能有所"养"，也就是"有此生然后养之，勿徒养其无生也"，但"不可苟惜"，即贵生、养生，但不贪生、偷生，必要时可舍生就死。

（三）葛洪的养生体系

葛洪学兼儒、医、道，对道教理论和导引、外丹都有重大贡献。他认为修炼成仙是一个循序渐进的过程，一般要经过三个步骤：一是要"涤除嗜欲"以"宝精"。二是"行气"，葛洪不但创造出众多的行气方法，而且对每种行气方法都做了详细的介绍。三是要"服食"，即

"服丹",认为"服神丹令人寿无穷与天相毕,乘云驾龙,上下太清"。其中"服食"是修炼的最高阶段,行气和服药都是为服丹做准备的。葛洪还擅长外丹术,完成了从战国末年"黄白术"发展而来的道教外丹术炼养体系。

(四)陶弘景的养生贡献

陶弘景代表作《养性延命录》和《导引养生图》,都是关于养生的论著其中,《导引养生图》还配以图文。他提出养生总则:"游心虚静,息虑无为,服元气于子后,时导引于闲室,摄养无亏,兼饵良药。"主张从身心两个方面着手,综合运用各种养生方法。陶弘景提出"养生者慎勿失道,为道者慎勿失生",奠定了此后道教"生道合一"的基础。陶弘景主张"引气攻病"法,认为"凡行气欲除百病,随所在作念之……和气以攻之"。还提出被后人称为"六字诀"的吹、呼、嘘、呵、唏、呬等的吐气驱邪法。

(五)巢元方的养生贡献

巢元方是隋代太医,代表作是《诸病源候论》,该书是气功疗法的一个总结,在病理、病因、病机和病变等方面从常详尽深入,促进了传统体育保健体系的形成。该书阐述了1739种病候及其病因,对其中多种疾病都附有"补养宣导法",仅导引、吐纳方法就有260多种,应用范围覆盖了内、外、妇、骨伤等科,说明隋朝时期运动保健功法已广泛应用于防病和康复医疗。

(六)孙思邈的养生贡献

唐代名医孙思邈著述极多,其《千金要方》《千金翼方》《保生铭》等著述中,对引导、行气、按摩等都做了全面的整理研究,特别对老年保健与疾病更有较深的探究。孙思邈强调老年人不光要注意保养,还要调身按摩,摇动肢节,导引行气。他还创编了"老子按摩法""天竺按摩法"等保健操。

四、中国传统体育养生的进一步发展

宋元明清时期气功和养生学的发展有一个重要特点，就是突破了佛、道及少数儒学大师的狭小范围，逐渐形成了一种更为广泛的运动保健和康复手段。在此期间，前人的著述被全面整理、校订和改进，其中影响较大的主要有宋代的《圣济总录》《回时颐养录》《寿亲养老专书》《云笈七签》等；金元名医刘完素的《摄生论》；明代的《红炉点雪》《修龄要旨》《摄生三要》《养生四要》等；清代的《寿世编》等。但这些书籍基本都是整理和补充的，真正的创新之处不多。如果说创新成果，此时期的理论创新表现突出的是丘处机和马钰，实践成果主要有八段锦、易筋经等。

（一）丘处机的养生贡献

丘处机是道教全真派创始者王重阳的弟子，其包括养生在内的思想是对王重阳思想的继承和进一步发展。王重阳去世后他在龙门山隐居潜修七年，遂创建道教派系龙门派，对后世影响也相对较大。丘处机一生奔波，致力于全真道教的传播和发展，并著有《大丹直指》《摄生消息论》等养生书籍。丘处机还主张先性后命，提出"三分命术，七分性学"。丘处机的《大丹直指》主要论述内丹理论及行功方法。该书阐明了炼内丹的重要性，指出"人与天地禀受一同"，出生前，"混混沌沌，纯一不杂，是为先天之气"。出胎后，"脐内一寸三分所存元阳真气""逐时耗散"，以致病夭。所以"丹田""包藏精髓，贯通百脉，滋养一身"是最为重要的。此外，丘处机还明确了修炼大丹的基本原理，并详细叙述了练功的具体方法，强调习练过程应当循序渐进，不可操之过急。

（二）马钰的养生贡献

马钰的主要养生著作有《神光灿》《洞玄金玉集》等。其弟子王颐中整理汇编成马钰《语录》，记录了马钰逝世前的言行，代表了他

练气、养气的养生思想。马钰在炼养过程中非常重视养气，在精、气、神三者中，马钰更重视养气。提出："学道者无他务，在养气而已。夫心液下降，肾气上升，至于脾，元气氤氲不散，则丹聚矣。若肝与肺，往来知道路也。静既久，当自知之。苟不养气，虽挟泰山，超北海，非道也。"马钰提倡简单易行的清净无为之法，提出"清净无为，逍遥自在，不染不著"。在修炼过程中，马钰只是主张无心无为，并没有一定的练功步骤、功架和严格的时间限制，但对练功的人和操作方面却要求严格，指出"学道人行住坐卧，不得少顷心不在道，行则措足于坦途，住则凝情于太虚，坐则匀鼻端之息，睡则抱脐下之珠。久而调息无有间断，而终日如愚，方是端的工夫，非干造做行持也"；"薄滋味所以养气，去嗔怒所以养性，处污辱地下所以养德，守一清净恬淡所以养道，名不著于簿籍，心不系于势利，此所以脱人之壳，与无为徒"。

（三）八段锦

八段锦最早出现在南宋，是由宋代坐功发展而成的八节连贯的健身操，其中某些动作招式则早在唐末就有记载。八段锦在明代被配以图示，在流传过程中分为南北两派，南派有立式、骑马式、坐式等，动作简单易行；北派多为骑马式，动作较为烦琐。八段锦还有文武之分，文多为坐式，吸取历代健身术中的行气、叩齿、按摩、集神等方法，强调静思集神、呼吸吐纳；武多为立式或骑马式，是对早期导引的继承，侧重肢体运动，辅以呼吸或咽泽。

（四）易筋经

易筋经是紫凝道人于明天启四年（1624）年所创，术式与八段锦一脉相承。易筋经的招式中有很多是从前人的导引中吸收而来的，是在继承我国传统健身术的基础上产生的。易筋经完全采用站式，强调肢体运动，而且还收编了一些武术动作。易筋经提倡"内壮神勇""外壮神力"，强调要全面发展。从功能上看，易筋经除具有动功功法的基本特点外，在健脾强肾，内练精、气、神，外练筋、骨、皮方面更有其独特之处。

五、中国传统体育养生继承和发扬的原则

（一）正确认识

要正确认识中国传统体育养生文化。作为优秀传统文化，中国传统体育养生思想和方法凝聚着中华民族自强不息的精神追求和历久弥新的精神财富，是发展社会主义先进文化的深厚基础，是建设中华民族共有精神家园的重要支撑。要全面认识祖国传统文化，取其精华、去其糟粕，古为今用、推陈出新，坚持保护利用、普及弘扬并重，加强对优秀传统文化思想价值的挖掘和阐发，维护民族文化基本元素，使优秀传统文化成为新时代鼓舞人民前进的精神力量。

（二）发扬光大

要对中国传统体育养生进行挖掘整理和发扬光大。对中国传统体育养生文化挖掘弘扬并非易事。由于历史的复杂原因，历代养生大家多是对学人多方考磨，收徒极严，往往传理不传法或传法不传理。普遍存有口传心授、直指单传、不留文字等现象，甚者所留文字古怪，达意南辕北辙。得道者除勤奋外需很高的悟性，还要有大德开关点窍，故而有大成者凤毛麟角。从禅宗六祖慧能禅师继承禅宗五祖弘忍禅师的衣钵的故事可见一斑。中国传统体育养生文化是先人们不断总结"体悟"出来的智慧结晶。作为中华民族子孙，我们长年浸泡在祖先留下的福慧海洋中而不觉，尊重不够。而往往存在用形而上学的方法、浮躁的心态，简单地对待祖国文化宝库的挖掘、研究和弘扬工作的现象。其结果，不是对其神话就是妖化。

（三）正确处理

应该处理好科学与迷信的关系。由于古代体育养生文化自身的特点，应该处理好科学与迷信的关系。正是由于对人体功能现象研究不足，解疑不够，给邪教和江湖骗子钻了空子，用以欺骗群众。因此要从

理论上阐述人体的潜能存在和开发的依据。同时，要有学术研究的民主气氛。中国古代养生方法被世界视为瑰宝，人们主要看重的是它的神秘、神奇和智慧。不要随意为其扣上封建迷信和伪科学的帽子，这样才有利于挖掘工作的有力开展。①

---

① 刘亚：《中国古代养生体育的发展》，《体育文化导刊》2012年第2期，第108~114页。

第六章

外国体育文明成果

　　与长达400万年的原始社会相比,世界上有文字记载的历史非常短暂,然而却经历了若干次剧烈的文化变革:从原始时代对人类的朦胧意识,到文明初期的神话表象,然后是公元前一千纪中人类自觉意识的普遍觉醒,再到文艺复习后人本思想的建立。每一次变革都伴随着社会生产生活方式的变革,也都影响着体育文明的进程。由于地理环境、生产方式、生活方式、风俗习惯等条件的差异,体育文明在发展中逐渐形成了鲜明的区域特征,成为不同的区域体育文明。随着资本主义的发展,到20世纪中期,源于西方的现代体育文明已经成为全世界最普遍的体育文明形式,奥运会也当然地成为当今最重要的体育文明成果。

　　本章的结构安排仍旧按照文明的层次和内容结构,从外国体育文明的外层(主要是项目形态)、中间层(体制实体)、里层(主要是体育思想)三个层面进行。需要说明以下几点。第一,由于外国体育项目多,叙述起来会比较乱,因此外国体育文明的主要项目形态按照首字母顺序进行排列。第二,为避免重复,外国体育文明的主要体制实体只介绍古代内容。第三,源于国外的体育文明成果非常多,但最具代表性的是奥林匹克运动,由于其影响大、内容多,所以这部分内容将在后面单列章节进行阐述,这里主要讲述起源于国外、区域特色浓厚或对世界影响较大的体育文明的各种形态和体育思想。

第一节　外国体育文明的外层

一、击剑

（一）击剑运动的项目特征

运动员穿戴击剑服装和护具，在击剑场上以一手持剑互相刺击，被先击中身体有效部位的一方，为被击中一剑。有多种进攻技术和防守技术，并在规则许可的范围内运用各种战术取胜。比赛项目设置有男子花剑、重剑、佩剑，女子花剑、重剑、佩剑。均有个人赛和团体赛。

（二）击剑的起源与发展

击剑运动是一项历史悠久的传统体育运动项目。早在公元前11世纪，古希腊就出现了击剑课，并有剑师讲课。在中世纪的欧洲，击剑与骑马、游泳、打猎、下棋、吟诗、投枪一起被列为"骑士七技"。为了研究和推动击剑技术的发展，欧洲各国纷纷成立击剑行会（协会和学校）。西班牙被认为是现代击剑运动的发源地，第一本击剑书籍就由西班牙教练编著。

击剑运动真正得到全面的发展还是在法国亨利三世和亨利四世时期。1776年，法国著名击剑大师拉布瓦西埃发明了面罩，这一发明使击剑运动进一步走上了高雅道路，对击剑运动的发展里有里程碑意义，人们戴上面罩、手套，穿上击剑服，就可以安全地进行一连串的攻防交锋。法国也随即成为当时欧洲击剑运动的发展中心。18世纪末，匈牙利人在剑柄上装配了弯月形的护手盘，以起到保护手指的作用。后来，意大利击剑大师拉达叶利将它进一步改进，并根据骑兵作战的特点，规定有效部位为腰带以上，这便成为现代佩剑的前身。至此，人们在从事击剑时就可以自由地选择花剑、重剑和佩剑。19世纪初，花、重、佩这三种不同式样的剑的重量减轻，理论研究得以加强，并且一些欧洲国家经常开展竞赛活动。击剑运动由此逐渐成为国际性的体育竞赛项目，1896年在雅典举行的第一届现代奥运会上就设有男子花剑、佩剑的比赛。1900年在巴黎举行的第二届奥运会上增加了男子重剑比赛。1913年11月29日在法国巴黎成立了国际击剑联合会。1914年6月在巴黎通过了《击剑竞赛规则》，从而使击剑运动竞赛趋向公平合理。1924年在巴黎举行的第八届奥运会上增加了女子花剑比赛。1931年，重剑比赛开始使用电动裁判器。1989年，佩剑比赛开始采用电动裁判器。1992年在巴塞罗那举行的第25届奥运会上，女子重剑被列为正式比赛项目。女子佩剑于2004年雅典奥运会上被正式列为奥运会项目。法国、意大利、俄罗斯、德国、匈牙利作为不同时期的是击剑强国，引领着世界击剑运动发展的潮流，并各自代表一个古典的击剑流派，其基本技术动作和战术打法风格都有明显的差异。近50年来，击剑技术动作和战术打法风格有了迅速的发展。

二、举重

（一）举重运动的项目特征

举重是指使用杠铃、哑铃、壶铃等器材进行锻炼和比赛的运动项目。举重运动员要完成两个举重动作：抓举和挺举，并在比赛中按抓举、挺举的顺序进行。在抓举比赛中，要求选手伸直双臂，用一次连续动作将杠铃举过头顶。而在挺举比赛里，选手需要先将杠铃置于双肩之上，身体直立，然后再把杠铃举过头顶。运动员要等到裁判判定站稳之后才能算成绩有效。奥运会比赛只计算抓举和挺举总成绩，如总成绩相同则赛前体重轻者列前，如再相同，则以赛后即称体重轻者列前。

（二）举重的起源与发展

举重是一项古老的运动。公元前4000年古埃及的绘画表现了法老们举沙袋或其他重物来锻炼身体的情景，这就是用举重来进行锻炼的最早记录。举重最先用的是石块，后来慢慢变成了哑铃，之后哑铃的形状不断演变，现在演变成更受人们喜爱的杠铃。现代举重运动始于18世纪的欧洲。19世纪初，英国成立举重俱乐部。19世纪80年代初期，首先在英国而后在美国，人们开始将举重列为正式的比赛项目。国际举重联合会于1905年成立，目前有178个国家（地区）会员协会。1910年将金属球改成重量不同、大小不一的金属片。1891年在伦敦皮卡迪里广场举行首届世界举重锦标赛。1896年在雅典举行的第一届奥运会上，举重被列为正式比赛项目。在1920年的第七届奥运会上，举重被列为固定比赛项目。1924年改为单手抓、挺举和双手推、抓、挺举5种。1928年取消单手举，保留了双手举的3种形式。1932年的奥运会上举重被分成了5个重量级别，有抓举、挺举和推举3个正式比赛项目，1972年开始就不再设立推举。2000年在悉尼奥运会上男子举重已发展到有8个级别，而且开始设置女子比赛项目。

三、篮球

（一）篮球运动的项目特征

篮球是一个有两队参与的球类运动，每队出场5名队员。目的是将球投入对方球篮框中得分，并阻止对方获得球权和得分。可将球向任何方向传、投、拍、滚或运，但要受规则的限制。篮球比赛的形式多种多样，其中，最流行的街头三人篮球赛，是三对三的比赛，更讲究个人技术。当今世界篮球水平最高的联赛是美国职业篮球联赛（NBA）。

（二）篮球的起源与发展

1891年12月初，在美国马萨诸塞州斯普林菲尔德市基督教青年会国际训练学校，体育教师詹姆斯·奈史密斯博士为了解决冬季室外寒冷、橄榄球、棒球无法正常开展的问题而发明了篮球。奈史密斯从当地儿童喜欢用球投向桃子筐的游戏中得到启发，从而创编了篮球游戏。起初，奈史密斯将两只竹筐分别钉在健身房内看台的栏杆上，篮筐上沿距离地面3.04米，用足球做比赛工具，向篮筐投掷。投球入篮筐得1分，按得分多少决定胜负。每次投球进篮后，要爬梯子将球取出再重新开始比赛。以后逐步将竹篮改为活底的铁篮，再改为铁圈下面挂网。人们称这种游戏为"奈史密斯球"或"筐球"，很长一段时间之后，他与同事们反复商量才定名为"篮球"。

1892年，奈史密斯制定了13条比赛规则，1893年对规则做了进一步完善。1904年在第三届奥林匹克运动会上第一次进行了篮球表演赛。1908年美国制定了全国统一的篮球规则，并用多种文字出版，发行于全世界，1936年第11届奥运会将男子篮球列为正式比赛项目，并统一了世界篮球竞赛规则，此后，规则曾多次修改。总的来看，技术战术的发展引起了规则的改变，而规则的改变又促进了人员和技术、战术的进一步发展变化。特别是20世纪50年代后期以来，规则的改变对篮球比赛的攻守速度，对运动员的身体、技术、战术以及意志、作风等各方面都不断提出新的更高的要求，促进了篮球技术水平的迅速提高。女子篮球是在1976年第21届奥运会上才列为正式比赛项目的。今后篮球的发展新趋势是继续向着高、快、全、准、变的方向发展。

（三）篮球的规则演变

1. 奈史密斯制定的篮球规则。

①篮球运动是用手进行的运动，球是圆的；②手拿着球走或者跑都是不允许的；③运动员可以到场上任何地方，只要不影响和妨碍对方运动员；④动员之间不允许发生身体接触；⑤篮圈应该是水平的。根据这5条基本原则，奈史密斯先生制定出最原始的篮球竞赛规则。最原始的篮球竞赛规则一共有13条。这13条的基本内容是：第一，球员可以用单手或双手向任何方向扔球。第二，球员可以用单手或双手向任何方向抢、打球，但绝对不能用拳头击球。第三，球员不能带球走。第四，必须用手持球，而不允许用头顶、脚踢球。第五，不允许球员用肩撞、手拉、手推、手打、脚绊等方法来对付另一方的队员，任何队员违反此规则，第一次被认为是犯规，第二次再犯规，就要被强行停止比赛，直到命中一个球后才能重新上场参加比赛，如果有意伤害对方球员，就要取

消他参加整个比赛的资格,且不允许替补。第六,用拳击球就是违反第三条和第四条规则。第七,如果任何一方连续犯规3次,就要算对方命中一球,连续犯规的意思是指:在一段时间里,对方队员未发生犯规。而本方队员接连发生犯规;第八,如果防守者没有触到球或干扰球,当球投入篮内并停留在篮里就算中篮。如果球停在篮筐上,而对方队员触动了篮筐,也算命中一球。第九,当球出界,球将由第一个接触球者扔进场内,若有争论,裁判员将球扔进场内,掷界外球允许5秒钟,如果超过5秒钟,球判给对方。第十,主裁判员是球员的裁判,他有权吹犯规,不过,裁判如果包庇哪队,就会撤销执照,当某队连续3次犯规,他将通知副裁判员,他有权宣布取消某队员的比赛资格。第十一,副裁判员是球员的裁判,他可决定什么时候球在比赛中,并要计时、决定球的命中、记录命中的球数以及承担通常裁判员应该承担的责任。第十二,比赛在两个20分钟内进行,中间休息5分钟。第十三,球命中最多的一方获胜,如果平局,经双方队长的同意,比赛可延至再命中一球为止。这原始的13条篮球竞赛规则,虽然不系统、不完整,有些条文还不够明确,但对初期篮球运动的发展起着很大的推动作用。特别是篮球运动发展到今天成为现代篮球运动,技、战术水平越来越高,规则就显得更加重要,应该严格、科学、系统地管理篮球竞赛规则。

2. 规则演变。

规则从最初的13条发展到现在的58条,篮球技、战术从原来的简单、低级发展到现在的高级水平,都是许多年来相互制约、相互促进的结果。国际篮联在一般情况下,每隔4年对规则要进行一次修改与补充,其目的是促进篮球技、战术进一步的发展,并限制粗暴动作,使比赛向文明、干净及紧张激烈和富有魅力的方向发展。规则的变化是不可知的,也不是哪一个人心血来潮随意更改的,它是按一定的修改目的来进行的。具体的修改规则的指导原则是:第一,公平。这是修改规则的基础。规则应该对比赛双方都是公平的。因为篮球比赛是双方在等同的时间、空间、地面、人数的条件下进行篮球意识、技战术及身体素质的较量。第二，均衡。这是指进攻和防守这两个方面必须保持平衡。如一场比赛很容易得分或很难得分，都会使比赛变得呆板而不精彩，那么篮球比赛使人兴奋的魅力将会丢失。第三，定义。规则定义要言简意赅，文字确切。第四，编纂。规则要编纂，避免重复，做到前后一致，不得自相矛盾。第五，简短。规则要简短扼要，避免啰唆，使人很难领会。第六，例外。规则正面做了许多规定，如没有例外的规定（即注解），规则也很难实行，例外正是为了保证正面规则的实施。第七，安全。规则要保证人身安全，保证比赛在良好的环境与气氛中顺利进行。第八，权力。必须给裁判员权力，让其在比赛中有权威地胜任工作，执行规则。第九，连续。规则要使比赛尽可能地减少中断次数，从而保证比赛的连续进行，使比赛更紧凑、更精彩。第十，无利。规则要使比赛的任何一方都不能从违反规则中得好处，从而使比赛公平合理地进行。

3. 现存规则。

比赛方法：一队5人，其中一人为队长，候补球员最多7人，但可依主办单位而增加人数。比赛分四节，每节各10分钟，NBA为12分钟（NBA全明星新秀赛和美国大学生篮球联赛为每节20分钟，共2节）；每节之间休息5分钟，NBA为130秒；中场休息10分钟，NBA为15分钟。另NBA在第4节和任何加时赛之间休息100秒。比赛结束两队积分相同时，则举行延长赛5分钟，若5分钟后比分仍相同，则再次进行5分钟延长赛，直至比出胜负为止。得分种类：球投进篮筐经裁判认可后，便算得分。3分线内侧投入可得2分；3分线外侧投入可得3分，不管是脚跟还是脚尖踩到3分线进的球视为2分球。罚球投进得1分。进行方式：比赛开始由两队各推出一名跳球员至中央跳球区，由主审裁判抛球双方跳球，开始比赛。选手替换：每次替换选手要在20秒内完成，替换次数则不限定。交换选手选在有人犯规、争球、叫暂停等时间。裁判可暂时中止球赛的计时。罚球：每名球员各有4次被允许犯规的机会，第五次即犯满退场（NBA中为6次），且不能在同一场比赛中再度上场。罚球是在谁都不能阻挡、防守的情况下投篮，是作为对犯规队伍的处罚，给予另一队的机会。罚球要站在罚球线后，从裁判手中接过球后5秒内要投篮。在投篮后，球触到篮筐前均不能踩越罚球线。违例大致可分为三种：①普通违例：如带球走步、两次运球（双带）、脚踢球（脚球）、球出界、回场或以拳击球。②跳球违例：除了跳球球员以外的人不可在跳球者触到球之前进入中央跳球区。③超时违例：发球超时、禁区内超时、过后场超时、罚球超时、24秒超时等。

（四）篮球运动的价值作用

1. 提高生命活力。

篮球活动涵盖了跑、跳、投等多种身体运动形式，且运动强度较大，因此，它能全面、有效、综合地促进身体素质和人体机能的发展，提高和保持人的生命活力，为人的一切活动打下坚实的身体（物质）基础，从而提高生活的质量。

2. 促进个性发展。

通过练习和比赛的过程，能使参与者的个性、自信心、情绪控制、意志力、进取心、自我控制与约束等方面都有良好的发展，以及培养团结拼搏、努力协作、文明自律、遵纪守法、尊重他人等的良好道德品质和集体主义精神。

3. 促进创新能力。

篮球活动是一项创造性的活动，所有技、战术都既有原理和规格，又包含着个人的不同表现风格，没有固定的、僵死的模式，每个人、每个队都可以用自己的方式来诠释自己对篮球的理解。也正是由于它的复杂性和多变性，需要参与者必须根据当时情况随机应变，及时、果断、快速地作出应答行动，通过观察进行分析判断并作出行之有效的应对措施。而所有这一切，都需要参与者用自己的智慧创造性地去应对场上出现的各种问题，从而有效地提高创新能力。

4. 提高分析能力。

篮圈在空中，而球可能处在任何位置，所以，篮球场上要展开地面与空间的全方位立体对抗。而且，所有的行动都要受到不同对手的制约，要求参与者依据自身实力，结合不同对手进行分析比较，斗智斗勇、扬长避短、克敌制胜。这能有效地促进参与者的心理（智力、意志力、个性等）、技能、观察、应变等综合能力的提高，锻炼和培养发现问题、分析问题和解决问题的能力。

四、排球

（一）排球运动的项目特征

排球球场为长方形，中间隔有高网，比赛双方（每方六人）各占球场的一方，球员用手把球从网上空打来打去。排球运动使用的球，用羊皮或人造革做壳，橡胶做胆，大小和足球相似。排球基本技术分为六大项：准备姿势和移动、传球、垫球、发球、扣球、拦网。排球战术可分为个人战术和集体战术两大类。个人战术分为发球、一传、二传、扣球、拦网、后排防守6项。集体战术包括进攻战术和防守战术。进攻战术又包括强攻、快攻、两次球及其转移。防守战术包括4种阵形：接发球站位阵形、接扣球防守阵形、接拦回球保护阵形及接传、垫球防守阵形。

（二）排球的起源与发展

排球运动是1895年由美国马萨诸塞州霍利约克市，一位叫威廉·摩根的体育工作人员发明的。当时，网球、篮球很盛行。摩根先生认为篮球运动太激烈，而网球运动量又太小，他想寻求一种运动量适中、富于趣味性、男女老少都能参加的室内娱乐性项目，于是把当时已广为流行的网球搬到室内，在篮球场上用手来打。这种游戏开始时，他将网球网挂在篮球场上，用篮球隔网像打网球一样打来打去进行游戏。但室内篮球场面积较小，网球容易出界，于是他做了某些改进：一是把网球允许球落地后再回击的规则改为不许落地；二是把网球的体积扩大；三是篮球太大、太重，不能按预想的方式进行游戏，便改试用篮球胆。现在国际标准用球虽历经百年，进行了千百次的改进，但球的规格和第一代的球几乎差不多。

排球1900年传入加拿大，同年传入亚洲的印度。第一次世界大战期间，美国军队将排球带到欧洲。国际排球联合会1947年在巴黎成立。1957年国际奥委会将排球列为奥运会项目，承认国际排联为领导世界排球运动的唯一组织，1964年排球进入奥运会。1996年沙滩排球也被列为奥运会比赛项目。中国排协于1952年成为国际排联的临时会员，1953年为正式会员，1958年退出，1974年恢复国际排联的会员资格。至今，国际排联的主要赛事有：奥运会排球赛、世界锦标赛和世界杯赛，均为4年一届。此外还有各大洲的锦标赛和地区运动会中的比赛。当代世界排球技术、战术的特点及其发展趋势是：技术全面，有所专精；高打、快变互相促进；进攻战术快高又多变；防守战术灵活多样。

（三）排球运动的特点

（1）广泛的群众性。排球场地设备简单，比赛规则容易掌握。既可在球场上比赛和训练，亦可以在一般空地上活动，运动量可大可小，适合于不同年龄、不同性别、不同体质、不同训练程度的人。

（2）技术的全面性。规则规定，每个队员都要进行位置轮转，既要到前排扣球与拦网，又要轮到后排防守与接应。要求每个队员必须全面地掌握各项技术，能在各个位置上比赛。

（3）高度的技巧性。规则规定，比赛中球不能落地，不得持球、连击。击球时间的短暂，击球空间的多变，决定了排球的高度技巧性。

（4）激烈的对抗性。排球比赛中，双方的攻防转换始终是在激烈的对抗中进行的。高水平比赛中，对抗的焦点在网上的扣拦上。在一场比赛中，夺取一分往往需要经过六七个回合的交锋。水平越高的比赛，对抗争夺越激烈。

（5）技术的两重性。排球是多种技术都可以得分也能失分的项目，这种情况在决胜局比赛中更加突出，所以说每项技术都具有攻防的两重性，因此，要求技术既要有攻击性，又要有准确性。

（6）严密的集体性。排球比赛是集体比赛项目，除发球外，都是在集体配合中进行的。没有严密的集体配合,再好的个人技术也难以发挥,更无法发挥战术的作用。水平越高的队,集体配合就越严密。

五、乒乓球

(一)乒乓球运动的项目特征

乒乓球是一项隔网运动,是由运动员站在球桌两端使用球拍击打的两人或四人的球场运动。依据参与的人数,可以分为单打与双打。乒乓球是中国国球,也是一种世界流行的球类体育项目。它的英语官方名称是"tabletennis",意即"桌上网球"。乒乓球一名源自1900年,因其打击时发出"PingPong"的声音而得名,中国就以"乒乓球"作为它的官方名称,中国香港及澳门等地区亦同时使用。中国台湾和日本则称为桌球,意指球桌上的球类运动。

(二)乒乓球的起源与发展

乒乓球起源于英国。1890年,几位驻守印度的英国海军军官偶然发觉在一张不大的台子上玩网球颇为刺激。后来他们改用空心小皮球代替弹性不大的实心球,并用木板代替了网拍,在桌子上进行这种新颖的"网球赛",这就是"tabletennis"得名的由来。

20世纪初,乒乓球运动在欧洲和亚洲蓬勃开展起来。1926年,德国柏林举行了第一届世界乒乓球锦标赛,1927年成立了国际乒乓球联合会。此后,乒乓球运动水平经历了三次大提高。初期,运动员使用的球拍虽形状各异,但都是木制的,击出的球速度慢,力量小,谈不上什么旋转,打法也单调,只是把球推来推去。20世纪50年代初,奥地利人发明了海绵球拍,日本运动员使用后屡创佳绩,打破了欧洲运动员的垄断地位,这是乒乓球运动水平的第一次大提高。1959年以后,中国逐渐形成了以"快、准、狠、变"为技术风格的直拍近台快攻打法,这种近台快攻的优点是站位近,速度快,动作灵活,正反手运用自如,这是乒乓球运动水平的第二次大提高。此后,欧洲运动员从失败中总结经验教训，经过近20年的努力，终于取日本弧圈球技术和中国近台快攻打法之长，创造出适合于他们的先进打法，即以弧圈球为主结合快攻的打法。这种打法以正反手快攻为主要技术，用反手快拨快攻力争主动，以正手拉弧圈球寻找机会扣杀为得分手段。这是乒乓球运动水平的第三次大提高。20世纪70年代以来，由于国际交往和学习研究的加强，各种打法互取长短，使乒乓球技术得到了更快的发展和提高。1988年乒乓球成为奥运会正式比赛项目。

在技战术发展的同时，乒乓球运动的规则也在不断地发展完善，主要措施有："小球"变为"大球""实行以11分制取代21分制""无遮挡发球""禁胶令"等，这些规则的改革和完善促进了乒乓球的进一步发展。

六、拳击

（一）拳击运动的项目特征

拳击竞技的具体表现形式，是两人在正方形的绳围比赛场地中，戴着特制的柔软手套，按一定的规则和技术要求，进行体能、技术和心理的较量。一场业余拳击比赛有5回合，每回合3分钟。拳击运动员要戴（拳击）手套。其他用具包括：头盔，护齿，运动短裤和护裆。拳击运动员的比赛按体重分级。拳击运动的技术包括攻击、躲闪、上下移动、扭斗技术和善于反击。攻击技术包括直拳、刺拳、钩拳、上钩拳、摆拳、交叉拳以及组合拳等。

（二）拳击的起源与发展

拳击运动源远流长，它起源于人类产生之初。弓箭出现以前，人类要以拳头来自卫，这是拳击的雏形。拳击运动最早见于历史记载是公元前40世纪的埃及。而在古代奥运会中，拳击运动就已经是比赛项目之一。1896年，第一届夏季奥运会中，希腊君王认为拳击太暴力、危险而且不人道，因此不批准拳击列入该届的比赛项目之一。1881年，英国业余拳击协会成立，拳击开始传到世界各地。第三届夏季奥运会男子拳击正式列入比赛项目之一，但在1912年斯德哥尔摩奥运会中，由于瑞典法律不准许拳击运动，因此一度消失了。1920年，拳击运动再次列入奥运比赛项目的名单之中，一直延续至今。目前，在世界拳击运动中居于领先地位的国家有美国、古巴、英国和俄国。

（三）拳击运动的价值作用

（1）增强人体力量。拳击比赛要靠人体的爆发力来完成攻防动作，只有在最短的时间内将最大的力量发挥出来，才能够达到攻防的目的，有效地完成攻防动作，这就要求拳手具有强劲的爆发力。经常练习拳击，或经常参加拳击比赛的拳手和拳击爱好者，可以在练习和比赛中提高肌肉长时间工作的能力，提高人体各系统的活动机能，从而增强和提高人的耐久力，使人体能够适应长时间高度紧张状态下的工作、训练和比赛。同时，拳击还可以增强练习者的绝对力量。在拳击练习，特别是拳击比赛时，拳手必须具有较大的绝对力量，才能达到攻防的目的。所以，大部分拳手都十分重视绝对力量的练习，经常做大量的上肢力量训练以增加进攻时的威力。当然，绝对力量要和速度结合在一起才能发挥作用，所以在拳击练习的过程中，只有通过最快的速度发挥最大的力量，才能取得拳击比赛的胜利。

（2）提高灵敏性和反应能力。拳击中最基本、最重要的素质之一，就是要具有高度的灵敏性和快速的反应能力。在拳击比赛和训练时，运动员要熟练地掌握运用各种技术方法，灵活地变化运用各种战术，并且要随机应变地随场上情况及时调整自己的技战术，同时要完成各种技术组合等，所有这一切，都需要拳手具有高度的灵敏性和快速的反应能力，否则就会受制于人，处处被动。经常练习拳击和参加拳击比赛的人，其灵敏性和反应能力就会得到充分锻炼和提高，这种灵敏性和反应能力表现在日常工作和生活中，就会使拳击练习者觉得生活轻松自如，从而增加人的生活乐趣和情趣。

（3）促进身心健康发展。拳击运动是手脑并重、全身活动的运动项目，练习拳击或参加拳击比赛时，人一直都是在不停地跳动和运动之中，而且，拳手所采取的每一个行动都是在大脑缜密的、快速的考虑之后进行的，所以，这对人体的运动器官和大脑的分析反应都有极高的要求，使人体的运动器官和大脑得到充分的锻炼。又由于拳击训练和比赛时，需要在高度紧张状态下进行高强度对抗，所以对拳手的呼吸系统、循环系统、神经系统、运动系统都有非常高的要求，必须进行充分的锻炼。拳击既是人体能力的较量，同时也是心理智慧的较量。长期从事拳击运动，能培养人们顽强拼搏、敢打敢拼、百折不挠的意志品质，也能培养人们对事业的专注和执着追求的精神。拳击运动具有极其强烈竞争的特点，可以锻炼拳手临危时的应急能力，培养拳手在危险状况和高度紧张状况下沉着冷静的心理素质，这不仅对拳击运动有利，而且对于拳手在日常工作和生活中遇到困难时进行冷静处理，有着极大的帮助作用。

（4）防身自卫的有效手段。拳击是一种空手格斗技能，学习掌握好拳击技术之后，就可以把它运用于实战之中。拳击的攻防技术比较简单，容易掌握，经过反复训练实践后，作为防身自卫的一种手段是非常有效的。通过拳击的击打和抗击打能力训练，可以提高练习者的防身意识和自卫方法，在打和被打的练习中自然而然地掌握了防身自卫的本领，有效提高练习者遇到侵犯时的自我保护能力。

（5）广泛的社会影响作用。拳击运动已经在社会上引起了极大的影响和起到了轰动作用。现在几乎全世界都知道泰森口咬霍利菲尔德的事情，这既是拳击事业的耻辱，同时也是拳击在社会上引起社会效应的一个途径。当然，拳击对社会的影响并不只是这些丑事或花絮，最主要的还是拳击本身具有的粗犷与野性的魅力，拳击运动表现着较高的力度美、健康美、技艺美，具有强烈的吸引力和刺激性。

七、柔道

(一) 柔道的起源与发展

柔道在日语中是"柔之道"的意思，就是"温柔的方式"。柔道通过把对手摔倒在地而赢得比赛，它是奥运会比赛中唯一允许使用窒息或扭脱关节等手段来制服对手的项目。柔道是一种对抗性很强的竞技运动，它强调选手对技巧掌握的娴熟程度，而非力量的对比。1882年，被誉为"柔道之父"的日本东京帝国大学学生嘉纳治五郎综合当时流行的各派柔术的精华，创立了以投技、固技、身技为主的现代柔道，同时创建了训练柔道运动员的讲道馆。

创始柔道初期，嘉纳治五郎就先后创办了《国士》《运动界》《柔道》等刊物，解说柔道的技术，宣传柔道的目标，请名人撰写专论。在讲道馆柔道后援会的成员中，政界、军界、实业界人士比比皆是。他们认同柔道是培养时代有为青年的有效途径，并始终以在校学生作为重点培养对象。1883年，嘉纳治五郎在东京的学习院设柔道场，亲自指导；1887年在东京帝国大学、海军学校设柔道场。嘉纳治五郎还派入室弟子到其他大中学校传授柔道。这些毕业生走向社会后，几乎都成为军警界、实业界、金融业的中坚力量。他们有社会地位，有经济实力，对柔道有感情，成为柔道发展的有力支撑。嘉纳还创建了段位制。

柔道成型在20世纪初，成为世界性体育竞技项目是20世纪50年代。嘉纳治五郎1939年逝世，讲道馆的后继者主动进行改革，使柔道成为世界范围内被广泛接受的运动竞赛项目。1964年，男子柔道在东京奥运会上首次被列入正式项目。1968年奥运会上，柔道项目被取消。1972年，男子柔道再次成为奥运会正式比赛项目。1973年柔道项目正式列入我国竞赛项目。目前，全世界有194个国家和地区开展了柔道项目，并加入了国际柔道联合会。

（二）柔道战术特点

（1）攻防兼备。柔道技术特点是攻防结合，攻中有防，防中有攻，以攻为主，主动前进进攻。进攻与防守是矛盾的统一体，进攻可以得分，可是进攻得分又是在防守成功的基础上才能实现的，也就是没有防守的成功，就不会有进攻，两者是紧密相连的。首先要学会投技、舍身技、寝技中各种防守技术，然后在防守的基础上学各种进攻技术。

（2）对抗性的项目比赛千变万化，对战术要求除了应具有预测外，还必须具有随机应变的能力。在比赛之前应准备好几套作战方案，用以应付各种复杂多变的情况，同时又要求在比赛中能根据比赛变化情况，灵活地运用战术。

（3）柔道比赛战术运用与运动员的意志品质、心理状态也密切联系。有时，两个运动员在比赛中不分上下，体力已消耗很大，处于旗鼓相当的争夺战中，可是在一刹那间，一个运动员咬牙拼搏，另一个运动员忽然败下阵来，这就是运动员的心理和坚强意志品质的作用。

八、射箭

（一）射箭运动的项目特征

射箭是用弓把箭射出并射中预定目标，打在靶上的技艺。射箭比赛的胜负是以运动员在规定时间内射中箭靶目标的环数计算的，命中靶的箭越靠近中心，所得环数越高。射箭运动员准备发射时，用执弓的手握住弓，并伸直执弓臂，再用拉弦手向后拉弓弦，直到满弓点，注视瞄准然后撒放。射箭运动要求有平衡、注意力集中、协调和时间感觉等素质和能力。射箭既是奥运会的比赛项目，也是蒙古族的民族传统项目。目前，在世界射箭运动中占优势的国家有美国、俄国、韩国等。

作为蒙古族的民族传统项目，射箭是那达慕的一项重要比赛项目。弓箭，蒙古人称"诺木·苏木"，前者为弓，后为箭。蒙古族自古崇尚弓箭，喜好骑射，把它视为男子汉的象征和标志，当作他们随身携弓箭，把它视为带吉祥物。蒙古族弓箭属古代"匈奴式"弓箭。弓长 100~150 厘米。弓用有弹性的木料制作，有桦木、李木和竹子等。为加强它的硬度，还在弓鞘等处加贴兽骨。弦一般用加工后的牛皮或牛筋制作。箭有两种，一种是镞箭，一种是无镞箭。箭一般用柳条制作，长80~100 厘米。射箭比赛主要有远射比赛和射靶比赛两种，其中射靶比赛最为常见。射远比赛在古代曾流行过，但现代不多见了。射箭比赛用的箭靶最初多以皮革（羊皮、兽皮）或毡子制成，多为方形或圆形。比赛前在地上打两个或多个木桩，把整张羊皮或毡子从两边拴在两旁木桩上，在其中央做个记号。也有一种"皮条靶子"，俗称"苏日牌"，是用多个皮条编（卷）成的一个球状靶。射靶比赛的距离一般是 70 米或 45 米。参加射箭比赛不分年龄，老少均可，而且人数也不限。胜者也可获得诸如出奇莫日根、智慧莫日根等荣誉称号，而且所得奖品也相当丰厚。

（二）射箭运动的起源与发展

射箭有悠久的历史，最初用于打猎和战争。公元前 5000 年古埃及人就掌握了使用弓箭的本领。古代文明中，弓箭是使用非常普及的武器。许多神话人物，如阿波罗和奥德修斯，都佩戴着弓箭。现代射箭运动最早出现在英国，英格兰约克郡自 1673 年起举行的方斯科顿银箭赛，延续至今。

1787 年英国成立皇家射箭协会，成为世界上最早的射箭组织。18世纪初，射箭传入美国，1828 年成立费城射箭联合会。1844 年举办第一届全英射箭锦标赛。1861 年英国射箭协会成立，统一竞赛规程。1879 年成立全美射箭协会，同年在芝加哥举行第一届全美射箭比赛。1896 年、1900 年、1904 年、1908 年和 1920 年的奥运会都设有射箭比赛，此后中断。1931 年，以英国和法国为主，成立了国际射箭联合会，同年在波兰的里沃夫举行了第一届世界锦标赛。1972 年射箭重新进入奥运会，此后一直是奥运会正式比赛项目。中国射箭协会于 1981 年加入国际箭联。

九、摔跤

（一）摔跤运动的项目特征

摔跤是指两运动员徒手相搏，按一定的规则，以各种技术、技巧和方法摔倒对手。摔跤分为古典式摔跤和自由式摔跤两种。古典式摔跤比赛时，运动员手臂抱对方的头、颈、躯干和上肢，将对方摔倒后并使其双肩触及垫子者为胜，如果在规定的时间内未能出现这种情况的话，则按得分的多少判定名次，且规定比赛时不得抓衣服和不允许进攻对方的下肢。自由式摔跤可以手足并用，用抱头、抱颈、抱躯干、抱上下肢、缠腿、勾足、挑腿等动作将对方摔倒并使其双肩触垫者为胜，如果在规定的时间内未能出现这种情况的话，则按得分的多少判定名次，且规定比赛时不许抓衣服和使用反关节、窒息动作。古典式摔跤和自由式摔跤都要依靠健壮的身体和灵敏的反应摔跤，但二者的基本区别在于：古典式摔跤禁止抱握对手腰以下部位、做绊腿动作以及主动用腿使用动作，自由式摔跤允许抱握对手的腿、做绊腿动作，允许积极地用腿使用动作。

（二）摔跤的起源与发展

摔跤被公认为是世界上最早的竞技体育运动，希腊、埃及、中国以及日本等国家的古代文明中都有摔跤的文字记载。古典式摔跤起源于古希腊。公元前2世纪末，罗马帝国出兵侵略希腊。征服希腊之后，罗马帝国将自己国家原有的摔跤和希腊式摔跤相结合，并在此基础上发展与创新，产生了希腊罗马式摔跤，被称为古典式摔跤。几乎同时，欧洲又出现了另一种摔跤叫作自由式摔跤，这种摔跤与古典式摔跤基本相同，差异之处在于选手可以用手臂抱对手的下肢，还可以用腿绊，其技术比古典式更为丰富。18世纪90年代，法国一些喜爱古典式摔跤的人自动组织职业班子，到许多地方巡回表演，后来逐步演变成为一种比赛，使古典式摔跤逐渐发展起来。同时，自由式摔跤也在不断发展，19世纪，英国人制定了较为明确的自由式摔跤规则,所以自由式摔跤最后定型于英国。古代奥运会在公元前776年诞生之时,摔跤就是其中的一项比赛,而且一直是历届奥运会的比赛项目。1912年在瑞典斯德哥尔摩举行第5届现代奥运会时,国际业余摔跤联合会正式成立。1984年国际业余摔跤联合会承认女子摔跤运动,但只设立自由式一项,其规则几乎和男子自由式摔跤一样。1989在瑞士举办了第一届世界女子摔跤锦标赛。从此以后,女子摔跤每年都举办一届世界锦标赛。2004年希腊雅典奥运会,女子摔跤被列为正式比赛项目。

十、水上运动

(一) 水上运动的项目特征

水上运动是指全部过程或主要过程都是在水下、水面或水上进行的各种形式的体育比赛和活动,是为了区别于陆上和空中体育项目,根据所处的运动环境而命名的。水上运动可分为水上竞技项目、船类竞技项目、滑水运动、潜水运动。水上竞技项目包括游泳、跳水、水球和花样游泳4项。船类竞技项目包括划船运动、赛艇运动、皮划艇运动、帆板运动、摩托艇运动。滑水运动包括水橇、滑水板和冲浪。潜水运动是运动员借助轻便的潜水装具,在水下进行的竞赛和体育活动。潜水运动在游泳池中进行的有竞速潜水、水下橄榄球、水下曲棍球等;在自然水域中进行的有长距离蹼泳、水下定向、水中狩猎、水下摄影等。为了追求新的带有刺激性和冒险性的运动,人们把许多陆上的运动项目移植到水中进行,创造出水下、水上形形色色的新项目。

(二) 水上运动的主要内容与形式

1. 游泳。

20世纪初,国际性的体育运动会日渐增多,而奥运会的出现则使这一趋势达到顶峰。1896年首届现代奥运会设置了3个游泳比赛项目,但当时游泳比赛尚没有统一的竞赛规则及标准。为有效应对这种情况,国际游泳联合会于 1908 正式成立。此后，游泳运动取得了一系列突出成就，发起了世界游泳锦标赛（1973 年）、世界杯赛（1979 年）、世界短池游泳锦标赛（1993 年）、跳水系列大奖赛（1994 年），花样游泳项目成为奥运会正式比赛项目（1984 年）。与此同时，高科技设备，特别是在电子计时设备在游泳比赛中的应用取得了长足发展。游泳比赛的项目迅速扩展，产生了大师赛及公开水域赛等多种新项目。

2. 赛艇。

赛艇是由坐在艇上的一个或几个桨手运用其肌肉力量，背向前进方向，以桨和桨架作为杠杆进行划水的一项划船运动。赛艇运动多在江河湖泊等大自然水域中进行。赛艇运动的起源被认为是 18 世纪欧洲的简易划船赛，而正规比赛源于 1829 年英国牛津大学和剑桥大学之间的校际赛艇比赛。这项传统的划船比赛，每年都在天然的泰晤士河上举行，迄今已延续了近 190 年。至今，世界赛艇锦标赛男女共 24 项，世界青年赛艇锦标赛男女共 14 项，奥运会赛艇比赛男女 14 项。

3. 皮划艇。

皮划艇运动是用无支点的桨按照一定的规则推动各种类型的船前进的一种体育项目，属于奥运会正式比赛项目。皮划艇分为皮艇和划艇两种小艇，皮艇是运动员坐在船内面向前进方向用双叶桨划行；划艇是运动员跪在船内面向前进方向用单叶桨划行。皮艇起源于格陵兰岛，是爱斯基摩人用兽皮制作的用来捕鱼的一种小船；划艇则起源于加拿大，因此又称"加拿大艇"。皮划艇又分为静水皮划艇和激流皮划艇，分别采用肥仔艇和橡皮艇。在亚洲的一些国家和地区皮划艇又称为"独木舟"。现代皮划艇运动产生于 1865 年，苏格兰人麦克格雷戈以独木舟为蓝图，制造出第一支皮划艇"诺布·诺依"号。中国于 1974 年加入国际皮划艇联合会（ICF）。

4. 帆船、帆板。

现代竞技帆船运动出现于 17 世纪初的欧洲，帆板运动起源于 20 世纪 60 年代的美国。1896 年，帆船被列为第一届现代奥运会正式比赛项目，1906年，国际帆船运动联合会（ISAF）成立，是世界上最大的单项体育联合会之一。1984年，帆板被首次列入奥运会比赛项目中。我国现代帆船运动开始于1978年，1981年中国帆船帆板运动协会成立。至今，奥运会帆船帆板比赛设男女两大类。男子：200米、500米、1000米、2000米，包括包括单人皮艇、双人皮艇、四人皮艇、单人划艇、双人划艇、四人划艇；女子：200米、500米、1000米、2000米：单人皮艇、双人皮艇、四人皮艇等。

5. 摩托艇。

摩托艇项目是集竞争性、观赏性和刺激性于一体、富有现代文明特征的高科技竞技体育项目。比赛时壮观激烈、精彩纷呈、惊心动魄，深受观众的喜爱。摩托艇的比赛形式为闭合场地的环圈竞速，主要技术关键有：起航、加速、绕标、超越和冲刺等。比赛过程马达轰鸣、浪花飞溅、高潮迭起、扣人心弦。摩托艇运动包括竞速艇（船）、运动艇（船）、游艇（船）、汽艇、水上摩托、气垫（船）艇、喷气（船）艇、电动（船）艇等。

6. 滑水。

滑水项目是一项惊险而优美的水上运动，誉称"水上的芭蕾"。运动员在高速艇的牵引下，脚踏水橇，跳、转、跨、翻、旋等一气呵成，如蛟龙戏水，赏心悦目，精彩诱人。滑水运动包括水撬回旋、花样、跳跃、特技、竞速、脚滑、滑水表演等。

7. 蹼泳。

蹼泳是潜水运动中的一个项目。蹼泳产生于20世纪60年代，是在现代潜水运动的基础上发展起来的。1986年底，国家体委作出决定，为了适应今后开展活动和国际比赛的需要，将我国目前开展的游泳池竞速潜水比赛名称统一改为"蹼泳竞赛"，大体分为水面蹼泳、水下屏气游泳和水下带空气呼吸器的潜泳三类，有21个比赛项目。蹼泳是一个独特的运动项目，不仅泳姿新颖，速度快，而且在运动形式、技术特点、生理负荷和能量消耗等方面都有别于游泳运动。蹼泳开始是在欧洲国家盛行，20世纪70年代后期，开展这个项目的国家越来越多，到1982年，已发展到34个国家，迄今为止，已举办了10届欧洲锦标赛和3届世界锦标赛，并已列入世界运动会正式比赛项目。

十一、跆拳道

(一) 跆拳道运动的项目特征

跆拳道是朝鲜半岛普遍流行的一项技击术，是一项运用手脚技术进行格斗的朝鲜民族的体育项目。它由品势（特尔）、对抗、击破、特技等内容组成。跆拳道是创新与发展起来的一门独特武术，具有较高的防身自卫及强壮体魄的实用价值。它通过竞技、品势和功力检测等运动形式，使练习者增强体质，掌握技术，并培养坚忍不拔的意志品质。

(二) 跆拳道的起源与发展

1910~1945年日本殖民统治韩国期间，大量韩国青年学生赴日留学，在日本接受了系统的松涛馆空手道训练，并取得相应段位，回国后他们开始创立道馆教授学生。1945年日本战败后，韩国获得民族独立，大批空手道、唐手道道馆兴起。并出现了最早的一批韩国道馆，这就是后来的"九大道馆"。"跆拳道"一词，是1955年由韩国的崔泓熙将军命名。崔泓熙早年在留学日本时，学习了日本松涛馆空手道，并将其与韩国传统武技跆跟、手搏等技术融入到跆拳道中去。

1950至1953年，韩国经历了内战，刚萌芽的韩国道馆发展慢了下来。但时任总统李承晚大力支持当时的崔泓熙陆军少将把当时最负盛名的"九大道馆"团结起来，票选出由崔将军提名之"跆拳"之名，奉为韩国国技。1959年，崔泓熙成立大韩跆拳道协会。同年，韩国民族的武技跆拳道第一次走出国门，得以向国外展示。1962年举行了第一次全国上段审查大会，考核内容包括空手道之套拳如平安五段等。1966年在汉城正式成立了国际跆拳道联盟。1969年，中国香港举办了第一届亚洲跆拳道锦标赛。1973年韩国在首尔成立了世界跆拳道联盟。

1974年加拿大的蒙特利尔举办了第一届国际跆拳道锦标赛。1975年世界跆拳道联盟成为国际体育联合会的正式会员。1980年国际奥委会正式承认世界跆拳道联盟。1985年崔泓熙总裁出版了用一生心血研究的著作——《跆拳道百科大辞典》。1988年跆拳道在首尔奥运会亮相。目前,国际跆拳道联盟已发展成具有140多个会员国的国际组织。

(三) 跆拳道的主要特点

(1) 以腿法为主,拳脚并用。跆拳道竞赛的需要、规则的限制和进攻方法的特点,使得跆拳道以腿法攻击为主。据统计,在跆拳道技术当中,腿法约占总技法的70%。腿击在攻击范围、攻击力量等方面都远远超过拳法的攻击,而拳法的招式,一般偏重于防守和格挡。

(2) 动作追求速度、力量和效果,以击破为测试功力的手段。跆拳道不讲究花架子,所有动作都以技击格斗为核心,要求速度快、力量大、击打效果好。在功力的检测方面,则以击破力为测试的手段。就是分别以拳脚击碎木板等,以击碎的厚度来判定功力。

(3) 强调呼吸,发声扬威。练习跆拳道时,要求在气势上给人以威严的感觉,练习者常以洪亮并带有威慑力的声音来显示自己的威力。据日本有关研究资料证明,人在无负荷工作时,10%的肌肉会由于发声使他们的收缩速度提高9%,在有负荷工作时更是可以提高14%。这就是在比赛当中运动员会发出响亮的喊叫声的原因。在发声的同时停止呼吸,可以使人体内部的阻力减小,提高动作速度,集中精力,使动作发挥出更大的威力。

(4) 以刚制刚,方法简练。受跆拳道精神影响,运动员在比赛当中多是直击直打,接触防守,躲闪技术运用得比较少。进攻都采用直线连续进攻,以连贯快速的脚法组合击打对手。防守多采用格挡技术,或采取以攻对攻、以攻代防的技术。

(5) 礼始礼终,内外兼修。在任何场合下,跆拳道练习者始终以礼相待。练习活动都要以礼开始,以礼结束,以养成谦虚、友好、忍让的作风,在道德修养方面不断地提高自己。

十二、泰拳

（一）泰拳运动的项目特征

泰拳，即泰国拳术，是一门传奇的格斗技艺，是一项以力量与敏捷著称的运动。泰拳主要运用人体的拳、腿、膝、肘四肢八体八种武器进行攻击，出拳发腿、使膝用肘发力流畅顺达，力量展现极为充沛，攻击力猛锐，杀伤力大。

（二）泰拳的起源与发展

泰拳和其他民族的技击项目一样，有其源远流长的历史。经考证，泰族文化虽深受中国、印度两国文化的影响，而且泰族和中华民族有着密不可分的血缘关系。但几百年来，泰族在中南半岛一带生息繁衍，他们在长期的抵御外族侵略的搏斗中，逐渐形成了本民族特有的拳术。有关泰人习拳练武的最早记载，可见诸素可泰王朝至大城王朝的早期典籍——《北方纪年史》。据载，当时在军中已有拳斗的活动，作为休战期间侯王们的消遣娱乐。拳赛虽然没有成为职业比赛，但诸侯们已有豢养武士角斗、以取悦君王的风气。

大城王朝鼎盛时期，拳斗之风日益盛行，遍及全国。1411年间，清迈王驾崩，两太子为争夺皇位相持不下，最后决定各选派一名武师作为代表进行比武决胜，这是泰国历史上首次拳赛的记载。1518年暹罗王改革兵制，下谕令编制了《制胜术》一书，内容包括了兵器、武术和武备等方面。在"拍纳黎萱"时代（1555年至1606年），泰拳术被列入军事训练科目。"虎王"拍佛陀昭时代（1662年至1708年），是泰拳发展的鼎盛时期，举国上下，都倾心于拳术。到了曼谷皇朝（1782年始），西欧各国和暹罗交往日益增多。1898年，下谕令设立"皇廷拳师"制度。1920年，泰皇蒙骨九昭（拉玛六世）为"野虎兵团"筹募基金，在"玫瑰园学府"广场举行盛况空前的拳赛。西洋拳击于1912年传入泰国，其比赛的形式和技术逐渐被泰拳采纳并应用。"戴套"式泰拳比赛开始采用，比赛回合也陆续减少到5局。1937年4月1日泰国政府教育署体育厅首次颁布了泰拳竞赛规则。至此，全国擂台比赛的制度和形式，终告完善统一。第二次世界大战结束后，著名的"叻喃隆拳场"竣工，泰拳进入现代标准竞技。各地拳师为了名誉财富大显身手，使一度冷清的拳坛空前活跃。1946年至1951年，史称"叻喃隆拳场"时期，堪称近代泰拳发展的黄金时代。其后"仑披尼拳场"于1956年建成，进一步推动了泰拳的发展，为泰拳开辟了新的局面。今天的泰国武术，已渐分为两种形式，一是以舞蹈方式表演的武艺，一种是纯对抗的表演或竞赛。而且随着全球化的发展，泰拳逐渐成为一项世界性的技击项目。

十三、体操

（一）德国体操

德国体操是18~19世纪德意志民族实施的一种体操体系。该体系以器械体操为主，重视爱国主义、民族主义和意志品质教育，是世界近代体育的三大支柱之一。在德国体操的形成和发展中，杨氏体操和施皮斯体操最具代表性。

1. 杨氏体操。

杨氏由于家乡遭拿破仑侵略而激发了强烈的爱国主义感情和民族主义意识，曾多次从军，以后致力于德国体操的研究。他创立了具有不平性质的体操体系，包括为提高纪律性和战斗能力的队列、器械体操和手持武器的练习，为提高身体素质的跑、跳、攀登、爬跃、木马、越障碍、搬运重物练习，他在体操的内容和形式上都有所创新。1811年，杨氏在柏林附近创建了体育场，场内设有赛跑、跳跃、投掷、角力场地和单杠、双杠、木马、鞍马、荡桥、吊绳、攀登架等器械，吸引社会各阶层人士来此参加体育活动。他把反法斗争纪念日定为"体操日"，并在"体操日"举办运动会。他还组建体操联盟并统一德国体操术语，在其体操体系中，强调体育与精神教育紧密结合，体现了培养勇敢顽强的品质和增进国民共同感情、促进国家统一的爱国主义思想。他不仅在学校实施近代体育，还把体操引向社会，被誉为"德国国民体操之父"。

2. 施皮斯体操。

施皮斯在杨氏之后对德国体操作出又一突出贡献。为适应反法战争后德国的需要，他将杨氏体操经过改造后，创编了一套适应学校需要又被统治者所接受的"学校体操"体系，包括集体器械体操、兵士体操和徒手体操。在体育教学中，他自创分段教学法与完整教学法，并将音乐与体操练习相结合，使学校体育内容更加系统化，他被誉为"德国学校体育之父"。1814年他创立了德国最早的体育馆。著有《体操理论》《学校体操》等。

（二）瑞典体操

瑞典体操是18~19世纪在瑞典产生并流行的体操体系。该体系在拿破仑帝国和沙俄帝国对瑞典的侵略背景下产生，其目的在于强身健体，保卫祖国，因而有较强的军事性。其体系以解剖学、生理学为科学基础，兼具教育和医疗功能，对近代体育产生了重大影响。

瑞典体操的代表人物林是瑞典著名的文学家，1804年任隆德大学剑术、骑术教师，1806年开始从事生理学和解剖学研究，1814年在斯德哥尔摩创建瑞典皇家中央体操学院，并任院长达25年。林对解剖学、生理学和体操理论进行了深入的研究，指出体操必须符合人体生理规律，必须能使身体得到协调、均衡的发展。他总结前人经验，用科学的方法创立瑞典体操体系，因此，瑞典体操又称林氏体操。林在《体操的一般原理》一书中将体操分为教育体操、兵士体操、医疗体操、健美体操四大类，主要特点是强调身体各部位及身心的协调发展，其形式分为徒手和器械两大部分。林还创设了栅栏、瑞典栏、窗梯、跳箱、肋木、鞍门、综合台等辅助器械。

（三）现代体操的发展

德国、瑞典、丹麦等体操流派，不仅推动了体操运动的进一步发展，也为现代体操和现代体育的形成奠定了基础。目前，国际上的大型体操比赛有世界杯赛、世界锦标赛和奥林匹克运动会体操赛。国际和国内的大型体操比赛一般包括三种相互区别又相互联系的比赛，即团体赛、个人全能赛和单项赛。另外，依据目的和任务，体操可分为基本体操和竞技性体操两大类。基本体操面对的主要对象是广大的人民群众，最常见的有广播体操和为防治各种职业病的健身体操。而竞技性体操动作难度大、技术复杂，有一定的惊险性，也是真正的"体操"，主要包括竞技体操、艺术体操、健美操、技巧、蹦床5项运动。其中，竞技体操男子项目有自由体操、鞍马、吊环、跳马、双杠、单杠6项，女子项目有跳马、高低杠、平衡木、自由体操4项。

十四、田径

（一）田径运动的项目特征

田径又称田径运动，是径赛、田赛和全能比赛的统称。以高度和距离长度计算成绩的跳跃、投掷项目叫"田赛"；以时间计算成绩的竞走和跑的项目叫"径赛"。田赛主要包括跳高、撑竿跳高、跳远、三级跳远、铅球、铁饼、链球、标枪等项目，径赛主要包括短跑、中长跑、跨栏、接力跑、障碍跑、马拉松、竞走等项目。此外还包括部分田赛和径赛项目组成的"十项全能"。

（二）田径的起源与发展

田径是世界上最为普及的体育运动之一，也是历史最悠久的运动项目。据记载，最早的田径比赛，是公元前776年在希腊奥林匹克村举行的第一届古代奥运会上进行的，项目只有一个短距离赛跑，到公元前708年的第十届奥运会上，才正式列入了跳远、铁饼、标枪等田赛项目，当时只准男子参加。1894年，英国举行了最早的现代田径运动国际比赛，而真正的大型国际比赛是1896年开始举行的现代奥运会。每届奥运会上，田径运动都是主要的比赛项目之一。1912年国际田联成立。从1928年第九届奥运会起,才增设了女子田径项目,此后,女子便参加了田径项目的比赛。

(三) 田径运动的特点

(1) 与生活密切相关。走、跑、跳、掷是人类生活的基本技能,是田径运动项目中最基本的运动形式。这些自然动作和技能对学习掌握田径运动各项技术有着十分密切的关系,这些自然动作规范,有助于正确地、较快地掌握田径运动技术。

(2) 具有广泛性。田径运动既具有个体性,又具有广泛的群众性。田径运动除接力跑外,都是以个人为单位参加比赛的运动项目,团体成绩和名次大都是由个人成绩和名次及接力跑成绩的名次的计分相加决定的。田径运动是体育运动中最大的一个项目,它包括五大类的很多单项,是任何大型运动会中比赛项目最多,参赛运动员最多的项目,参加田径运动的人往往也最多。

(3) 简易可行。参加田径运动很少受到条件限制。男女老少都可以在平原、田野、草地、小道、公路、河滩、沙地、丘陵、山岗、公园等较宽、安全的地带从事田径运动。基层田径比赛要从实际出发,因地制宜,"任何坚固、均质、可以承受跑鞋鞋钉的地面均可用于田径竞赛"。使用简易的场地器材和设备也可举行基层田径运动会。

(4) 促进身心健康。田径运动中各单项和全能项目,对人体形态、主要身体素质水平和心理机能等有不同的要求,运动员要从个人实际和特点出发,选择运动项目,掌握具有个人特点的先进、合理的运动技术。

十五、网球

(一) 网球运动的项目特征

网球运动的球以橡皮为核心,外层有毛质纤维,具有弹性,场地有草地、沙地、泥地和塑胶合成硬地等数种。比赛时,运动员各占半个场

173

区，用符合要求的球拍隔网击球，可以在空中还击，也可以落地一次以后还击。有落地击球、截击球、高压球、高挑球等技术动作。目前，除奥运会外，最著名的国际网球赛事为四大公开赛，即澳大利亚网球公开赛、法国网球公开赛、温布尔登网球锦标赛、美国网球公开赛。

（二）网球的起源与发展

网球运动被称为"绅士运动"，最早起源于12~13世纪法国传教士在教堂回廊里用手掌击球的一种游戏，这是网球运动的原初形态。到了14世纪中叶，这种球类游戏被介绍到法国宫廷中。在1358~1360年，网球游戏从法国传到了英国，并开始在英国流行，成为英国上层社会的一种娱乐活动。1793年9月29日，英国的一份《体育运动》杂志出现"场地网球"的叫法。现代网球运动的历史一般是从1873年开始的。当时，英国人温菲尔德将早期的网球打法加以改进，使之成为夏天在草坪上进行的一种体育活动，并取名"草地网球"。同年还出版了一本以《草地网球》为题的小册子，对这种活动进行宣传和推广。所以温菲尔德被称为"近代网球的创始人"。此后网球便成为一项室内、户外都能进行的体育项目。同时英国各地建立了网球运动俱乐部。1875年又建立了全英网球运动俱乐部，同时建造了世界上的第一个网球场地，并于1877年举办了全英草地网球男子单打锦标赛，即后来闻名于世的温布尔登网球赛。1876年由一些地区的著名网球运动俱乐部派出代表，最终对网球运动的场地、设备、打法和比赛等方面取得了一致的意见，并形成了一个统一的规则。大约在1878年以后，英国大多数网球俱乐部都逐渐按照新的打法开展活动，进行训练和比赛。1874年，网球被传到纽约。在美国，网球运动最初是在东部各学校中开展的，不久就在全美得到普及，并于1881年成立了世界上第一个全国性的网球协会——美国全国草地网球协会。此时网球运动已经由草地上演变到可以在沙土上、水泥地上、柏油地上举行比赛，于是"网球"的名称就慢慢替代了"草地网球"。现代网球运动开展的初期，妇女常被排斥在外，直到1879年才开始出现男女混合双打比赛。1913年3月1日，在巴黎成立了国际网球联合会。国际男子职业网球选手协会和国际女子网球协会分别于1972年和1973年成立。1896年第一届奥运会开始设置网球项目的比赛，后来由于职业运动员的参赛资格问题使网球项目在奥运会中被取消，1988年的汉城奥运会上才重新被列为正式比赛项目。网球发展到现在，具有以下特点：一是普及；二是水平高；三是向着力量、速度型方向发展；四是职业化、商业化程度会越来越高。总之，从起源与发展历程来看，网球运动孕育在法国，诞生在英国，得到普及和形成高潮在美国，现在盛行全世界，并被称为世界第二大球类运动。

十六、英国的户外运动

英国素称"户外运动之乡"，也是近代竞技运动的重要发源地。18世纪60年代开始出现工业革命，在英国，蒸汽机和纺织机广泛地应用在生产上，促进了工业生产的飞跃发展。尽管当时以军事为目的兵式体操运动正席卷整个欧洲，但英国新兴的资产阶级为了解决由大机械生产引起的生产节奏加快及城市人口剧增等一系列社会问题，在全国积极推行发展户外运动和游戏，如狩猎、钓鱼、射箭、旅行、登山、赛艇、帆船、游泳、水球、滑冰、疾跑、跳远、跳高、撑竿跳高、投石、掷铁饼、羽毛球、板球、地滚球、高尔夫球、曲棍球、橄榄球、足球等。户外运动作为理想的体育休闲手段，以一种更加自由、随意的运动方式，备受英国大众的青睐。随着英国的对外发展，户外运动和游戏的影响很快传到了美国、法国及世界其他国家。英国户外运动和游戏的发展，主要表现为深受英国大众喜爱、普及面很广；各项运动技术水平的提高，规则的制定渐趋统一；全国性的单项运动协会陆续成立以及各项体育运动向世界各国的传播。英国的户外运动与德国体操和瑞典体操一起，成为现代运动产生的奠基石。

十七、瑜伽

（一）瑜伽运动的项目特征

"瑜伽"（Yoga）一词从印度梵语而来，其含义为"一致""结合"或"和谐"。瑜伽是一个通过提升意识、帮助人们充分发挥潜能的哲学体系及其指导下的运动体系。瑜伽运用古老而易于掌握的方法，提高人们生理、心理、情感和精神方面的能力，是一种使人达到身体、心灵与精神和谐统一的运动形式。

（二）瑜伽的起源与发展

瑜伽起源于印度，有5000多年历史，大约在公元前300年，印度的大圣哲瑜伽之祖帕坦伽利创作了《瑜伽经》，印度瑜伽在其基础上才真正成形。古印度瑜伽修行者在大自然中修炼身心时，对动物的姿势进行观察、模仿并亲自体验，创立出一系列体位法。后经几千年的钻研归纳，逐步衍化出一套理论完整、确切实用的养身健身体系，这就是瑜伽。

现代学者将瑜伽分为四个时期：前古典时期——由公元前5000年开始，直到梨俱吠陀的出现为止，瑜伽由一个原始的哲学思想逐渐发展成为修行的法门，其中的静坐、冥想及苦行，是瑜伽修行的中心。古典时期——大约在公元前300年时，印度大圣哲帕坦伽利创作了《瑜伽经》，印度瑜伽在其基础上真正成形，瑜伽行法被正式定为完整的八支体系。后古典时期——《瑜伽经》以后，主要包括了"瑜伽奥义书"、密教和诃陀瑜伽。现代瑜伽——今天的瑜伽，已经成为世界广泛传播的一项身心锻炼修习法。从印度传至欧美、亚太、非洲等等，因为它对心理的减压以及对生理的保健等作用明显而备受推崇。同时不断演变出了各种各样的瑜伽分支方法。

十八、羽毛球

（一）羽毛球运动的项目特征

羽毛球是一项隔着球网，使用长柄网状球拍，击打平口端扎有一圈羽毛的半球状软木的两人或四人的球场运动。依据参与的人数，可以分为单打与双打。相较于性质相近的网球运动，羽毛球运动对选手的体格要求并不很高，却比较讲究耐力，极适合东方人发展。

（二）羽毛球的起源与发展

羽毛球的雏形早在2000多年前就已出现。当时是一种游戏，在中国叫打手毽，在印度叫浦那，西欧等国则叫作毽子板球。14世纪末，日本出现了把樱桃插上美丽的羽毛当球，两人用木板来回对打的运动，这便是羽毛球运动的雏形。现代羽毛球运动诞生在英国。18世纪70年代，英国军人将在印度学到的浦那游戏带回国，作为茶余饭后的消遣娱乐活动。1873年，在英国格拉斯哥郡的伯明顿镇有一位叫鲍弗特的公爵，在他的领地开游园会，有几个从印度回来的退役军官就向大家介绍了一种隔网用拍子来回击打毽球的游戏，人们对此产生了很大的兴趣。这项活动极富趣味性，很快就在上层社会社交场上风行开来。"伯明顿"也随即成为英文羽毛球的名字。

1877年，英国的巴斯羽毛球俱乐部成立，并且第一本介绍羽毛球比赛规则的书在英国出版。1893年，在英国成立了世界上第一个羽毛球协会。1899年，该协会举办了第一届"全英羽毛球锦标赛"，每年举办一次，沿袭至今。20世纪初羽毛球运动流传到亚洲、美洲、大洋洲，最后传到非洲。1934年，成立了国际羽毛球联合会，1939年国际羽毛球联合会通过了各会员国共同遵守的《羽毛球竞赛规则》。20世纪20到40年代欧美国家的羽毛球运动发展很快，其中英国、丹麦、美国、加拿大的水平相当高。50年代亚洲羽毛球运动发展很快，马来西亚取得两届汤姆斯杯赛冠军。同时印度尼西亚队在技术和打法上有所创新，很快取得了霸主地位。60年代以后羽毛球运动的发展逐渐移向亚洲。1981年5月国际羽毛球联合会重新恢复了中国在国际羽联的合法席位,从此揭开了国际羽坛历史上新的一页,进入中国羽毛球选手称雄世界的辉煌时代。在1988年汉城第24届奥运会上,羽毛球被列为表演项目,1992年巴塞罗那第25届奥运会列为正式比赛项目,1996年亚特兰大第26届奥运会混双列为比赛项目。从此羽毛球运动进入新的发展时期。2006年,羽毛球新规则在试行了3个月后正式实施。至今,除了奥运会以外,羽毛球重大国际性赛事还有由国际羽联主办汤姆斯杯、尤伯杯、世界羽毛球锦标赛、苏迪曼杯、世界杯羽毛球赛、全英羽毛球锦标赛、世界羽联超级系列赛等。①

第二节 外国体育文明的中间层

一、斯巴达体育

公元前8世纪,斯巴达人以武力征服当地希洛人,建立了奴隶主寡头政治国家。当时9000户斯巴达人统治25万希洛奴隶。为了维护统治,斯巴达人实行全民皆兵,不重视文化教育,一切活动以军事为中心。斯巴达人崇尚武力精神,整个斯巴达社会等于是个管理严格的大军营。斯巴达的婴儿呱呱落地时,就抱到长老那里接受检查,如果长老认为他不健康,他就会被抛到荒山野外的弃婴场去;母亲用烈酒给婴儿洗澡,如果他抽风或失去知觉,那就证明他体质不坚强,任他死去,因为他不可能成长为良好的战士。男孩子7岁前,由双亲抚养。父母从小就注意培养他们不爱哭、不挑食、不吵闹、不怕黑暗、不怕孤独的习惯。7岁后的男孩,被编入团队过集体的军事生活。他们要求对首领绝对服从,要求增强勇气、体力和残忍性,他们练习跑步、掷铁饼、拳击、击

---

① http://baike.baidu.com/view.htm

剑和殴斗等。为了训练孩子的服从性和忍耐性,他们每年在节日敬神时都要被皮鞭鞭挞一次。他们跪在神殿前,火辣辣的皮鞭如雨点般落下,但不许求饶,不许喊叫,甚至不许出声。男孩到12岁就被编入少年队。他们的生活更严酷了,不许穿鞋,无论冬夏只穿一件外衣,睡在草编上。草编是他们不用刀,而是用手拔湖边的草亲手编成的。平时食物很少,但鼓励他们到外面偷食物吃。如果被人发现,回来要挨重打,因为他偷窃的本领不高明。满20岁后,斯巴达男青年正式成为军人。30岁成亲,但每天还要参加军事训练。60岁时退伍,但仍是预备军人。斯巴达女孩7岁仍留在家里,但她们不是整天织布做家务,而是从事体育锻炼,学习跑步、竞走、掷铁饼、搏斗等。斯巴达人认为只有身体强健的母亲,才能生下刚强的战士,而且在男子出征时担负起守卫城邦的任务。斯巴达因不重视文化教育导致其保守、落后、狭隘而最终走向衰落,但其体育教育即使在今天也有重要的借鉴价值。

二、雅典的体育教育

公元前8世纪,雅典形成奴隶制城邦。同斯巴达一样,雅典城邦也非常重视教育。早在公元前6世纪,梭伦立法中就明确规定,父亲有责任让其子女接受适当的教育,否则,子女成年后有权不赡养父亲。与斯巴达不同的是,雅典教育把体育与德育、智育、美育结合起来,培养身心和谐发展的人,并形成了比较完善的教育体系。公民子女出生后,也要进行体格检查,所不同的是,雅典儿童的体检由父亲负责进行。7岁前,儿童在家中由父母养育,体育活动主要包括掷骰子、玩球等。7岁以后,女孩继续在家中由母亲负责教育,学习纺织、缝纫等技能。男孩则此后到14岁之前开始接受智力教育,体育方面主要练习简单的体操动作,以培养正确的姿势,养成优美的举止,以后要接受较正规的体育训练,学习赛跑、跳远、投标枪、掷铁饼和摔跤等"五项运动",还要学习游泳和舞蹈。14~18岁的富家子弟可以进入国家体操馆学继续习,并参加成人的各种社会文化活动。18岁青年通过成年礼测验合格者成为公民，宣誓入伍接受两年严格的军事训练，并到边防去见习。毕业后若无战争则可以从事自己喜欢的职业。雅典女子不如斯巴达那样享有广泛的权利，只是在音乐学校接受与舞蹈相关的身体训练。

三、骑士教育中的体育

骑士教育是西欧中世纪世俗封建主的教育，目的是培养和训练具有军事征战能力、保卫封建制度的卫士。骑士教育制度是适应当时封建贵族军事征战的需要而产生的。西欧中世纪社会的封建贵族内部分许多等级，大小封建主之间把土地层层封受，骑士是最下层的封建主，通常拥有一个较小的庄园，统治着十余户农民。骑士不仅要保卫自己的庄园，还要替领主征战。他们平时以狩猎、比武为消遣，锻炼征战能力；战时则全身披挂甲胄，纵横厮杀。骑士教育是在骑士生活和社交活动中进行的，并无专门的学校。训练骑士的标准是剽悍勇猛、虔敬上帝、忠君爱国、宠媚贵妇。骑士教育的实施分三个阶段：第一阶段，从出生到7岁，为家庭教育阶段。贵族儿童在家庭中受母亲的教育，其内容为宗教教育、道德教育和身体的养护。第二阶段，7岁至14岁，为礼文教育阶段。贵族之家按其等级把儿子送入高一级贵族的官邸中充当侍童，侍奉主人和主妇，同时学习上流社会的各种礼节；有时也学习识字、吟诗、弈棋、奏乐。少数侍童学习拉丁文、法文等。在此阶段，也令侍童学习赛跑、角斗和斗拳，并进行比武训练。所谓的比武其实是一种作战的演习。有时用一模拟假人为靶，练习厮杀，有时骑上战马，以矛与长枪互相刺杀，宛如实战。第三阶段，14岁至21岁，为侍从教育阶段。学习的重点是"骑士七技"，即骑马、游泳、投枪、击剑、打猎、弈棋和吟诗。同时，要侍奉领主和主妇，饲养战马，擦拭武器。骑士出阵或比武时，为之呐喊助阵。骑士临危时，为之助力脱险。在这一阶段末，未来的骑士可选择一年龄稍长的妇女，一起吟诗跳舞，不论婚否，都要诚心相爱。21岁时，举行授职典礼。正式宣布授予骑士称号。骑士教育同样不重视文化学习，但对身体的锻炼和培养人的竞争意识具有一定的积极作用。①

第三节 外国体育文明的里层

一、亚里士多德的体育思想

亚里士多德是古希腊最著名的哲学家之一，其哲学思想中蕴含着丰富的体育思想，具体包含德性健康观、获得健康的途径、运动训练原则等方面。

首先，亚里士多德认为，健康指身心和谐的状态，只有健全的灵魂统治着健全的身体，健康才能达到"善"的境地，这才是人类健康的最佳状态。此外，亚里士多德还主张，只有符合自然的东西才是"善"的，才是达到了它的"最佳状态"，所以人的健康要符合自然规律。亚里士多德认为生命与健康是同时出现的，并对如何获得身体健康做了论述，提出健康的体质、实物和锻炼是获得健康的条件。其次，亚里士多德认为体育是以促进人类健康为目的的教育活动，强调教育中身体锻炼的重要性，从而确立了体育在教育活动中的重要地位。亚里士多德认为，灵魂和身体是人不同的两个部分，身体的成熟先于灵魂，并提出只有按照人的自然生物性特点来进行教育，才能培养出身体健康、灵魂高尚、具有完美德性的人。同时，亚里士多德是人类历史上第一位提出将体育学作为一门单独学科的思想家，他不仅提出了体育学科的基本概念，而且对具体的训练原则进行了系统的论述，提出四个方面的训练原则，即适度原则、区别对待原则、个性化训练原则、循序渐进原则。

---

① 全国体育学院教材委员会：《体育史》，人民体育出版社2000年版，第13~22页。

二、文艺复兴中的体育思想

文艺复兴是指发生在 14 世纪中期至 16 世纪末的文化运动，发源于意大利，后扩展至西欧各国。文艺复兴运动使人们从传统的封建神学的束缚中慢慢解放出来，开始从宗教外衣之下慢慢探索人的价值，并充分肯定了人的价值，重视人性，这成为人们冲破中世纪的层层纱幕的有力号召。文艺复兴运动对当时的政治、科学、经济、哲学、神学世界观都产生了极大影响，是新兴资产阶级在意识形态领域里的一场革命风暴。

文艺复兴运动痛斥禁欲主义违反人性，强调人是一种自然存在，其身心发展的一切需要都应得到满足；意大利人文主义者瓦拉提出灵肉一致的观点，强调肉体生活的价值并不亚于灵魂得救；人体裸露不再被当作邪恶，突出歌颂人体的均衡发展和健康美。达·芬奇从人体解剖学的角度探讨人体的均衡和比例……所有这些有关身体和精神的关系，以及注意人体均衡、协调发展的思想认识，为现代体育观念的产生创造了前提条件。

文艺复兴时期的人文主义者还对古希腊、古罗马的文化进行整理和研究，将古代思想与当时市民和资产阶级的生活情趣相结合，促进了现代体育思想的萌生。同时，文艺复兴运动还在倡导人的意志自由和个性解放中认识到体育对促进人的身心全面发展的作用，提出包括体育在内的"通才教育"。

三、宗教改革中的体育思想

宗教改革是 16 世纪西欧的一次大规模的社会政治运动，以德国神学教授马丁·路德为代表。宗教改革运动促进了许多主张改革的基督教派出现，这些教派统称为"新教"。新教对教育和体育都有自己的认识和见解，号召基督教徒保持身体健壮，主张把体育作为教育的固定课程。宗教改革确立了人的崇高地位，肯定了人体和人的生活的合理性，为对人和人体的研究奠定了基础。

四、洛克的绅士体育思想

约翰·洛克是英国著名的唯物主义哲学家、政治家和教育家。洛克于1693年发表《教育漫话》，描绘了英国绅士教育的蓝图，提出应进行德智体多方面的教育，而且体教教育被放在教育的首位。洛克绅士体育的具体思想内容主要包括两个方面：身体健康教育和精神健康教育。

在身体健康教育方面，由于洛克具有较深的医学造诣，因此他所倡导的身体健康教育在内容上更具科学性。具体而言，洛克认为身体健康教育的内容应该包括运动、衣着、饮食、睡眠、用药等多个方面，而决非仅仅是单纯的身体锻炼。具体内容如下：第一，多做户外运动，不要娇生惯养。第二，合理而科学的饮食是人身体健康的基础。第三，睡眠能增进儿童的生长与健康，应让儿童有充足的睡眠，并养成早睡早起、睡醒即起的良好习惯。第四，要谨慎用药，要最大限度地激发儿童自身对疾病的抵抗力和预防能力。

在精神健康教育方面，洛克与其他教育家的体育思想不同，他将体育纳入到健康教育的范畴之内，从而形成了一种"大体育观"，即体育不仅仅是身体的锻炼、体质的增强，还包括精神层面的健全。而精神健康，按照洛克的理解，应该包括美德和智力两个方面，其中美德是精神健康的内在灵魂，智力则是精神健康的重要外在表现。这样一来，借助精神健康这一主轴，洛克将体育和德育、智育紧密结合在一起，使三者成为"绅士教育"的主体。

五、古茨穆茨的体育课程体系思想

古茨穆茨是德国体育先驱、近代体育的倡导者，被称为"近代体育之父",他出版了《青年体操》《游戏》等著作。古茨穆茨在教学中采取了按学生年龄和能力分组教学的教学组织形式,以及小团体循环练习的教学方式,从而使学校体育初步具备了课程形式。古茨穆茨还使体育方法体系化,对博爱学校的体育方法进行分类,使之便于教学。古茨穆茨是指出劳动和体操异同的历史第一人,他认为体操具有两个特殊功能:一是满足人的身体需要,二是通过练习能使人体完美,从事体操的人可以获得身心和谐和护身的技能。关于体操的内容,古茨穆茨搜集了古代希腊、罗马、德意志的运动项目和民间游戏,并将其应用于体操实践中。他指出体育方法的分类是按运动的目的、性质、解剖学和运动类型四个原则进行的,而其中最有益于教学的是按运动类型分类。古茨穆茨将体操教材分为三类:以身体形式为目的的活动,即基本运动、手工劳动和青少年游戏。

古茨穆茨构建了较完整的体育课程体系,对与体育教学有关的几乎所有问题都进行了卓有成效的研究,为德国、瑞典、丹麦等国家的不同体操体系奠定了基础,也为体育的平民化创造了条件。

六、卢梭的自然体育思想

卢梭是法国18世纪著名的启蒙思想家和教育家,他的著作涉及许多领域,最著名的要数《爱弥尔》。《爱弥尔》通过对主人公爱弥尔的教育,猛烈抨击教会,反对封建教育方式,较为系统地阐述了其"自然教育观"。该思想的核心是强调对儿童进行教育时,要顺应自然,顺应人的本性,顺乎自然,归于自然来进行教育,根本目的在于培养所谓的自然人。卢梭的自然教育思想对后来的资产阶级教育产生了巨大的影响,卢梭被誉为"自然体育的奠基人"。

卢梭的这种自然教育观是自然体育思想的理论基石,他的自然体育思想主要表现在以下几个方面。第一,体育教育是一切教育的前提。在卢梭看来,人的教育"或受之于自然,或受之于人,或受之于事物"。

他把才能和器官的内在发展教育,叫作自然教育;别人教我们如何利用这种发展称为人的教育;通过影响我们的事物而获得良好的经验,这种经验叫作事物的教育。他特别指出,只有"人的教育"可以进行控制,这种教育能促进人的全面发展,这种教育当中,体育凸显了其重要的地位和价值。第二,体育教育的首要任务是使受教育者的身体获得自然的发展,强调运用自然手段使受教育者自然发展、强身健体。卢梭认为对儿童进行身体教育,必须遵循自然的要求,顺应儿童自身的生长规律以及生理和心理特点。他提倡的体育主要包括身体的护养和锻炼,护养方面的任务是使儿童的身体获得自然的发展,多给孩子们以真正的自由,不限制儿童好动的天性,解除一切身体上的桎梏,要求衣服宽松,而且衣服不要穿得过于多和过于紧,让他的四肢能够自由;在锻炼方面,卢梭的方法是以身体练习为基础的体育运动和利用自然力进行的锻炼,到生活中磨炼自己。通过各种方式进行体格上的锻炼,能够生活在一切环境中,同各种困难做斗争,通过种种考验,孩子便获得了内在的隐形战斗力量,在某一时刻运用自己生命的力量时,生命的本原力量就凸显作用,卢梭把这些称为自然的法则。第三,阶段性教育思想。卢梭提出人的一生的成长分为婴儿期、童年期、少年期和青年期,每一个阶段都有自身的生理和心理特点,作为教师要悉心研究每一个时期的阶段性特征,发现其体育发展的关键期和敏感期,使学生在无形之中按老师的训练或者锻炼思路在体育方面获得自然均衡的发展。[1]

---

[1] 谭华:《体育史》,高等教育出版社2005年版,第127~186页。

第七章

奥林匹克运动

奥林匹克运动是在奥林匹克主义指导下,以体育运动和四年一度的奥林匹克庆典为主要活动内容,促进人的生理、心理和社会道德全面发展,加强各国人民之间的沟通,在全世界普及奥林匹克主义,维护世界和平的国际社会运动。奥林匹克运动包括以奥林匹克主义为核心的思想体系,以国际奥委会、国际体育联合会和各国或地区奥委会三大支柱为骨干组织结构体系和以奥运会为周期性高潮的活动内容体系。奥林匹克运动会,简称奥运会,是国际奥林匹克委员会主办的包含多种体育运动项目的国际性运动会,每四年举行一次。奥林匹克运动会起源于古希腊,因举办地在奥林匹亚而得名。奥林匹克运动会现在已经成为和平与友谊的象征,它是一种融体育、教育、文化为一体的综合性、持续性、世界性的活动,也是一种文化的传播体现,这样的传播在奥运会中能得到充分的展示。

第一节 古代奥林匹克运动概况

一、古代奥运会的起源

关于古代奥运会的起源,解说众多,概括起来,主要有三种:一是根据古希腊神话，二是依据文献资料荷马史诗，三是借助考古发现和学术研究。目前学术界判断奥运会的起源一般是参照荷马史诗《伊利亚特》。约公元前 12 世纪末，居住在希腊北部的多利安人向南迁徙到伯罗奔尼撒半岛。到公元前 9 世纪，逐步形成了许多城邦国家。这段时间被称为荷马时代，荷马史诗《伊利亚特》中有这样的记录：希腊将领帕特洛克罗斯在攻打特洛伊城时战死，其好友阿喀琉斯为他举行了葬礼，同时伴有体育竞赛，主要竞技项目有战车赛、站立式摔跤、拳斗、赛跑、标枪、掷铁块、格斗、射箭等。在荷马史诗《奥德赛》中则有主人公奥德赛宴饮时参加竞技的描述。由此可以推断，在荷马时代甚至以前，体育竞技活动已经存在，它们或是作为葬礼的组成部分，或是作为宴饮的伴随活动。这些项目虽然带有浓厚的原始性质，没有专门的场地、内容不统一等，但为后来的古代奥运会赛项的设置奠定了良好的基础。根据荷马史诗和其他一些史料来看，最早有文字记录的奥运会出现在公元前 776 年，当时称为"奥林匹亚竞技会"，到公元 394 年止，历经 1168 年，共举行了 293 届。

奥林匹亚竞技会在夏至（6 月 22 日）后第一个满月日开幕，会期最初只有一天，到了公元前 472 年确定为 5 天。会前，由埃利斯城邦选派 3 名纯希腊血统的使者，在宙斯神殿前举行宗教仪式，点燃圣火，然后分赴各地通知竞技会的日期和注意事项。作为一种人与神之间的交流平台，赛会的头一天先要在赫拉神庙和珀罗普斯墓东西的宙斯大祭坛向宙斯举行隆重的祭祀典礼。之后，运动员和裁判员在市政大厅的宙斯像前举行宣誓仪式。随后，各项比赛就在宙斯神庙前的草地上举行。其后的每天都要举行各种不同的仪式，参加者只有成年男子，连少年都被排斥在外。除了宗教因素外，古代奥运会的起源也和战争不无关系。公元前 9 世纪至公元前 8 世纪，希腊氏族社会逐步瓦解，城邦制的奴隶社会逐渐形成，建立了 200 多个城邦。城邦各自为政，无统一君主，彼此间战争不断。战争需要士兵，士兵需要强壮身体，而体育是培养能征善战士兵的有力手段，战争促进了希腊体育运动的开展。古代奥运会的比赛项目也常带有明显的军事烙印。

二、古代奥运会的竞技项目

在长达 1000 多年的古奥运会发展史上，竞赛项目的设置一直处于不断变化之中。古代奥林匹克运动会的竞技项目主要是田径，后来逐渐增加了摔跤、五项全能、拳击、赛马、角斗、战车赛以及武装赛跑等等，最多时达 23 项。大多数比赛项目为现代运动项目的原始雏形，比赛规则简单，任意性很大，一些项目如角斗在现代运动中已经绝迹。

场地赛跑是古代奥运会最早设立的竞赛项目，也是从第一届到第 13 届运动会上的唯一竞赛项目。当时赛跑的距离是 192.27 米，这正好是运动场的长度。后来有了中跑和长跑，距离也都是 192.27 米倍数。当时跑道无分道标志，起跑姿势也是千姿百态，比赛不计时间，只比先后。在奥林匹亚阿尔菲斯河岸的岩壁上保留着古希腊人的一段格言："如果你想聪明，跑步吧！如果你想强壮，跑步吧！如果你想健康，跑步吧！"大概这就是"田径是竞技体育之母"的由来。

当时的五项全能运动，与现代田径全能运动的比赛方法大不相同。例如，古代五项全能比赛有笛子伴奏，铁饼实为石饼，标枪为当时的实用武器。前 4 项在竞技场内进行，摔跤则在神庙旁进行。摔跤参赛者必须是前 4 项的优胜者，摔跤必须获得第一名才能成为五项全能运动的冠军。斯巴达人一直在这个项目上占优势，几乎包揽了历届的冠军。

角斗是古希腊盛行的一种拳击和摔跤相结合的体育竞技项目，比赛十分激烈，吸引了众多观众。城邦经济文化的繁荣和彼此间的复杂竞争，促进了古希腊体育的繁荣，很多项目都成为古希腊人最常见的运动形式，且大多与军事技术和军事训练有关。斯巴达和雅典先后成为繁荣时期希腊体育的代表。

三、古代奥运会的参赛运动员及其奖励

当时参加比赛的运动员来自希腊城邦的各个地方，东到今土耳其的黑海地区，西至今西班牙的伊比里亚。古代奥运会对运动员资格审查极为严格，只有希腊血统的自由民才能参赛，而奴隶、外国人、犯过罪的人、对神不虔诚的人都不能参加，这也充分体现了古代奥运会与宗教的紧密关系。不过，真正有资格参加奥运会的选手还必须是自己城邦预选赛中的获胜者。比赛过程中，运动员必须赤身裸体。这也是古希腊体育竞技的一大特色，表现出其独特的民族风尚和艺术风格，同时也显示出古希腊人对神的崇敬以及对美和力量的崇尚。

妇女不但无参赛资格而且不允许观看，这主要是由于当时的体育竞技活动是宗教庆典仪式的内容之一，妇女参加或出席会被认为有渎神灵，是对神的不敬；而且大部分竞赛项目时间长并且选手赤身比赛，妇女观看有伤风化。

古代奥运会各项比赛只取第一名，优胜者被视为英雄，享有极高的荣誉。古代奥运会的发奖仪式场面宏阔、热烈、壮观，其规模即使用现在的眼光看，也足以令人感叹。授奖台设在天神宙斯像前，因为在当时，一个奥运会的优胜者被认为是被神圣之灵所触摸过的人，所以优胜者被奖以野橄榄叶编成的桂冠——古代奥运会的至高奖品，获得它是最高的荣誉。而这些橄榄叶是在宙斯神庙附近的荒地里采摘的，所以被认为沾有圣灵。优胜者回到自己的城邦时，人们夹道欢迎英雄凯旋，并择日举行欢庆宴会，授予奖赏。最初的奖赏偏重于荣誉，但后来逐渐发展成优厚的物质奖赏并予以某种特权。

四、古代奥运会的消亡

公元前776年至前388年，是古代奥运会的黄金时期。公元前388

年至前146年是古代奥运会开始衰落的时期。由于斯巴达和雅典的伯罗奔尼撒战争（公元前431年至前404年）造成希腊国力大减，马其顿趁机逐渐吞并了希腊。随后，亚力山大大帝虽自己不喜爱体育活动，仍积极支持，并视奥运会为古希腊的最高体育活动，为其增添设施。不过这一时期古代奥运会精神已大为减色，并由于职业运动员的出现而使奥运会世俗化，都造成了人们对奥运会的兴趣逐渐减退。

公元前146年至公元394年，古代奥运会由衰落走向消亡。公元前146年，罗马人征服了希腊，将其变为一个行省。罗马帝国统治希腊后，起初虽仍举行运动会，但奥林匹亚已不是唯一竞赛地了，而且罗马统治者随心所欲地安排运动会并篡改比赛规则，大量只对金钱和享乐感兴趣的职业运动员充斥奥运会赛场上，古代奥运会存在和发展的条件与基础进一步被破坏。公元392年，基督教被立为罗马帝国的国教。由于奥运会所代表的异教性质以及腐败的比赛风气与主张禁欲主义的基督教教义格格不入，罗马皇帝狄奥多西斯一世遂以奥运会有违基督教教旨而于次年（公元393年）正式宣布废止奥运会。燃烧了千年之久的奥运圣火从此熄灭于漫漫历史黑夜之中，直到近代（19世纪90年代）法国人顾拜旦建议重新恢复"奥运会"，这一名词才以"现代奥运会"的形式重新走进了历史，奥运精神也被现代人发扬光大。[1]

五、古代奥运会的历史遗产

古代奥运会给人类留下了宝贵的文化财富，对人类社会的发展，特别是世界体育的发展产生了广泛而深远的影响，主要表现在以下三个方面。

（一）确立了奥林匹克价值观念

（1）提出并坚持和谐发展的身体观。古代奥运会提倡的不仅仅是

---

[1] 朱亚林等：《古代奥运会的起源、发展及消亡研究》，载《岱宗学刊》，2005年第3期，第127~128页。

强壮的身体、超群的技艺，更注重健美优雅的身体形态和良好的道德风尚。这是因为古希腊人认为美与善密不可分，对人体健美的追求，在一定程度上也反映了对人的内心美好世界的追求。这种观念在教育制度中形成，反过来又促进古希腊教育制度的成熟和完善。灵肉和谐的身体观，对文艺复兴和启蒙运动产生了深刻的影响，并为后世的体育家所借鉴和仿效。

（2）提出了以竞技比赛促进和平与友谊、强化社会凝聚力的思想。在战乱纷争不断的古希腊，人们渴望和平与友谊，并尝试以各种方式实现这种愿望。聪明的希腊人找到了带有宗教祭祀性质的竞技运动比赛来强化城邦之间的联系，并设计出切实可行的如"奥林匹克神圣休战"等措施使竞技运动成为服务于人类和平的有力工具。古代奥运会促进了社会的和平与发展，使人们能够自由地交往、经商和旅行，不仅给当时的社会生活带来了生机，而且为现代奥运会的产生和发展树立了榜样。

（3）倡导公平竞争的社会伦理。古代奥运会创造了一整套公平竞争的方法和原则，使参赛选手能在平等的条件下进行比赛。公平竞争不仅是竞技运动赖以生存的基础，而且是一个社会能够健康发展的基本条件。对公平竞争精神的提倡，不仅保证了奥运会的发展和延续，而且也促进了古希腊社会的文明与进步。

（4）弘扬拼搏奋进的精神。古代奥运会是人们展示自我、表现自我的一种形式。奥运会竞赛制度继承了荷马时期形成的拼搏奋进的竞技精神，选手在奥运会上比赛，就是要战胜别人。古代奥运会只奖励第一名，只有冠军才享有胜利者的荣誉，从而强化了人们善于斗争、敢于胜利的拼搏精神，并将这种好胜精神渗透进古希腊社会生活的各方面，成为社会进步的重要动力。

（二）开创了综合性竞技运动比赛模式

古奥运会是具有多种社会功能的大型综合性运动盛会，是竞技运动与宗教、政治、经济、文化艺术等相结合的一次成功的尝试。在其发展过程中，对与竞技运动赛事组织相关的一系列重大问题进行了全面而深入的探索，总结出了一整套行之有效的办法，形成有章可循的操作模式。古奥运会的运行模式对后来体育运动的发展产生了重要的影响。

（三）为体育理论和实践留下了宝贵财富

以体育运动为核心内容的古奥运会的举办过程，也是古希腊人对体育理论和实践不断探索的过程。奥运会涉及与体育有关的各个方面，如对体育功能的认识、德智体美的关系，以及与运动训练和比赛有关的生物学、营养学、心理学及体育道德等诸方面的问题。1000多年的古奥运会实践，在体育领域积累了丰富的经验，为世界留下了宝贵的财富。

第二节　现代奥林匹克运动的产生与发展

一、顾拜旦与现代奥林匹克运动的诞生

现代奥林匹克运动兴起于欧洲资本主义工业化时代。它以坚实的社会经济、政治、文化基础为依托，顺应了社会发展的需要和体育发展的潮流，是人类社会进入工业文明后开始的一项伟大的社会实践。

法国教育家顾拜旦是公认的现代奥林匹克创始人，他为现代奥林匹克运动的诞生和发展作出了卓越贡献。1888年，顾拜旦就任法国学校教育、体育训练筹备委员会秘书长。1889年顾拜旦代表法国参加在美国波士顿举行的国际体育训练大会，进一步了解世界体育的动态，他认为近代体育的发展正在走向国际化，应该借助古希腊体育的经验和传统影响来推进国际体育，于是产生了复兴奥运会的想法。为了实现这一想法，顾拜旦做了大量的工作。

1891年，顾拜旦创办《评论体育》杂志，以此为阵地热情宣传他的主张，对创办奥运会起了积极的推动作用。1892年，顾拜旦遍访欧洲，宣传奥林匹克理想。同年11月25日在庆祝法国体育运动协会联合

会成立5周年大会上，他发表了著名的演说，第一次公开和正式地提出创办现代奥运会的倡议。在演说中，顾拜旦阐明：现代奥运会应该像古代奥运会那样，以团结、和平和友谊为宗旨，但应该比古代奥运会有所发展和有所创新，它应该向一切国家、一切地区和一切民族开放，并在世界各地轮流举办。顾拜旦的倡议，使现代奥运会从一开始便冲破民族和国家的界限，具有鲜明的国际性。1893年，顾拜旦在巴黎召开一次国际性体育协调会议，团结国际体育人士，讨论创办奥运会的问题。第二年，他将自己的倡议写成公开信，寄给许多国家的体育俱乐部，得到不少体育俱乐部的支持。

在国际各种因素的促进和顾拜旦的不懈努力下，创办奥运会的各种准备工作就绪。1894年6月16日至24日，根据顾拜旦的建议，来自美国、英国、俄国、瑞士、西班牙、意大利、比利时、荷兰和希腊等12个国家的49个体育组织的代表，参加了在巴黎索邦神学院举行的国际体育运动代表大会。会议期间，又先后有21个国家致函，向大会表示支持和祝贺。这次会议通过了成立国际奥委会的决议，并从79名正式代表中选出15人任第一届国际奥委会委员。大会还决定由奥运会举办国的国际奥委会委员担任国际奥委会主席。由于首届奥运会定于1896年在希腊首都雅典举行，因此希腊委员维凯拉斯当选国际奥委会第一任主席，顾拜旦为秘书长。大会规定每4年举行一次奥运会，通过了遵循"业余运动"的决议。大会还规定奥运会的比赛项目为田径、水上运动、游泳、赛艇、帆船、击剑、摔跤、拳击、马术、射击、体操、球类运动等。

1896年4月，第一届现代奥运会终于如期在雅典举行。虽然组织很不完善，但它却是奥林匹克运动正式诞生的重要标志，具有继往开来的意义。奥林匹克运动终于登上历史舞台，揭开了人类文明史上又一页新的篇章。

二、现代奥林匹克运动的发展与展望

（一）艰难的探索（1896~1944）

现代奥林匹克运动以4年一届的奥运会为主要内容。作为大型综合性国际运动会，奥运会让体育运动服务于各国人民，服务于世界和平，这种做法在19世纪末遇到的困难是今天的人们难以想象的。工业革命在给社会带来巨大进步的同时，也将民族矛盾激化到前所未有的程度。

在思想方面，由于各自小天地的长期束缚，人们还难以理解奥林匹克思想，对接受奥运会这种国际性的文化还缺乏必要的思想准备。

在体育方面，正在发育的现代竞技运动与体操运动尖锐对立，体育界四分五裂，门户之见根深蒂固，派别之争频频出现，举办世界性的大型综合运动会既无先例，也缺乏经验；尚不发达的交通、通信条件远不能满足奥运会的需要。就奥林匹克运动本身而言，新生的国际奥委会本身还不成熟，除体操、滑冰和赛艇外，其他运动项目尚无国际组织，国家奥委会尚不存在。

在这种情况下，早期奥运会存在诸多缺陷。第一，奥运会设项不稳，每届项目有所不同，主办者可临时增减项目（如首届奥运会的赛艇和帆船比赛，因天气不好而取消，临时增加了一项100米自由泳比赛），项目内容重复（第二届奥运会体操个人全能由双杠、单杠、吊环、鞍马、跳马、自由体操、跳远、跳高与跳远综合跳、撑竿跳、爬绳、50公斤举重等项目组成）。第二，运动场地缺乏统一标准，不仅跑道长度不同，有333.33米（1896年奥运会）、500米（1900年奥运会）、536.45米（1904年和1908年奥运会）、383米（1912年奥运会）几种，而且场地的设计也不统一，如首届奥运会采用U形跑道，第二届奥运会使用草地赛场。最初的游泳比赛在天然水域内进行。第三，比赛缺乏必要的规范，如马拉松比赛的距离每届都不相同，举重和摔跤无体重分级和时间限制，度量体系混乱，时而英制，时而公制；组织者可擅自临时改变比赛日程；裁判多由举办国人员担任，执法难以公正；各项目运动员参赛资格不一致，奥运村尚未建立，运动员住宿地分散而混乱。奥运会也没有固定期限，短则10天，长则五六个月。第四，经费紧缺。首届奥运会因为资金短缺，几至半途而废。紧接着连续3届奥运会因资金问题，不得不与商业博览会联合，成为博览会的陪衬。

1908年伦敦奥运会是奥运发展史上的一个重要里程碑，出现了脍炙人口、强调参与的奥林匹克名言："重要的不是取胜，而是参与。"英国是当时世界上竞技运动组织化程度最高的国家。主办这届奥运会的英国奥林匹克理事会由国际奥委会的英国委员和英国各单项体育协会的代表组成。这种人员结构，为其他国家奥委会的构成提供了范例。这届奥运会各项比赛的技术性工作，从制定赛制、编排赛程到选派裁判、组织比赛均由各单项体育协会负责，规范化程度大大提高。这为后来由各国际单项体育联合会管理奥运会技术工作奠定了基础。至此，奥林匹克"三大支柱"的组织结构已现雏形，各自职责相对明确，从而确定了奥林匹克组织体系的基本框架。在这一阶段即将结束时，第五届奥运会于1912年在斯德哥尔摩举行，其参赛成员国的数量比第一届翻了一番，运动员人数增长了75倍。现代奥林匹克运动巩固了自己的阵地。

这一时期，奥林匹克组织发展迅速，国家奥委会成员数量从第一次世界大战前的29个增至60个，国际单项体育联合会达到24个。1926年国际奥委会建立了由各国际单项体育联合会代表组成的技术委员会。此后，国际奥委会逐渐摆脱技术性事务，开始更多地关注领导、协调、决策等更高层次的工作。奥林匹克运动终于形成了三大支柱互相配合的组织体系。

1920年出现的奥林匹克格言"更快、更高、更强"，是这一时期奥林匹克思想的重要进展，它与"重在参与"相辅相成，鼓励人们以积极进取的精神参与到奥林匹克运动中来。

奥运会与科学技术的相互结合也取得重要进展，在工程建筑、电子设备和通信中大量采用了当时最先进的技术，如1932年采用双镜头照相机进行终点摄影，第一次在奥运会上非正式使用电动计时和终点摄影仪，运动会场设置大屏幕记分牌，出现自动打印机网络等。从1936年柏林奥运会开始，组委会采用电影这一形式对奥运会进行完整的记录。首次奥运闭路电视转播也在此时开始。

这一时期存在的主要问题是运动员业余身份所引起的冲突，许多运动员因此而受到处罚，如曾3次参加奥运会、获得9枚奖牌、被记者称为"超人"的著名芬兰长跑选手努尔米因接受补贴，被视为"职业运动员"，无缘参加1932年的奥运会。此外，随着奥运会影响的扩大，一些政治势力将其作为政治工具的意图日益暴露，这在1936年由希特勒统治下的纳粹德国所举办的冬、夏两届奥运会中表现得尤为突出。

（二）发展与危机（1945~1980）

第二次世界大战是人类历史上规模空前的战争，全世界有60多个国家和地区逾20亿人口先后卷入。1940年和1944年两届奥运会被迫取消。"二战"之后出现了复杂多变的国际局势，如两大阵营的对抗、冷战格局的形成、亚非拉民族解放运动的风起云涌等。世界的新格局既促进了奥林匹克运动的发展，也给它设置了重重障碍。

战后，奥林匹克运动出现了一系列新变化。奥运会规模扩大，项目剧增。战争结束后的1948年奥运会有来自59个国家奥委会的4062名运动员参加136个项目的比赛，1972年时则有121个国家奥委会派出7121名运动员，参加195个项目的比赛。冬季奥运会参赛运动员数目也由1948年的28个成员国的369人增加到1972年的35个成员国1006人。在奥运会规模扩大的同时，竞技运动的水平快速提高，出现了体操运动员科马内奇，田径运动员摩西、比蒙等一批超级明星和8.90米这样令人难以置信的跳远纪录。1960年埃塞俄比亚的阿贝贝赤足获得马拉松比赛冠军，标志着发展中国家开始在奥运体坛显示力量。奥运会举办地也不再局限于欧洲和美洲。1956年和1964年分别在大洋洲澳大利亚的墨尔本和亚洲日本的东京举办了第16和第18届奥运会。

这一时期最引人注目的一件大事，是1979年中华人民共和国恢复了在奥林匹克运动中的合法席位，这不仅为中国体育提供了一个广阔的国际舞台，促进了中国体育和社会的发展，而且对奥林匹克运动也产生了极其重要的促进作用。

奥林匹克运动的迅速发展也引发了一系列新的问题，主要表现在以下几方面：第一，政治格局的变化对奥运会的影响。1952年赫尔辛基奥运会以来，政治对奥运会的影响步入一个新的阶段。社会主义与资本主义政治体系的冲突、种族主义与反种族主义的斗争、各种意识形态的对立等，都对奥运会产生深刻影响。与此同时，恐怖主义分子出于政治目的，开始将奥运会作为自己的攻击目标，1972年慕尼黑奥运会即为一例。出于政治原因而对奥运会实行的抵制连续不断，规模越来越大。第二，竞技运动商业化和运动员职业化的进程开始加快。60年代中期以来，奥运会作为一种文化商品的趋势已露端倪，国际奥委会的"业余"禁条屡被触动，奥运会与经济相结合的势头强劲，防不胜防。奥运会比赛中欺骗行为有所抬头。首先，违禁药品的滥用日益严重，1960年罗马奥运会出现奥运史上第一例运动员因服用兴奋剂而丧生的事故，兴奋剂问题开始引起人们的注意。其次，在女子项目的比赛中出现了有男性特征的运动员，运动员的性别问题也成为人们关注的对象。第三，奥运会出现经济危机。随着奥运会的膨胀，举办奥运会所需要的人、财、物等各种资源的投入急剧增加，而旧有的筹资方式远不能满足举办奥运会的需要，再加上举办奥运会对当地居民生活环境的影响，一些居民反对在自己的城市举办奥运会，如美国的丹佛市就因此而不得不将已经得到的1972年冬季奥运会举办权交回，由国际奥委会另选城市。1976年蒙特利尔因举办奥运会而债台高筑。到70年代后期，愿意举办奥运会的城市只剩下洛杉矶一个。当时的国际奥委会对"二战"后社会的深刻变化和60年代以来奥运会社会化、大型化、综合化的新趋势缺乏认识，坚持多年来形成的封闭格局，拒绝与其他国际组织和政府机构打交道，坚拒商业于奥运之外，从而使奥林匹克运动严重脱离社会。国际奥委会的保守与僵化加剧了它与国际单项体育联合会和国家奥委会的矛盾，为了集聚各自的力量，国际单项体育联合会于1967年成立了国际单项体育联合会总会，各个国家的国家奥委会也于1979年成立了国家奥委会协会。

奥林匹克三大支柱的合作关系出现了危险的裂痕，它们共议大事、互相沟通的奥林匹克代表大会也已自1930年起就处于休眠状态。此外，尽管"二战"后大批新获独立的第三世界国家加入奥林匹克运动，但在布伦戴奇任国际奥委会主席的20年间仅增加了6名国际奥委会委员，发展中国家的呼声受到忽视。于是，自60年代后期以来，国际奥委会内外交困，风雨飘摇，其全部资产到1972年只剩下区区200万美元。奥林匹克运动积蓄已久的各种矛盾发展到了非解决不可的程度。旧的模式已无能为力，而新的模式、新的运行机制尚未建立起来。1972年，爱尔兰人基拉宁接替布伦戴奇，出任国际奥委会第六任主席，拉开了改革的序幕。

基拉宁任职的8年是奥林匹克运动变封闭为开放的过渡阶段，国际奥委会开始重新审视奥林匹克运动与社会的关系。19世纪形成的业余原则和奥林匹克运动可独立于政治之外的观点对人们思想所形成的禁锢开始松动。尽管这8年奥林匹克运动的改革进程是缓慢的，却为下一阶段萨马兰奇大刀阔斧的改革做了必要的准备。

（三）改革与创新（1980～2000）

1980年西班牙人萨马兰奇接替基拉宁，出任国际奥委会主席。萨马兰奇审时度势，开始了全面的改革。这场改革的核心内容是变封闭为开放，使奥林匹克运动跟上社会前进的步伐。国际奥委会一反过去视商业化为洪水猛兽的陈腐观点，充分肯定它对体育运动的积极作用，大胆引进市场经济的机制，积极而有控制地对奥运会进行多种商业开发，给奥林匹克运动建立了一个坚实的经济基础。

1984年洛杉矶奥运会的组委会对举办奥运会的经济运作机制进行了大胆改革，变沉重的包袱为可观的经济效益。国际奥委会敏锐地觉察到这一事件的重大意义，对洛杉矶的经验进行认真总结，设计出一整套规范而有效的经营奥运会的做法，如"奥林匹克计划"（TOP 计划）等，从而为奥林匹克运动提供了坚实的物质基础。1992 年国际奥委会已拥有；资产 125 亿美元，1993～1996 年整个奥林匹克运动从商业开发中获得 23 亿～25 亿美元的总收入。国际奥运会本着取之于奥运、用之于奥运的原则，通过奥林匹克团结基金组织，对整个奥林匹克运动，特别是发展中国家的奥林匹克运动给予积极的援助。

肯定商业化的积极意义的一个直接结果就是废除了参赛者业余身份的限制。业余原则从一开始就有其不可操作性，它不仅与奥林匹克运动的宗旨相矛盾，而且也不符合现代竞技运动发展的现实。由于竞技运动水平的迅速提高，运动员必须投入大量的时间和精力。在高水平的竞技运动中，纯粹的业余运动员不复存在。各国或明或暗给奥运选手以经济补贴成为公开的秘密。在这种情况下继续坚持 19 世纪末期的业余主义，必将严重地阻碍奥林匹克运动的发展。80 年代的改革彻底取消了这一限制，宣布奥运会向世界上一切最优秀的运动员开放，这就保证了奥运会的比赛具有最高的竞争水平和观赏价值。

国际奥委会以现实主义的态度承认体育运动不可能独立于政治之外，这一思想解放，使国际奥委会不再在多变的国际政治局势中奉行被动的"鸵鸟政策"，而是采取主动出击的姿态，同政府与非政府的组织建立广泛的联系，为奥林匹克运动和国际体育的利益，积极灵活地斡旋于国际的风云变幻中。商业化给奥林匹克运动奠定了经济基础，增强了国际奥委会政治上的独立性。

与此同时，国际奥委会对奥林匹克运动的组织制度也进行了一系列革新。萨马兰奇改组了国际奥委会的内部机构，使之适应现代化管理的要求。萨马兰奇将自己的工作地点迁往洛桑，成为顾拜旦之后，常驻总部的国际奥委会专职主席。萨马兰奇改革了国际奥委会总部的行政机构，使之有良好的办事效率，调整并充实了国际奥委会的专门委员会，使国际奥委会在处理各种专业性很强的问题时能够及时咨询各方面的专家。

国际奥委会有意识地在发展中国家吸收委员，并在1981年开始有了妇女委员，使国际奥委会的人员结构得到改善，妇女在奥林匹克事务管理决策层的地位得到认可。

奥林匹克运动在法治的道路上也迈进了一大步。首先，国际奥委会在1981年得到瑞士联邦议会的正式承认，成为具有法人资格的国际组织，从而结束了其长达87年的"法律真空"的身份。其次，独立的国际体育仲裁法庭于1983年建立，使国际体育中的冲突能够得到公正合理的处理。自1981年开始，一系列奥林匹克的相关组织相继问世，如各大洲的奥委会协会（非洲国家奥协、泛美体育组织、亚奥理事会、欧洲国家奥协、大洋洲国家奥协）及奥运冬季和夏季项目联合会，各方面的利益得到协调，奥林匹克运动三大支柱之间重新出现了同舟共济的局面。也是在这一时期，国际奥委会开始积极与各种官方与非官方国际组织，如联合国教科文组织、世界卫生组织、联合国儿童基金会、国际环境保护组织等密切合作，并寻求各国政府体育部门对奥林匹克运动的支持。

国际奥委会与各国政府合作开展的反兴奋剂斗争等活动取得了很大成效。奥林匹克运动的内外环境得到根本改观。同时，国际奥委会开始积极主动地对大众体育、体育科学、文化教育等多种领域进行开拓，使奥林匹克运动日益成为一项持续的活动，而不仅仅是4年一度的奥运会。国际奥委会利用洛桑的奥林匹克博物馆开展各种文化教育活动，支持残疾人奥运会，开展以大众体育为内容的"奥林匹克日"活动，赞助世界大众体育大会、奥运会科学大会、国际奥委会世界科学大会，设立"国际奥委会主席体育科学奖"等。

如果说，20世纪80年代奥林匹克运动变封闭为开放，找到了自己在新的社会条件下进一步发展的途径，那么进入90年代后，它在保护生态环境方面又试图为人类社会提供一个人与大自然和谐相处的榜样。这一新的奋斗是以1993年落成的奥林匹克博物馆新馆和1994年利勒哈默尔冬奥会为标志开始的。坐落在洛桑的奥林匹克博物馆为了不破坏周围的自然景观，采取了依傍地形、向下发展的建筑原则，与环境融为一体。为了保存一棵百年老树不惜改变设计，使这棵与奥林匹克运动同龄的树和博物馆共存。在利勒哈默尔冬季奥运会的筹备工作中，国际奥委会和奥运会组委会也将环境保护列为首要原则，为了保护生态环境，曾几度修改设计方案，从而赢得了环境保护组织的尊敬。国际奥委会对夏季奥运会建筑对城市生态环境和冬季奥运会对自然生态环境的影响提出要求，并强调奥运场馆的会后利用。

改革给世纪之交的奥林匹克运动带来勃勃生机的同时也提出了许多新的问题与挑战，其中最核心的是：如何控制商业化的副作用，保持奥运高尚的道德目标；如何在各种政治力量斗争中保持奥林匹克运动的独立性；如何控制奥运会规模，让更多的城市可以有机会举办奥运会；如何更有效地进行全球的反兴奋剂斗争。

（四）发展展望（2001至今）

2001年7月，国际奥委会迎来了历史上第八位，也是21世纪第一位主席比利时人罗格。罗格在上台后宣布其施政纲领：在未来的国际奥林匹克运动会中，最需要解决的问题：一是如何控制越来越庞大的奥运会，二是如何在全球范围内开展有效的反兴奋剂斗争。为此，国际奥委会与世界反兴奋剂机构（WADA）展开了密切的合作，呼吁各国政府参与到反兴奋剂的运动中来；成立了一个国际奥委会奥运会研究委员会，专门对如何有效地控制奥运会规模进行研究。

国际奥委会主席罗格已经公开表示，今后的每一届夏季奥运会的比赛大项将保持在28个，如果有新的项目要进入，将必须有旧的项目退出。国际奥委会还将对每一届奥运会的比赛项目的受欢迎程度进行追踪，从而做到在每一届奥运会的项目设置上"有的放矢"。

奥林匹克运动在20世纪已经为世界体育的发展和人类社会的进步作出了巨大贡献，在21世纪，尽管它还会遇到各种意想不到的困难和挫折，但是它会在困难和挫折中走出自己的发展之路，继续以其独特的方式，促进人类社会的和平、友谊和进步。

第三节 奥林匹克运动的外层

一、奥林匹克标志

奥运的五环标志：蓝、黄、黑、绿、红五环代表以奥林匹克精神参赛的五大洲。此外，这6种颜色（包括白的底色）毫无例外地包含了世界各国的国旗颜色。黄色和蓝色代表瑞典，黑色、蓝色和白色代表希腊、法国、英国、美国、德国、比利时、意大利、匈牙利的三色尽在其中；黄色和红色代表西班牙，巴西、澳大利亚、日本、中国的颜色也包括在其中。

奥林匹克会旗图案：会旗为白色、无边，中央有5个互相套连的圆环，颜色自左至右依次为蓝、黄、黑、绿、红。5个环象征五大洲的团结和全世界的运动员以公平的比赛和友谊的精神在奥运会上相聚。

奥林匹克会歌：由希腊人斯皮罗斯·萨马拉斯作曲、科斯蒂斯·帕拉马斯作词的《奥林匹克颂歌》。

二、奥林匹克圣火与火炬

奥林匹克火炬起源于古希腊神话中普罗米修斯为人类上天盗取火种的故事。为了纪念这位神话中的英雄，古代奥运会举行了点燃圣火的仪式。第一次奥运会上，人们从奥林匹亚城采集奥运圣火，当时点燃火炬用的是阳光。

现代奥运圣火不仅要点燃，还要进行火炬传递，并赋予火炬传递新的含义：知识、生命和精神。奥运火炬传递是从1952年开始的，起点是希腊的奥林匹亚，终点是奥运举办城市赫尔辛基。此后固定下来，起点为奥林匹亚，终点为举办城市。

三、奥林匹克运动会的举办地

奥林匹克运动会至今已举办 30 届，其中 3 届因特殊情况中断，所以实际举办了 27 届。奥运会在全球各大城市举办，但至今从未连续超过两届离开欧洲。具体举办国家及城市见表 7-1。

表 7-1 历届奥运会举办城市

届次	时间	国家	城市
1	1896	希腊	雅典
2	1900	法国	巴黎
3	1904	美国	圣路易斯
4	1908	英国	伦敦
5	1912	瑞典	斯德哥尔摩
7	1920	比利时	安特卫普
8	1924	法国	巴黎
9	1928	荷兰	阿姆斯特丹
10	1932	美国	洛杉矶
11	1936	德国	柏林
14	1948	英国	伦敦
15	1952	芬兰	赫尔辛基
16	1956	澳大利亚	墨尔本
17	1960	意大利	罗马
18	1964	日本	东京
19	1968	墨西哥	墨西哥城
20	1972	德国	慕尼黑
21	1976	加拿大	蒙特利尔
22	1980	苏联	莫斯科

续表

届次	时间	国家	城市
23	1984	美国	洛杉矶
24	1988	韩国	汉城
25	1992	西班牙	巴塞罗那
26	1996	美国	亚特兰大
27	2000	澳大利亚	悉尼
28	2004	希腊	雅典
29	2008	中国	北京
30	2012	英国	伦敦
31	2016	巴西	里约热内卢

四、奥运会比赛项目

奥林匹克运动会的比赛项目至少要包括15个项目。根据国际奥委会的资料，奥运会比赛项目是这样划分的：大项、分项和小项，具体设置情况如下。

田径。田径是体育运动中最古老的运动。田径是奥林匹克运动的基石，最能体现奥林匹克"更快、更高、更强"的座右铭。田径也是奥运会设金牌最多的项目，因此有人用"得田径者得天下"来形容田径在奥运会金牌总数中所占的位置。男子：100米跑、200米跑、400米跑、800米跑、1500米跑、5000米跑、10000米跑、马拉松跑、3000米障碍跑、110米跨栏跑、400米跨栏跑、跳高、撑竿跳高、跳远、三级跳远、铅球、铁饼、链球、标枪、十项全能、20公里竞走、50公里竞走、4×100米接力、4×400米接力。女子：100米跑、200米跑、400米跑、800米跑、1500米跑、5000米跑、10000米跑、马拉松跑、3000米障碍、100米跨栏跑、400米跨栏跑、跳高、跳远、三级跳远、撑竿跳高、铅球、铁饼、标枪、链球、七项全能、4×100米接力、4×400

米接力、20公里竞走。

赛艇。赛艇运动员背向前进方向划水的一项划船运动,赛艇按乘坐人数,有无舵手,以及使用单桨还是双桨划分项目。比赛距离男子为2000米,女子为1000米,每条航道宽12.5~15米。男子:单人双桨、双人双桨、双人单桨无舵手、双人单桨有舵手、四人双桨无舵手、四人单桨无舵手、四人单桨有舵手、八人单桨有舵手。女子:单人双桨、双人双桨、双人单桨无舵手、四人双桨有舵手、四人单桨有舵手、八人单桨有舵手。

自行车。自行车运动起源于欧洲,1896年列入首届奥运会比赛项目。男子11项。场地项目:1公里计时赛、个人争先赛(3圈)、4000米个人追逐赛、4000米团队追逐赛、记分赛、奥林匹克争先赛、麦迪逊赛、凯林赛;公路项目:个人赛、个人计时赛;山地车:越野、小轮车个人。女子7项。场地项目:个人争先赛(3圈)、3000米个人追逐赛、记分赛;公路项目:70公里个人赛、个人计时赛;山地车:越野、小轮车个人。

棒球。棒球为男子比赛项目,起源有两种说法:一种认为起源于英国,由英国的一种儿童游戏演变而成,继而被英国移民传入美国,逐渐成为美国国球;另一种认为起源于美国。1992年列入奥运会项目,2008年之后被逐出奥运项目。

游泳。奥运会游泳比赛共设32个项目,是仅次于田径运动的金牌大户。男子游泳:50米自由泳、100米自由泳、200米自由泳、400米自由泳、1500米自由泳、100米仰泳、200米仰泳、100米蛙泳、200米蛙泳、100米蝶泳、200米蝶泳、200米混合泳、400米混合泳、4×100米自由泳接力、4×200米自由泳接力、4×100米混合泳接力、10公里马拉松游泳(公开水域)。女子游泳:50米自由泳、100米自由泳、200米自由泳、400米自由泳、800米自由泳、100米仰泳、200米仰泳、100米蛙泳、200米蛙泳、100米蝶泳、200米蝶泳、200米混合泳、400米混合泳、4×100米自由泳接力、4×200米自由泳接力、4×100米混合泳接力。

拳击。现代拳击始于英国，17世纪十分盛行。1904年第三届奥运会列入比赛项目。奥运会拳击比赛只允许世界拳击联盟的注册拳手参加，按体重分为几个级别进行：48公斤以下级、51公斤、54公斤、57公斤、63公斤.5公斤、67公斤、81公斤、91公斤以上级别。从2012年开始，女子拳击迈入奥运会，设有次轻重量级（48~51公斤），轻量级（56~60公斤），中量级（69~75公斤）3个级别。

排球。排球运动源于美国。1964年第18届奥运会被列为比赛项目。男、女各分排球与沙滩排球两项。

皮划艇。皮划艇是运动员面向前进方向的一项划船运动，包括皮艇和划艇。欧洲开展广泛，水平一直处于世界领先地位。男子12项。静水项目：500米单人皮艇、500米双人皮艇、1000米单人皮艇、1000米双人皮艇、1000米四人皮艇；500米单人划艇、500米双人划艇、1000米单人划艇和1000米双人划艇；急流回旋项目：单人皮艇、单人划艇、双人划艇。女子4项。静水项目：500米单人皮艇、500米双人皮艇、500米四人皮艇；急流回旋项目：单人皮艇。

马术。马术运动是在马上进行各种运动的总称。早在4000多年前的铜器时代就有骑马比赛。现代马术运动起源于英国，16世纪传入欧洲。1900年第二届奥运会列入比赛项目。马术比赛分盛装舞步、超越障碍和三日赛，每一项又分团体和个人两项。

篮球。篮球运动源于美国。1936年第11届奥运会列为正式比赛项目。分男、女两项。

足球。由于国际奥委会规定只允许低于23岁的足球运动员参加奥运会足球比赛，因而奥运会足球赛并不是世界最高水平的比赛。分男、女两项。

体操。18世纪末，现代体操兴起于欧洲，曾是体育的代名词。1896年列为首届奥运会比赛项目。男子：团体、个人全能、自由体操、鞍马、吊环、跳马、双杠、单杠、蹦床个人赛；女子：团体、个人全能、跳马、高低杠、平衡木、自由体操、艺术体操之个人全能与团体全能、蹦床个人赛。

曲棍球。现代曲棍球 19 世纪下半叶兴起于英国。1908 年第四届奥运会被列为比赛项目。分男、女两项。

手球。手球起源于欧洲。分男、女两项。

举重。举重起源于远古时代人类举石块显示力量。近代举重运动兴起于 18 世纪欧洲。男子：56 公斤、62 公斤、69 公斤、77 公斤、85 公斤、94 公斤、105 公斤、+105 公斤。女子：48 公斤、53 公斤、58 公斤、63 公斤、69 公斤、75 公斤、+75 公斤。

柔道。柔道起源于日本。男、女柔道分别在 1964 年第 18 届奥运会和 1992 年第 25 届奥运会上被列为比赛项目。男子：-60 公斤、6~66 公斤、66~73 公斤、73~81 公斤、81~90 公斤、90~100 公斤、+100 公斤。女子：-48 公斤、48~52 公斤、52~57 公斤、57~63 公斤、63~70 公斤、70~78 公斤、+78 公斤。

摔跤。摔跤可追溯到公元前几千年，在日本、中国、希腊、埃及等国的古代文明中都有摔跤的文字记载。自由式摔跤：48~54 公斤、58 公斤、63 公斤、69 公斤、76 公斤、85 公斤、97 公斤、97~130 公斤。古典式摔跤：48~54 公斤、58 公斤、63 公斤、69 公斤、76 公斤、85 公斤、97 公斤、97~130 公斤。

羽毛球。羽毛球运动是源于印度浦那地区的一种球类游戏，后传入英国及北欧等国。羽毛球场地长 13.40 米，单打球场宽 5.18 米，双打球场宽 6.10 米，中间悬挂长 6.10 米，宽 76 厘米的球网。1992 年第 25 届奥运会开始成为正式比赛项目。男子：单打、双打。女子：单打、双打。混合：混合双打。

垒球。女子 1 项。

现代五项。由现代奥林匹克运动奠基人顾拜旦创导，以衡量运动员的全面能力。分马术、击剑、游泳、射击、越野跑五项，男、女各一枚奖牌。

网球。男、女各分单打、双打两项。

击剑。古代决斗，盛行于西欧各国。1896年首届奥运会被列为比赛项目，是奥运会初期唯一允许职业选手参赛的项目。男子：花剑个人、佩剑个人、佩剑团体、重剑个人、重剑团体。女子：花剑个人、花剑团体、重剑个人、佩剑团体。

乒乓球。乒乓球运动19世纪后半叶始于英国。20世纪20年代传入欧洲大陆，继而在美洲和亚洲等国家广泛开展。1988年第24届奥运会被列入正式比赛项目。乒乓球在中国有"国球"之称。男、女各分单打、团体两项。

射击。射击越源于狩猎活动。世界性的射击比赛可追溯到1896年的首届奥运会。1988年第24届奥运会开始设置女子项目。男子：气手枪（10米）、手枪速射（25米）、手枪慢射（50米）、气步枪（10米）、小口径自选步枪3×40（50米）、小口径步枪60发卧射（50米）、飞碟双多向、飞碟多向、飞碟双向。女子：气手枪（10米）、运动手枪（25米）、气步枪（10米）、小口径自选步枪3×20（50米）、飞碟多向、飞碟双向。

铁人三项。男子个人赛、女子个人赛。

射箭。人类早在2万年前就使用弓箭进行狩猎活动。现代射箭运动始于英国。1896年被列为奥运会比赛项目，1920年被取消，直到1972年奥运会才恢复。男子：奥林匹克淘汰赛个人赛（70米）、奥林匹克淘汰赛团体赛（70米）。女子：奥林匹克淘汰赛个人赛（70米）、奥林匹克淘汰赛团体赛（70米）。

帆船。帆船起源于荷兰。1896年，第一届奥运会就把帆船列为正式竞赛项目，由于天气情况未能举行。1900年第二届奥运会，帆船比赛成功举办。1988年第24届奥运会单独增设女子比赛项目。

跆拳道。男子：-58公斤、-68公斤、-80公斤、+80公斤。女子：-49公斤、-57公斤、-67公斤、+67公斤。

冰球。冰球又称冰上曲棍球，起源于加拿大，后相继在欧洲北美地区开展。1956年第七届冬奥会上被列为正式比赛项目，分男、女两项。

滑冰。滑冰是人们利用冰刀在冰上滑行的冬季运动项目，起源于10世纪的荷兰。滑冰运动包括速度滑冰、短跑道速度滑冰和花样滑冰。速度滑冰。男子：500米、1000米、1500米、5000米、10000米。女子：500米、1000米、1500米、3000米、5000米。短跑道速度滑冰。男子：1000米、5000米接力。女子：500米、3000米接力。花样滑冰：分单人滑、双人滑和冰上舞蹈。

滑雪。滑雪是运动员手持滑雪杖，足登滑雪板在雪地上滑行的一项冬季运动项目，起源于北欧多雪地区。滑雪运动包括越野滑雪、跳台滑雪、高山滑雪、北欧两项滑雪和自由式滑雪。

雪橇。雪橇运动是起源于瑞士阿尔卑斯山地，是乘木制或金属制的双橇滑板在专用的冰雪线路上高速滑降、回转的一项冬季运动项目。分为有舵雪橇和无舵雪橇两种。

现代冬季两项。现代冬季运动起源于挪威，与人们在冬季狩猎活动有关，是一种滑雪加射击的比赛。1960年第八届冬奥会将这一项目改称冬季两项，并列为正式比赛。1992年第16届冬奥会增设女子比赛。

五、其他

奥运会的参与国家。到目前，全球共200多个国家和地区参加奥运会。五大洲选手首次聚会是1904年在伦敦举办的第四届奥运会上，而真正实现奥运大家庭的团聚则是1992年在第25届巴塞罗那奥运会上。迄今为止，一次不缺席参加了各届夏季奥运会的国家只有4个：澳大利亚、希腊、英国和瑞士。

设备。1912年第五届斯德哥尔摩奥运会在运动场内试验性地安装了电动计时器和终点摄影设备，1948年第十届伦敦奥运会开始使用电子记分设备。1936年柏林举办的11届奥运会开始了奥运会的电视转播，此后，1964年东京举办的18届奥运会开始使用卫星转播，1992年第25届巴塞罗那奥运会开始使用高清晰度电视转播。

领奖台。各届奥运会都设立领奖台，但在高度上没有区别，只是分别标着 1、2、3 的记号。1932 年美国洛杉矶举办的第十届奥运会开始设立高度不同的领奖台。

吉祥物。1972 年在慕尼黑举办的第 20 届奥运会首先出现吉祥物，为一只小猎狗的图案，从此形成奥运会的传统。

纪念邮票。世界上第一套奥林匹克纪念邮票是在第一届现代奥运会上发行的，共 12 枚。

第四节　奥林匹克运动的中间层

一、奥林匹克组织体系

奥林匹克有一个结构完备、功能齐全的组织体系。它由国际奥委会、国际单项体育联合会、各个国家或地区的奥委会三部分组成。通常，这三者称为奥林匹克运动的三大支柱。

（一）国际奥林匹克委员会（IOC）

国际奥林匹克委员会简称国际奥委会，是一个国际性的、非政府的、非营利的组织。它于 1894 年 6 月 23 日在法国巴黎成立，1981 年 9 月 17 日得到瑞士联邦议会的承认，确认其为无限期存在的具有法人资格的国际机构。国际奥委会按照《奥林匹克宪章》领导奥林匹克运动，是奥林匹克运动的最高权力机构。

1. 国际奥委会的任务。

国际奥委会的具体任务是：负责体育运动和运动竞赛的协调、组织和发展；与官方的或民间的主要组织和当局合作，努力使体育运动为人类服务；保证奥运会正常举行；反对危害奥林匹克运动的任何歧视支持，促进体育道德的发扬；普遍贯彻公平竞赛的精神，清除暴力行为，领导开展反对在体育运动中使用兴奋剂的斗争；采取旨在防止危及运动员健康的措施；反对将体育运动和运动员滥用于任何政治的和商业的活动，使奥运会在确保环境的条件下举行；支持其他致力于奥林匹克教育的机构。

2. 国际奥委会的权利。

国际奥委会享有对奥运会的全部权利，包括：对奥运会的组织、开发、广播电视和复制的权利；有关奥林匹克标志、奥林匹克旗、奥林匹克格言和奥林匹克会歌的一切权利也完全属于国际奥委会。国际奥委会有权撤销对国际单项体育联合会的承认，从奥运会比赛项目中撤销运动大项、分项或小项，有权取消对国家奥委会的承认，甚至有权取消奥运会组委会承办奥运会的权利。它还具有对一切参与奥运会的违章人员，从运动员、裁判员到代表团官员、管理人员进行处分的权力。

3. 国际奥委会全会。

国际奥委会全会是国际奥委会的最高权力机构，奥林匹克运动中一切重大问题的决策权均由全会掌握。它有权通过、修改和解释《奥林匹克宪章》，批准接纳国际奥委会的新委员；选举国际奥委会主席、副主席和执委会成员；挑选主办奥运会的城市，批准设置和撤消奥运会比赛项目中的运动大项；承认或撤销国家奥委会和国际单项体育联合会在奥林匹克大家庭的资格等。全会的决定是最终决定。全会每年至少举行一次会议。特别全体会议由主席或应至少三分之一委员的书面要求即可召开。

4. 国际奥委会执行委员会。

国际奥委会执行委员会简称国际奥委会执委会，成立于1921年。执委会成员由国际奥委会全会以无记名投票选举产生，执委会主席任期8年，可以竞选连任一次，但是只有4年的任期，副主席和其他委员任期为4年。国际奥委会执委会现由15人组成，其中主席1人、副主席4人和委员10人。国际奥委会执委会是处理国际奥委会日常事务的机构，由全会授权，行使国际奥委会的职责。执委会的权力和职责是：维护《奥林匹克宪章》，承担国际奥委会行政管理的最终责任，批准国际奥委会的内部组织、组织体制以及一切与其组织有关的内部规章，负责国际奥委会的财务管理,并准备年度报告;就有关规则或附则的修改建议向全会提出报告,向国际奥委会全会推荐国际奥委会委员候选人名单;制定国际奥委会全会的议程;根据执委会主席的提议,任免总干事和秘书长,并决定他们的提升、处分和薪俸;保管国际奥委会档案;制定一切必要的规章;确保《奥林匹克宪章》的正确实施和奥运会的举办;执行全会赋予的其他一切职责。

5. 国际奥委会主席。

国际奥委会主席是国际奥委会的法人代表,主持国际奥委会的全部活动。国际奥委会成立之初,现代奥运会创始人顾拜旦提出主席轮流制,即国际奥委会主席由奥运会举办国的委员担任,4年一轮换,以体现奥林匹克运动的国际性。由于首届现代奥运会于1896在希腊雅典举办,因此希腊人维凯拉斯(1894~1896)担任第一任主席。1900年第二届奥运会在法国巴黎举办,于是顾拜旦(1896~1925)接任为第二任主席。第三届奥运会定于1904年在美国圣路易斯举办,顾拜旦准备将主席一职交给国际奥委会的美国委员、普林斯顿大学教授斯隆。但是斯隆认为,频繁更换领导人对新生不久的国际奥委会十分不利,坚持要顾拜旦留任。历史证明斯隆的意见是正确的。顾拜旦在其长达29年的国际奥委会主席任期内,对奥林匹克运动的生存、发展与创新作出一系列重大贡献。顾拜旦之后,先后担任国际奥委会主席的有比利时人巴耶－拉图尔(1925~1942)、瑞典人埃德斯特隆(1942~1952)、美国人布伦戴奇(1952~1972)、爱尔兰人基拉宁(1972~1980),西班牙人萨马兰奇(1980~2001)、现任主席是比利时人罗格(2001~)。

6. 国际奥委会委员。

国际奥委会从它认为合格的人士中挑选委员,作为国际奥委会在其国家的代表,而不是其国家在国际奥委会的代表。委员是其定居地或主要利益中心所在地国家和地区的国民,而且该国和地区有被国际奥委会承认的国家和地区奥委会,并且要求至少会说一种国际奥委会使用的语言。委员除出席国际奥委会全会外,还有下列义务:在所在国和地区代表国际奥委会参与其被任命参与的国际奥委会各专业委员会的工作，协助发展本国和地区的奥林匹克运动，在本国和地区落实国际奥委会的各种计划，向国际奥委会主席报告本国和地区奥林匹克运动的发展情况和需求，每年至少有一次要向国际奥委会主席及时通报一切可能妨碍《奥林匹克宪章》在本国和地区执行或影响奥林匹克运动的事件，必要时在其他国家或地区代表国际奥委会。国际奥委会委员不受来自政府、组织和其他合法实体及自然人的任何可能的束缚，或干扰其行动和投票时的指令。

1966年前当选的委员是终生的，1999年11月底之前当选的委员退休年龄是80岁，而之后当选的委员退休年龄是70岁。为了更好地体现国际单项体育联合会、国家奥委会以及运动员代表在国际奥委会中的地位和声音，允许一定数量的委员由来自这三方面的代表当选，这些委员只有当他们担任国际单项体育联合会主席、国家奥委会主席和现任运动员时才有资格当选，一旦不再拥有这些职务和身份，也就从国际奥委会"退役"，与其年龄无关。从1981年起开始接纳妇女委员，现在国际奥委会126名委员中有12名女性委员。凡为国际奥委会服务满10年，并由于年龄、健康或其他为国际奥委会执委会接受的理由退休的委员应成为名誉委员。

7. 国际奥委会总部。

在国际奥委会成立后的相当一段时间内，顾拜旦在巴黎的住所也就是国际奥委会的总部。1915年为避免战争对奥林匹克运动的干扰，顾拜旦将国际奥委会总部由巴黎迁往中立国瑞士的洛桑。自1925年顾拜旦卸任直到1980年，国际奥委会的历届主席都是在自己所在的国家对总部进行遥控。随着奥林匹克事务日益增多，1980年新当选的国际奥委会主席萨马兰奇感到有必要"对日常发生的事件进行持续的直接的指导"，于是他长期居住在洛桑总部，成为第一个将国际奥委会主席作为专职工作的主席。现任主席罗格也在洛桑办公。

（二）国际单项体育联合会

国际单项体育联合会指的是在世界范围内管辖一项或几项运动项目

并接纳若干管辖这些项目的国家和地区级团体的非官方的国际组织。国际单项体育联合会由各个国家和地区的单项协会组成，其最高权力机构需定期召开代表大会。根据《奥林匹克宪章》规定，国际单项体育联合会在奥林匹克运动中的主要任务是：负责它所管辖的运动项目的技术和行政管理方面的工作。包括制定并推行本运动项目的规则，制定奥运会参赛标准，负责本项目的技术监督和指导。

（三）国家（或地区）奥林匹克委员会。

国家奥委会是按照《奥林匹克宪章》的规定建立起来，并得到国际奥委会承认的负责在一个国家或地区开展奥林匹克运动的组织。国家奥委会担负着各个国家或地区发展和维护奥林匹克运动的重大任务，其具体职责是：宣传奥林匹克主义的基本原则、保证《奥林匹克宪章》在本地区的遵守，促进运动技术水平以及群众体育的发展，培训体育管理人员，保证这些培训有助于传播奥林匹克主义的基本原则，维护体育道德，选定举办奥运会的城市，组织和领导各自代表参加奥运会和国际奥委会赞助的地区、州或世界性的综合运动会。

二、《奥林匹克宪章》

《奥林匹克宪章》也称奥林匹克章程或规则，是国际奥委会为奥林匹克运动发展而制定的总章程，也是奥林匹克运动的最高法律文件。这个法律文件是约束所有奥林匹克活动参与者行为的最基本标准和各方进行合作的基础。《奥林匹克宪章》对奥林匹克运动的组织、宗旨、原则、成员资格、机构及其各自的职权范围和奥林匹克各种活动的基本程序等做了明确规定。第一部章程的倡议和制订者是顾拜旦，1894年6月在巴黎国际体育会议上正式通过。

（一）《奥林匹克宪章》的产生与发展

《奥林匹克宪章》随着奥林匹克运动的发展而逐渐完善。1894年国际奥委会成立时没有制定具体的规章制度，只是确定了一些基本的意向与原则，如每4年举办一次奥运会，以及国际奥委会与政府的关系等。第一个具有宪章性质的文件是1908年由顾拜旦起草的《国际奥委会的地位》一文。这个文件对国际奥委会的任务、组织管理、委员产生方式等问题做了比较明确的阐述。其后，在这个文件的基础上逐渐形成了奥林匹克运动的规章。在很长一个时期，这些规章的名称用语混乱，如"奥林匹克规则""奥林匹克章程"和"奥运会规则"等。从1978年开始，国际奥委会将过去几十年间规章的集合总汇为《奥林匹克宪章》，正式使用"奥林匹克宪章"这一名称。在实践中为了表述方便，人们将以前这些名称不同的规章也都称为"奥林匹克宪章"。

随着奥林匹克运动的发展，国际奥委会在保持奥林匹克基本原则和精神始终如一的前提下，针对不断变化的情况，对《奥林匹克宪章》做过多次修改。现行的《奥林匹克宪章》在国际奥委会1996年7月18日亚特兰大第105次全会上批准生效。该宪章由"基本原则""奥林匹克运动""国际奥林匹克委员会""国际单项体育联合会""国家奥林匹克委员会"和"奥林匹克运动会"六个部分组成，共74款，对奥林匹克运动的思想、组织、活动和制度等重要方面做了明确规定。

（二）《奥林匹克宪章》的内容

1.《奥林匹克宪章》的具体内容。

阐述了奥林匹克运动的宗旨，确定了奥林匹克运动的目标，规定了奥林匹克运动的发展方向；界定了奥林匹克主义和奥林匹克精神等重要概念，奠定了奥林匹克运动实现其目标的思想基础；将奥林匹克运动组织体系以法律条款的形式固定下来，对奥林匹克大家庭的各个成员，特别是三大支柱（即国际奥委会、国家奥委会和国际单项体育联合会）在这一运动中各自的位置、功能、任务以及相互之间的关系做了清晰表述和规定，既保证了它们各自的独立性，又使它们互相联系，形成一个完整的功能体系，从而提供了一个与奥林匹克运动相应相称的组织基础；界定了奥林匹克运动的基本内容，如奥运会、大众体育活动及奥林匹克教育与文化活动。

2. 1999年版《奥林匹克宪章》内容。

1999年版的《奥林匹克宪章》由基本原则和奥林匹克运动，国际奥林匹克委员会，国际单项体育联合会，国家奥林匹克委员会，奥林匹克运动会五章组成。

内容包括奥林匹克运动的最高权力、运动的范围、国际奥委会的作用，规定了国际奥委会承认和赞助的对象和程序，说明了奥林匹克代表大会的召集和奥林匹克团结工作问题。

第一章是关于奥林匹克徽记、旗帜、格言、标志和火炬等规定。

第二章内容包括关于国际奥委会的法律地位、成员的资格与产生等内容。规定了国际奥委会全体大会、执行委员会和主席的权力和职责，还规定了国际奥委会的工作程序、语言和经费来源等问题。

第三章内容包括国际奥委会对国际单项体育联合会的承认和国际单项体育联合会的作用。国际奥林匹克单项体育组织在奥运会和国际奥委会赞助的比赛中，对所管理的运动项目负有技术监督和指导的责任。

第四章内容包括国家奥委会的使命和作用、组成和与本国单项体育组织的关系等。国家奥委会的基本任务是根据奥林匹克宪章，在各自的国家发展奥林匹克运动。

第五章内容包括奥运会的组织与管理、奥运城的选择、奥运会参赛条件和比赛项目、文化节目和奥运村的设立和礼仪等问题。奥林匹克礼仪包括奥运会邀请信的发送、各种奥林匹克证件及持证人的权利与待遇、奥运会开幕式、闭幕式与发奖仪式等。

（三）《奥林匹克宪章》的精神

奥林匹克宪章精神是奥林匹克运动的实质内容，《奥林匹克宪章》指出，奥林匹克精神就是相互了解、友谊、团结和公平竞争的精神。通常它包括参与原则、竞争原则、公正原则、友谊原则和奋斗原则。

"参与比取胜更重要"是参与原则的集中体现。参与原则是奥林匹克精神的第一项原则，参与是基础，没有参与，就谈不上奥林匹克的理想、原则和宗旨等等。参与原则已被世界各国运动员和广大群众广泛接受。

竞争原则表明奥林匹克运动是一项倡导挑战与竞争的社会活动。"更快、更高、更强"是奥林匹克竞争原则的集中体现。竞争是奥林匹克运动的基本形式，也是推动人类社会进步的基本形式之一。人类在竞争中，勇于向世界强手和先进水平挑战，不断超越自我、超越他人，有所发展、有所创新、有所前进。

公正原则是参与奥林匹克竞争的行为规范。奥林匹克精神蕴含了公正、平等、正义的内容，承认一切符合公正原则的行为，唾弃和否定一切不符合道德规范的行为。公正原则使奥林匹克精神具有了极大魅力。

友谊原则是奥林匹克运动的目的。奥林匹克运动不仅仅是一项单纯的体育活动，其最高目标是，通过体育活动的手段，把世界上不同国度、不同种族、不同语言、不同宗教信仰的人凝聚在一起，使大家相互交往，增进了解和友谊，进而达到世界的团结、和平、进步的目的。

奋斗原则是奥林匹克精神的灵魂。奋斗精神是人类得以繁衍生息、繁荣昌盛的重要品质，是人类最伟大、最可称颂的内在力量。赛场的奋斗是人类奋斗的一个缩影。奥林匹克精神要求人们具有坚忍不拔的进取精神和克服一切困难的英雄气概。

第五节　奥林匹克运动的里层

一、奥林匹克主义

（一）奥林匹克主义的概念

"奥林匹克主义"一词最初是由奥林匹克运动的创始人顾拜旦提出的。顾拜旦感到现代竞技运动有先进的手段，但缺少哲学基础和高尚的目标，因此试图以"奥林匹克主义"来弥补这个缺陷。尽管顾拜旦在他的讲话和著作中大量地使用"奥林匹克主义"一词，但在不同时期，不同的场合，他对奥林匹克主义曾作出不同的说明。这本无可非议，因为概念是人们对某一事物理性认识的反映，概念的定义更是准确的揭示概念的内涵，这需要对事物有深入的认识和全面的把握。所以，用准确的语言将奥林匹克主义丰富的内涵完整地表达出来需要有一个过程。另外，早期的奥林匹克运动还不成熟，这一运动在各个方面的特征还刚刚表露，也正因此，关于奥林匹克主义的界定出现了见仁见智的局面。

国际奥委会委员第五任主席布伦戴奇认为，奥林匹克主义是现代的、真正的、激动人心的、强有力的、动态的20世纪的宗教。国际奥委会的希腊委员尼西奥迪克斯则认为，奥林匹克主义不是宗教，而是隐含有宗教因素的一种意识，它可以与宗教合作，因为它们的目的是相同的，即人类的博爱和促进世界和平。前国际奥林匹克学院院长则米克则克认为，奥林匹克主义是一种完全独立，不受任何民族的、政治的、经济的或其他因素限制的国际制度，其最终目标是一种针对人的身体和精神，创造一个完善的人的教育体系。美国史学家卢卡斯认为，奥林匹克主义包括宗教、和平和美三个因素。苏联体育界认为，奥林匹克主义是一个确定奥林匹克运动内容的由哲学、道德、伦理和组织原则构成的综合体，它是以竞技运动普遍的、文化的和人道主义的价值为基础的，而奥运会是它的集中表现，奥林匹克主义不仅是使人和谐发展的工具，也是加强和平、友谊和相互了解的工具。

《奥林匹克宪章》对奥林匹克主义做了比较全面的表述："奥林匹克主义是将身、心和精神方面的各种品质均衡地结合起来，并使之得到提高的一种人生哲学。它将体育运动与文化和教育融为一体。奥林匹克主义所要建立的生活方式是以奋斗中所体验到的乐趣、优秀榜样的教育价值和对一般伦理基本原则的推崇为基础的。"

（二）奥林匹克主义的主要内容

1. 奥林匹克主义的中心思想是人的和谐发展。

人们对奥林匹克主义的理解虽然各不相同，但有一点是共同的，就是强调奥林匹克运动对人的全面发展的重要作用。

工业革命使人类社会发生了深刻的变化，持续了数千年的农业社会逐渐被城市替代。劳动力高度集中的大机器生产大大提高了生产力，使人类社会在短短的一百年里创造出了比历史上全部生产的总和还要多的财富。但工业社会中的生产方式与生活方式给人的生理、心理和行为等都造成了新的严峻的威胁。精细的分工、紧张的工作节奏、复杂的社会关系、多重的社会角色和激烈的社会竞争不仅使人的体质下降，身体各部分发展失调，而且由于精神压力增大，导致心理失衡。城市化所带来的种种社会弊病和生态弊端使人际关系变得淡漠，社会道德水平降低，社会丑恶现象丛生，人类的生存环境恶化。因此，新的社会条件对人类的身体、心理和社会道德提出了严峻的挑战。人的全面发展问题，成为亟待解决的具有时代性的社会问题。奥林匹克主义就是以解决这一社会问题作为自己的基本立足点，试图通过奥林匹克运动来解决这一问题。所以，奥林匹克运动具有很强的现实意义，它反映了现代社会的需要。

现代社会中，人的全面发展在很大程度上是由于人们的生活方式造成的，因此要使人的身、心、群得到全面的均衡的发展，也必须从生活方式入手，通过切实可行的途径，改善人们的生活方式。因此，奥林匹克主义明确地宣布它是一种人生哲学，旨在创造一种使人全面发展的生活方式。奥林匹克将自己的目标与时代需要密切结合，从而使奥林匹克运动的发展有了明确的思想方向。

2. 体育运动是实现人的和谐发展的重要途径。

奥林匹克主义选择的具体途径是体育运动。《奥林匹克宪章》明确指出："奥林匹克运动的宗旨是使体育运动为人的和谐发展服务，以促进建立一个维护人的尊严、和平的社会。"奥林匹克将体育运动的作用提高到不仅要促进人的发展，而且促进社会发展的认识高度，明确地将体育运动作为一种改造社会的力量。这不仅反映出进入现代社会以来，体育运动内涵的扩展和功能的丰富，而且反映出人们对体育运动的认识进入到一个新的高度。

3. 体育运动必须与教育、文化相结合。

奥林匹克主义认为，要想使体育运动发挥其促进人的全面发展的功能，实现其改造社会的目标，必须满足两个前提：体育与教育融为一体；体育与文化紧密结合。

为解决人的全面发展和改善社会的问题，人们提出了各种社会改良方案，而奥林匹克主义提出通过教育来完成这一历史使命。正如顾拜旦在1896年所说："总的说来，大部分重大国际问题可以归结为教育问题。"1925年他又更加明确地表达了教育决定一切的观点："以我看来，现时文明的未来此刻既不依赖于政治的基础又不依赖于经济的基础，而是完全取决于教育的方向。"

为了取得更好的教育效果，奥林匹克主义主张竞技运动与文化紧密结合。顾拜旦在奥运会上设置艺术比赛的目的，就是要使自中世纪以来长期处于分裂状态的身、心结合起来。各种文化形式如音乐、文学、雕塑、绘画等都是促进精神文明发展的重要手段，在陶冶情操、培养志趣、加强修养、提高精神境界等各方面有着非常重要的作用，使人在精神方面得到多方面的发展。这些文化艺术形式与体育运动的结合也可以提高竞技运动的层次。这样，奥林匹克运动就会在身、心两个方面保证人的均衡发展。

4. 奥林匹克优秀榜样的作用。

奥林匹克运动的主要对象是全世界的青少年。青少年是全社会最活跃，也是最不稳定的社会群体，他们羡慕英雄、崇拜英雄、渴望成为英雄。奥林匹克主义抓住了这一点，将树立良好榜样作为一种重要的教育方式，试图给全世界的青少年提供奥林匹克选手，让他们模仿和学习。通过对奥运选手的学习，取得教育效果。

为了使奥运选手能够维持高尚的道德标准和公平的竞争精神，奥林匹克运动的先驱们借鉴了古希腊奥运会的经验，依靠宗教信仰的力量制约异化行为，从而设计了一整套庄严的仪式，包括圣火的传递，开、闭幕式，运动员面对五环旗和各国国旗的庄严宣誓。这样，用对人类理想的追求、对其他国家的尊敬和对自己祖国的热爱来净化运动员的心灵，使参加奥运会成为一项神圣的活动。

二、奥林匹克运动的宗旨

奥林匹克运动的宗旨是促进世界和平，建立更加美好的世界。"和平、友谊、进步"是奥林匹克宗旨的高度概括。奥林匹克运动的思想体系是沿着由个体到社会、由微观到宏观的逻辑顺序构建的。首先是个人的全面发展，进而扩大到社会，最后到国际社会。奥林匹克运动是在奥林匹克主义指导下的一种国际性的社会活动，它的目的并不限于促进这一运动的参加者个人的发展与完善，而且承担更加重大的历史使命和社会责任，这就是促进不同国家、不同文化之间的相互了解，从而促进和维护世界和平。对于这一宗旨，《奥林匹克宪章》曾作出明确论述："通过没有任何歧视、具有奥林匹克精神——以友谊、团结和公平精神互相了解——的体育活动来教育青年，从而为建立一个和平的更美好的世界作出贡献。"具体来讲，奥林匹克运动的宗旨包括如下内容：鼓励作为体育运动基础的身体素质和优良道德品质的发展；通过体育运动的竞技，以相互更好地了解和友谊的精神教育青年，从而有助于建立一个更加美好的世界；在全世界传播奥林匹克精神，从而建立国际间和平友好的亲善关系；使全世界优秀运动员在每4年一次的盛大的体育节——奥林匹克运动会中聚会在一起。

三、奥林匹克运动精神

奥林匹克精神从《奥林匹克宪章》中很容易就能找到。《奥林匹克宪章》指出，奥林匹克精神就是互相了解、友谊、团结和公平竞争的精神。从奥林匹克思想体系的整体结构来看，奥林匹克精神是这一体系中不可缺少的重要组成部分。没有互相了解、友谊、团结和公平竞争的精神，奥林匹克主义就不可能得到贯彻执行，奥林匹克运动也就无法实现其促进世界和平和建立美好世界的目标。

四、奥林匹克格言

奥林匹克格言亦称奥林匹克口号。奥林匹克运动有一句著名的格言："更快、更高、更强。"这一格言是顾拜旦的好友、巴黎阿奎埃尔修道院院长迪东在他的学生举行的一次户外运动会上，鼓励学生们时说过的一句话。顾拜旦借用过来，将这句话用于奥林匹克运动。1920年国际奥委会将其正式确认为奥林匹克格言，在安特卫普奥运会上首次使用。奥林匹克格言充分表达了奥林匹克运动所倡导的不断进取、永不满足的奋斗精神。

奥林匹克运动还有一句广为流传的名言信条："重要的是参与，而不是获胜。"这句名言来源于1908年在伦敦的圣保罗大教堂一次宗教仪式上宾夕法尼亚主教的一段讲话。顾拜旦解释说："正如在生活中最重要的事情不是胜利，而是斗争，不是征服，而是奋力拼搏。"

从1984年洛杉矶奥运会开始，各届奥运会继续沿用"更快、更高、更强"和"重要的是参与，而不是获胜"，同时还增加了具有各自民族特色和颇具时代背景的不同口号（表7-2）。[①]

表7-2 历届奥运会举办城市及其口号

届次	时间	国家	城市	奥运会口号
1	1896	希腊	雅典	
2	1900	法国	巴黎	
3	1904	美国	圣路易斯	
4	1908	英国	伦敦	
5	1912	瑞典	斯德哥尔摩	
7	1920	比利时	安特卫普	

---

① 任海：《奥林匹克运动读本》，人民体育出版社2005年版，第35~231页。

续表

届次	时间	国家	城市	奥运会口号
8	1924	法国	巴黎	
9	1928	荷兰	阿姆斯特丹	
10	1932	美国	洛杉矶	
11	1936	德国	柏林	
14	1948	英国	伦敦	
15	1952	芬兰	赫尔辛基	
16	1956	澳大利亚	墨尔本	
17	1960	意大利	罗马	
18	1964	日本	东京	
19	1968	墨西哥	墨西哥城	
20	1972	德国	慕尼黑	
21	1976	加拿大	蒙特利尔	
22	1980	苏联	莫斯科	
23	1984	美国	洛杉矶	参与历史
24	1988	韩国	汉城	和谐、进步
25	1992	西班牙	巴塞罗那	永远的朋友
26	1996	美国	亚特兰大	世纪庆典
27	2000	澳大利亚	悉尼	分享奥林匹克精神
28	2004	希腊	雅典	欢迎回家
29	2008	中国	北京	同一个世界同一个梦想
30	2012	英国	伦敦	激励一代人
31	2016	巴西	里约热内卢	

第六节　奥林匹克运动与中国

一、中国的奥林匹克历程

1908年，《天津青年》在"竞技体育"栏目中，提出三个问题：中国何时能派一名运动员参加奥运会？中国何时能派一支代表队参加奥运会？中国何时能自己举办一届奥运会？而如今，我们不但有运动员参加了奥运会，有代表队参加了奥运会，而且在2008年亲自举办了奥运会。回首前尘往事，在中国这个曾经苦难深重的国家，我们走向奥运的脚步却是那样的沉重。

1894年，国际奥委会成立，两年后，即1896年，第一届奥运会的圣火在奥林匹克运动的发源地希腊雅典熊熊燃起。此前，国际奥委会的一封邀请函寄至清朝政府。可当时正值中国甲午战败，被迫签订丧权辱国的《马关条约》。国难当头，清朝统治者自然无暇顾及奥运。

1915年，国际奥委会又一次向中国发来参加奥运会的邀请。这时，中国正值护国运动、护法战争，又一次与奥林匹克失约。

1922年6月，国际奥委会第21次会议在法国巴黎召开，选举王正廷为中国首位国际奥委会委员，中国开始与国际奥委会建立起了直接的联系。

1928年，中国人第一次和奥运会结缘。这一年，在荷兰阿姆斯特丹举行的第九届奥运会上，一位中国人悄悄走上奥运赛场的观众席，他就是中国第一位参观奥运会的正式代表、中华全国体育协进会干事宋如海。

1931年，在西班牙巴塞罗那召开的国际奥委会第30次全会上，中华全国体育协进会被正式承认为国际奥委会团体会员，成为国际奥委会承认的中国奥林匹克组织，行使中国奥委会的职能。从此，中国体育运动的发展开始与国际奥林匹克运动全面接轨，并正式成为国际奥林匹克大家庭的一员。

1932年，东北大学学生刘长春成为中国参加奥运比赛第一人。这一年，第十届奥运会在洛杉矶举行，适值九一八事变之后国难当头之际，中国政府决定不参加任何比赛，仅派当时任全国体育协进会总干事的沈嗣良前往观礼和参加体育会议。但是，日本侵略者在中国一手制造的伪"满洲国"突然向主办国提出参赛要求，并且宣布东北籍短跑运动员刘长春和中长跑运动员于希渭两人代表伪"满洲国"参加比赛。国人闻之大哗，坚决反对并纷纷向国民党政府教育部、全国体育协进会负责人提出抗议、责问。时任东北大学校长的张学良将军慷慨解囊，资助全国体协送刘长春、于希渭两人代表"中华民国"去参加这届奥运会。于希渭因日寇监视过严，无法脱身而未能成行。刘长春只身一人在海上漂泊28天到达洛杉矶，这是中国健儿首次出现在奥运赛场上。疲惫不堪的刘长春参加了男子100米的预赛，在一路领先70米之后，脚步明显吃力，最终被淘汰。200米预赛与之相似，前170米时刘长春尚居第二，后终因体力不支没有进入决赛。而后来的400米预赛，刘长春也因为体力问题被迫放弃。

1936年，第11届奥运会在德国首都柏林举行。中国申报了近30个参赛项目，派出了140余人的代表团，其中运动员69人。但在所有的参赛项目中，除撑竿跳高选手符宝卢跳过3.80米进入复赛外，其他人初赛即遭淘汰。中国代表队最终全军覆没。中国运动员黯然神伤地踏上归途，途经新加坡时，一幅漫画这样嘲讽中国人：在奥运五环旗下，一群头蓄长辫、身着长袍马褂、形容枯槁的中国人，用担架扛着一个硕大无比的鸭蛋。画题为"东亚病夫"，中国队被讥为"鸭蛋队"。

1948年，国民党政府再次派团参加伦敦奥运会。可是，仍一个名次未拿，一块奖牌未得。中国代表团是参赛团中唯一住不起奥运村的。回来时路费无着，驻英使馆和中国银行又拒绝借款，只好赊机票回国。

1952年7月，第15届奥运会在芬兰赫尔辛基举行。中华全国体育总会筹委会和国际奥委会的中国委员董守义电告国际奥委会,中国将参加本届奥运会。但是当时国际奥委会中的一些人却违背《奥林匹克宪章》的规定,拒不邀请我国参赛。中华全国体育总会多方努力,并向国际奥委会提出强烈抗议,最后,国际奥委会作出妥协,批准中国参赛。中国代表团匆匆赶到赫尔辛基,此时距离奥运会闭幕只有5天了,大部分比赛已近尾声。中国运动员只有游泳选手吴传玉赶上了百米仰泳比赛,他成了新中国第一个正式参加奥运会比赛的运动员。由于旅途劳累,吴传玉最终未获得决赛权。但飘扬在奥运会会场上空的五星红旗,向全世界表明中华人民共和国有参加奥运会的合法权利。

也正是从本届奥运会开始,国际奥委会同时邀请大陆和台湾参加奥运会,并对中华人民共和国的奥运席位"予以保留"。此后,国际奥委会在几次会议上,都对中国代表权问题进行了激烈的讨论。1954年,在雅典举行的国际奥委会第49次会议上,终于以23票对21票通过决议,承认中华全国体育总会成为中国国家奥委会,但国际奥委会主席仍将中国台湾的体育组织以"中华民国"的名义列入被国际奥委会承认的国家奥委会名单中。

1956年第16届墨尔本奥运会期间,由于国际奥委会在少数人的把持下非法同意台湾当局的"中华体育协进会"派团参加奥运会,并将中华人民共和国称为"北京中国",称中国台湾为"福摩萨中国",阴谋制造"两个中国"。神圣的奥林匹克运动被当成国际政治斗争的手段,奥运圣火被严重扭曲。对此,中国奥委会提出了强烈抗议,并宣布拒绝参加本届奥运会。事后国际奥委会委员董守义给国际奥委会主席、美国人布伦戴奇多次去信,要求改正在国际奥委会的一些文件中并列两个奥委会的做法,指出按照国际奥委会章程,只能有一个中国奥委会,那就是中华全国体育总会。但布伦戴奇在回信中却指责董守义将政治问题带到国际奥委会中,甚至说台湾从来就不是中国的一部分。在这种情况下,全国体总和有关单项体育运动协会不得不在1958年8月宣布中断与国际奥委会及9个相关单项体育联合会的联系,国际奥委会委员董守义也声明拒绝与布伦戴奇的合作。从此，中国和国际奥委会的正常联系被迫中断了21年。

在此期间，中国台北选手杨传广在1960年罗马奥运会上夺取十项全能比赛的银牌。他是第一位获得奥运会奖牌的中国运动员。1968年墨西哥城奥运会上，中国台北女选手纪政获80米栏铜牌，她是第一位获得奥运会奖牌的中国女子运动员。

1973年11月16日，在伊朗德黑兰举行的亚运联合会特别会议，以38票赞成、13票反对、5票弃权确认了中华全国体育总会在亚运联合会中的合法权利。1974年2月，国际奥委会在瑞士洛桑召开的执委会上，国际奥委会执委会成员听取了亚运联执委会主席的意见，表示有条件地承认伊朗德黑兰承办的第7届亚运会，这表明国际奥委会已经默认了亚运联恢复中国席位的做法，这对国际单项体育联合会来说无疑也是一种暗示。随后，国际击剑联合会、国际业余篮球联合会、国际业余摔跤联合会、国际举重联合会等相继恢复了我国的合法席位。1978年10月5日，国际业余田径联合会也恢复了新中国在国际业余田径联合会中的合法席位。田径是奥运会的支柱项目，国际业余田径联合会对中国的接纳，无疑为中国重返奥林匹克大家庭又敞开了一道大门。一些新成立的国际体育组织也纷纷向新中国发出了邀请，在国际奥委会中恢复我国的合法席位成了历史发展的必然趋势。

1975年4月，中国奥委会正式向国际奥委会提出申请，要求恢复我国在奥林匹克运动中作为中国唯一合法代表的权利。

1975年12月中国驻伊朗使馆建议体委派人同伊朗商谈1976年2月国际奥委会全会上的工作。1977年9月接待国际奥委会主席基拉宁和国际奥委会执委会清川正二、技术主任哈利·班克斯一行，就中华全国体育总会在国际奥委会中的代表权问题进行磋商。1978年4月，新中国又接待了国际奥委会副主席萨马兰奇一行，进一步就中华全国体育总会在国际奥委会的合法席位问题达成谅解，为恢复新中国在国际奥委会的合法权益奠定了基础。

经过长期不懈的努力，1979年10月25日，国际奥委会执委会终于恢复了中华人民共和国在奥林匹克运动中作为中国唯一合法代表的权利，决定中华人民共和国奥林匹克委员会的名称为"中国奥林匹克委员会"，使用中华人民共和国的国旗和国歌。而设在台北的奥委会不再是中国奥林匹克委员会的代表，而维持"中国台北奥委会"的名称。这实际上也是邓小平"一国两制"构想在体育领域处理台湾问题上的具体实践——"奥运模式"。此举创造性的运用，妥善地解决了我国和台湾地区在国际奥委会中的会籍问题，随后，各国际单项体育组织纷纷按此模式恢复或接纳中国为会员国。从此，中国与国际体育组织的关系进入一个崭新的阶段，中国开始全面参加国际体育活动。1984年，我国运动员成功地参加了洛杉矶奥运会，实现了奥运会金牌"零的突破"。我国在奥运会、亚运会等国际大赛中频频取得了较好成绩，向世界人民展示了中国对外开放的良好形象，扩大了我国的国际影响。

1984年7月29日——第二十三届洛杉矶奥运会开赛的第一天，在中国男子手枪选手许海峰的身后，人们屏住了呼吸。许海峰最后一发子弹正中靶心，最终以566环的成绩获得金牌。这是本届奥运会的第一枚金牌，也是中国有史以来的第一枚奥运会金牌。1983年，国际奥委会主席萨马兰奇到上海参观中国第五届全国运动会时表示，他将亲自为中国第一位奥运会冠军颁奖。萨翁兑现了自己的诺言，许海峰夺冠后，他专程赶往射击场为许海峰颁发了金牌，同时发表讲话："中国运动员获得本届奥运会第一枚金牌，这是中国体育史上最伟大的一天，我为能亲自把这块金牌授给中国运动员感到荣幸。"随后，洛杉矶奥运会金牌榜上不断增添中国运动员的名字：曾国强、吴数德、陈伟强、栗菊杰、李宁、中国女排……

二、2008 年北京奥运会

（一）2008 年北京奥运会概况

2008 年北京奥运会是第 29 届奥林匹克运动会，于 2008 年 8 月 8 日在中华人民共和国首都北京开幕，2008 年 8 月 24 日闭幕。参赛国家及地区 204 个，参赛运动员 11438 人，设 302 项（28 个大项），共有 6 万多名运动员、教练员和官员参加北京奥运会。本届北京奥运会共有 87 个国家在赛事中取得奖牌，中国以 51 枚金牌成为居奖牌榜首，是奥运历史上首个登上金牌榜首的亚洲国家。

（二）2008 年北京奥运会申办历程

1. 成立奥申委。

1999 年 9 月 6 日，中国奥运会申办委员会在北京成立。奥申委由 76 人组成，刘淇任主席，伍绍祖任执行主席。袁伟民、刘敬民任常务副主席，何振梁任顾问，张发强、于再清、李志坚、林文漪、汪光焘、张茅任副主席，屠铭德、王伟任秘书长。朱镕基总理表示中国政府全力支持北京申奥。2000 年 5 月 8 日，朱镕基明确表示，中国国务院对北京申办 2008 年奥运会十分重视、全力支持，并将从各个方面为申办工作创造良好条件。他指出，改革开放 20 多年来，中国在社会、经济、文化等各个领域取得了令人注目的巨大成就。北京市的经济发展和城市建设日新月异。尤其是近几年，北京市的环境状况有了很大改善，并且正在为尽早实现空气清新、环境优美、生态良好的目标而努力。这些都为北京成功申办奥运会奠定了十分坚实的基础。

2. 提交申请报告。

2000 年 6 月 20 日，北京奥申委秘书长王伟在瑞士洛桑向国际奥委会正式递交申请报告。报告回答了国际奥委会向申请城市提出的 22 个问题，陈述了关于北京筹办 2008 年奥运会的计划和构想，是北京市申办 2008 年奥运会向国际奥委会递交的第一份正式答卷。

3. 申奥大使登台助阵。

2000年12月,北京奥申委聘请香港著名演员成龙为申奥形象大使,随后又与杨澜、巩俐、邓亚萍和桑兰四位杰出女性签订协议,她们和后来加盟的刘璇、王治郅等一道竭力宣传北京申奥,并利用各自的国际关系,帮助北京在申办2008年奥运会的竞争中获得胜利。2001年1月17日上午,北京奥申委代表团将申办报告交到国际奥委会总部,两天后,国际奥委会通知北京奥申委,北京的申办报告完全符合要求,可以将剩余的报告寄给120多名国际奥委会委员等人士和28个国际单项体育组织。从1月21日开始,北京奥申委向世界各地寄出182套北京2008年奥运会申办报告。

4. 申报得到充分肯定。

由荷兰人海因·维尔布鲁根和瑞士人吉尔贝·费利领衔的国际奥委会评估团共17名成员,从2001年2月19日至2月24日对北京申奥工作进行考察。评估团在新闻发布会上评价说,北京申办奥运会得到了中国政府和北京市民强有力的支持。时任中国国家主席江泽民在会见评估团时强调了中国政府对北京申办奥运会的支持和承诺。北京奥申委提供了一份调查结果,有94.9%的市民支持北京申办奥运会。我们在北京的考察,也证实了这个数据是准确的、真实的。北京还提出了一个非常好的比赛规划以及场馆建设方案,这将给奥林匹克运动的发展和北京人民的生活留下一笔宝贵的财富。

5. 申请成功。

2001年7月13日,在莫斯科举行的国际奥委会第112次全会上,国际奥委会投票选定北京获得2008年奥运会主办权,这也是该主办权继日本东京(1964年)、韩国汉城(今首尔)(1988年)之后第三次花落亚洲。

(三)2008年北京奥运会比赛情况

1. 参赛国家。2008年北京奥运会参赛国家和地区共204个:希腊、几内亚、几内亚比绍、土耳其、土库曼斯坦、也门、马尔代夫、马耳他、马达加斯加、马来西亚、马里、马拉维、马其顿、马绍尔群岛、开曼群岛、不丹、厄瓜多尔、厄立特里亚、牙买加、比利时、瓦努阿图、以色列、日本、中华台北、中非、中国香港、冈比亚、贝宁、毛里求斯、毛里塔尼亚、丹麦、乌干达、乌克兰、乌拉圭、乌兹别克斯坦、巴巴多斯、巴布亚新几内亚、巴西、巴拉圭、巴林、巴哈马、巴拿马、巴基斯坦、巴勒斯坦、古巴、布基纳法索、布隆迪、东帝汶、卡塔尔、卢旺达、卢森堡、乍得、白俄罗斯、印度、印度尼西亚、立陶宛、尼日尔、尼日利亚、尼加拉瓜、尼泊尔、加纳、加拿大、加蓬、圣马力诺、圣文森特和格林纳丁斯、圣卢西亚、圣多美和普林西比、圣基茨和尼维斯、圭亚那、吉布提、吉尔吉斯斯坦、老挝、亚美尼亚、西班牙、百慕大、列支敦士登、刚果、刚果民主共和国、伊拉克、伊朗、危地马拉、匈牙利、多米尼加、多米尼克、多哥、冰岛、关岛、安哥拉、安提瓜和巴布达、安道尔、汤加、约旦、赤道几内亚、芬兰、克罗地亚、苏丹、苏里南、利比亚、利比里亚、伯利兹、佛得角、库克群岛、沙特阿拉伯、阿尔及利亚、阿尔巴尼亚、阿拉伯联合酋长国、阿根廷、阿曼、阿鲁巴、阿富汗、阿塞拜疆、纳米比亚、坦桑尼亚、拉脱维亚、英国、英属维尔京群岛、肯尼亚、罗马尼亚、帕劳、图瓦卢、委内瑞拉、所罗门群岛、法国、波兰、波多黎各、波斯尼亚和黑塞哥维那、孟加拉国、玻利维亚、挪威、南非、柬埔寨、哈萨克斯坦、科威特、科特迪瓦、科摩罗、保加利亚、俄罗斯、叙利亚、美国、美属维尔京群岛、美属萨摩亚、洪都拉斯、津巴布韦、突尼斯、泰国、埃及、埃塞俄比亚、莱索托、莫桑比克、荷兰、荷属安的列斯、格林纳达、格鲁吉亚、索马里、哥伦比亚、哥斯达黎加、特立尼达和多巴哥、秘鲁、爱尔兰、爱沙尼亚、海地、捷克、基里巴斯、菲律宾、萨尔瓦多、萨摩亚、密克罗尼西亚联邦、塔吉克斯坦、越南、博茨瓦纳、斯里兰卡、斯威士兰、斯洛文尼亚、斯洛伐克、葡萄牙、韩国、斐济、喀麦隆、黑山、朝鲜、智利、奥地利、缅甸、瑞士、瑞典、瑙鲁、蒙古、新加坡、新西兰、意大利、塞内加尔、塞尔维亚、塞舌尔、塞拉利昂、塞浦路斯、墨西哥、黎巴嫩、德国、摩尔多瓦、摩纳哥、摩洛哥、澳大利亚、赞比亚、中国。

此外，由于文莱奥运前没有为任何运动员参赛注册，文莱奥委会被国际奥委会取消参加本届奥运会的资格。因此参加北京奥运会的国家和地区奥委会成员总数为204个。

2. 比赛项目。

项目类别。在2008年北京奥运会上，28个大项和分项比赛项目不变，但是还有一项武术为本次奥运会的表演项目。这28大项是：田径、赛艇、羽毛球、垒球、篮球、足球、拳击、皮划艇、自行车、击剑、体操、举重、手球、曲棍球、柔道、摔跤、水上项目、现代五项、棒球、马术、跆拳道、网球、乒乓球、射击、射箭、铁人三项、帆船帆板、排球。

其中，有些项目设有分项，分项最多的是水上项目，包括了游泳、花样游泳、水球和跳水4个分项。田径虽然没有分项，却有46个小项，其中男子24个小项，女子22个小项，是奥运会项目中金牌最多的。其次是游泳，有32个小项，男女各16项。

金牌的分布。2008年北京奥运会共设302枚金牌。射箭：4枚；拳击：11枚；水球：2枚；田径：47枚；棒球：1枚；羽毛球：5枚；篮球：2枚；足球：2枚；击剑：10枚；曲棍球：2枚；跆拳道：8枚；手球：2枚；柔道：14枚；帆船帆板：11枚；垒球：1枚；射击：15枚；乒乓球：4枚；赛艇：14枚；网球：4枚；举重：15枚；现代五项：2枚；皮划艇：静水：12枚；激流回旋：4枚；自行车：山地：2枚；公路：4枚；场地：10枚；小轮车：2枚；摔跤：自由式：11枚；古典式：7枚；马术：障碍赛：2枚；盛装舞步：2枚；三项赛：2枚；排球：排球：2枚；沙滩排球：2枚；体操：竞技体操：14枚；艺术体操：2枚；蹦床：2枚；铁人三项：2枚；游泳：34枚；跳水：8枚；花样游泳：2枚。

3. 奖牌。

2008年北京奥运会奖牌为金镶玉、银镶玉、铜镶玉。北京2008年奥运会奖牌直径为70毫米，厚6毫米。奖牌正面为国际奥委会统一规定的图案——插上翅膀站立的希腊胜利女神和希腊潘纳辛纳科竞技场。奖牌背面镶嵌着取自中国古代龙纹玉璧造型的玉璧，背面正中的金属图形上镌刻着北京奥运会会徽。奖牌挂钩由中国传统玉双龙蒲纹璜演变而成。整个奖牌尊贵典雅，中国特色浓郁，既体现了对获胜者的礼赞，也形象诠释了中华民族自古以来以"玉"比"德"的价值观，是中华文明与奥林匹克精神在北京奥运会形象景观工程中的又一次"中西合璧"。

本届奥运会共打破85项奥运会纪录及38项世界纪录。奖牌榜（部分）详细情况见表7-3。

表7-3　2008年北京奥运会奖牌榜

排名	国家及地区	金牌	银牌	铜牌	总数
1	中国	51	21	28	100
2	美国	36	38	36	110
3	俄罗斯	23	21	28	72
4	英国	19	13	15	47
5	德国	16	10	15	41
6	澳大利亚	14	15	17	46
7	韩国	13	10	8	31
8	日本	9	6	10	25
9	意大利	8	10	10	28
10	法国	7	16	17	40
11	乌克兰	7	5	15	27
12	荷兰	7	5	4	16
13	牙买加	6	3	2	11
14	西班牙	5	10	3	18
15	肯尼亚	5	5	4	14
16	白俄罗斯	4	5	10	19
17	罗马尼亚	4	1	3	8

续表

排名	国家及地区	金牌	银牌	铜牌	总数
18	埃塞俄比亚	4	1	2	7
19	加拿大	3	9	6	18
20	波兰	3	6	1	10
21	匈牙利	3	5	2	10
22	挪威	3	5	2	10
23	巴西	3	4	8	15
24	捷克	3	3	0	6
25	斯洛伐克	3	2	1	6
26	新西兰	3	1	5	9
27	格鲁吉亚	3	0	3	6

（四）2008年北京奥运会会徽

2008年第29届奥运会会徽——"京"由三个部分构成：像一个人的"京"字中国印；汉语拼音"Beijing"和"2008"字样，象征2008年北京奥运会；奥运五环：奥林匹克精神的象征。

1."京"徽字体。

第29届奥运会会徽为一个小巧篆书"京"字图案，形似一个奔跑冲刺的运动员，又如一个载舞之人欢迎奥运会的召开；既代表奥运会举办地北京，同时又极富中国东方的神韵。会徽作品"中国印·舞动的北京"的字体采用了汉简（汉代竹简文字）的风格，将汉简中的笔画和韵味有机地融入到"北京2008"字体之中，自然、简洁、流畅，与会徽图形和奥运五环浑然一体，字体不仅符合市场开发目的，同时与标志主体图案风格相协调，避免了未来在整体标志注册与标准字体注册中因使用现成字体而可能出现的仿冒侵权法律纠纷。

2."京"徽文化。

如果把"中国印·舞动的北京"看作一个汉字"京"，它便是奥运会徽史上第一次汉字字形的引入。汉字是表意文字，是象征性的符号体系。汉字中的一笔一画，充满着对生活气氛的烘托和对生命意义的隐喻。如果把"中国印·舞动的北京"当作一个"人"形画，它便是东方绘画表现手法上的一次杰出应用。和西方严格的写实方法相比，东方画在空间要求上比较灵活、概括，允许虚拟和省略。但正是这种虚拟和省略，给观者创造了真实而无限的想象空间。"中国印·舞动的北京"是一次融合中国书法、印章、舞蹈、绘画艺术和西方现代艺术观念的成功的艺术实践。它表达了人们要表达的理念，也寄托着人们将要赋予它的理想。它是中国的，也是世界的。它将当之无愧地成为奥林匹克运动视觉形象史上的一座艺术丰碑。"中国印·舞动的北京"之一笔一画，每一个构成要素承载着凝重的中华文化传统和激越的奥林匹克精神，彰显着先进的审美观念和昂扬的时代激情。它不仅仅是一个奥运会历史上史无前例的会徽，也是中华文明在世界文明史上的又一次发扬光大。

3. "京"徽特点。

会徽设计将中国特色、北京特点和奥林匹克运动元素巧妙结合；会徽外形及特点富含中国传统文化；会徽的字体设计采用了中国毛笔字汉简的风格，设计独特；会徽总体结构与独立结构比例协调；利于今后的形象景观应用和市场开发。

4. "京"徽象征。

"中国印·舞动的北京"会徽将肖形印、中国字和五环徽有机地结合起来，充满了深沉的活力。尺幅之地，凝聚着东西方气韵；笔画之间，升华着奥运会精神。"舞动的北京"是一座奥林匹克的里程碑。它是用中华民族精神镌刻、古老文明意蕴书写、华夏子孙品格铸就出的一首奥林匹克史诗中的经典华章；它简洁而深刻，展示着一个城市的演变与发展；它凝重而浪漫，体现着一个民族的思想与情怀。在通往"北京2008"的路程上，人们通过它相约北京、相聚中国、相识这里的人们。

（五）2008年北京奥运会吉祥物

福娃是2008年在北京举行的第29届奥运会的吉祥物，作家郑渊洁提议，本次奥运会吉祥物数量应该最多，后来他提议与奥运五环相匹配，之后由画家韩美林设计完成，并于 2005 年 11 月 11 日，距离北京奥运会开幕恰好 1000 天时正式发布问世。

五位福娃中的每个娃娃都有一个朗朗上口的名字："贝贝""晶晶""欢欢""迎迎"和"妮妮"，当把五个娃娃的名字连在一起，你会读出北京对世界的盛情邀请"北京欢迎你（贝晶欢迎妮）"。福娃向世界各地的孩子们传递友谊、和平、积极进取的精神和人与自然和谐相处的美好愿望。他们的造型融入了鲤鱼、大熊猫、圣火、藏羚羊以及燕子的形象。福娃代表了中国的奥运梦想以及中国人民的渴望。他们的原型和头饰蕴含着其与海洋、森林、火、大地和天空的联系，其形象设计应用了中国传统艺术的表现方式，展现了中国的灿烂文化。

1. 贝贝。

贝贝传递的祝福是繁荣。在中国传统文化艺术中，"鱼"和"水"的图案是繁荣与收获的象征，人们用"鲤鱼跳龙门"寓意事业有成和梦想的实现，"鱼"还有吉庆有余、年年有余的蕴涵。贝贝的头部纹饰使用了中国新石器时代的鱼纹图案，代表温柔纯洁，是水上运动的高手，和奥林匹克五环中的蓝环相互辉映。

2. 晶晶。

晶晶是一只憨态可掬的大熊猫，无论走到哪里都会带给人们欢乐。作为中国国宝，大熊猫深得世界人民的喜爱。他来自广袤的森林，象征着人与自然的和谐共存。他的头部纹饰源自宋瓷上的莲花瓣造型。晶晶憨厚乐观，充满力量，代表奥林匹克五环中黑色的一环。

3. 欢欢。

欢欢是福娃中的大哥哥。他是一个火娃娃，象征奥林匹克圣火。欢欢是运动激情的化身，他将激情散播世界，传递更快、更高、更强的奥林匹克精神。欢欢所到之处，洋溢着北京 2008 对世界的热情。欢欢的头部纹饰源自敦煌壁画中火焰的纹样。他性格外向奔放，熟悉各项球类运动，代表奥林匹克五环中红色的一环。

4. 迎迎。

迎迎是一只机敏灵活、驰骋如飞的藏羚羊,他来自中国辽阔的西部大地,将健康的美好祝福传向世界。迎迎是青藏高原特有的保护动物藏羚羊,是绿色奥运的展现。迎迎的头部纹饰融入了青藏高原和新疆等西部地区的装饰风格。他身手敏捷,是田径好手,代表奥林匹克五环中黄色的一环。

5. 妮妮。

妮妮来自天空,是一只展翅飞翔的燕子,其造型创意来自北京传统的沙燕风筝。"燕"还代表燕京(古代北京的称谓)。妮妮把春天和喜悦带给人们,飞过之处播撒"祝您好运"的美好祝福。天真无邪、欢快矫捷的妮妮将在体操比赛中闪亮登场,她代表奥林匹克五环中绿色的一环。

(六)2008 年北京奥运会火炬

1. 祥云火炬。

2008 年北京奥运会火炬为祥云火炬,长 72 厘米,重 985 克,燃烧时间 15 分钟,在不高于每小时 65 公里的风速下能正常燃烧,在零风速下火焰高度 25 厘米~30 厘米,在强光和日光情况下均可识别和拍摄。

2. 火炬传递。

火炬传递分境外传递和境内传递两部分,顺序和城市为:

国外传递路线:雅典(希腊)—阿拉木图(哈萨克斯坦)—伊斯坦布尔(土耳其)—圣彼得堡(俄罗斯)—伦敦(英国)—巴黎(法国)—旧金山(美国)—布宜诺斯艾利斯(阿根廷)—达累斯萨拉姆(坦桑尼亚)—马斯喀特(阿曼)—伊斯兰堡(巴基斯坦)—新德里(印度)—曼谷(泰国)—吉隆坡(马来西亚)—雅加达(印度尼西亚)—堪培拉(澳大利亚)—长野(日本)—首尔(韩国)—平壤(朝鲜)—胡志明市(越南)。

国内传递路线:香港—澳门—海南省(三亚、五指山、万宁、海口)—广东省(广州、深圳、惠州、汕头)—福建省(福州、泉州、厦门、龙岩）—江西省（瑞金、井冈山、南昌）—浙江省（温州、宁波、杭州、绍兴、嘉兴）—上海市—江苏省（苏州、南通、泰州、扬州、南京）—安徽省（合肥、淮南、芜湖、绩溪、黄山）—湖北省（武汉、宜昌、荆州）—湖南省（岳阳、长沙、韶山）—广西壮族自治区（桂林、南宁、百色）—云南省（昆明、丽江、香格里拉）—贵州省（贵阳、凯里、遵义）—重庆市（万州、重庆）—新疆维吾尔自治区（乌鲁木齐、喀什、石河子、昌吉）—西藏自治区（拉萨）—青海省（格尔木、青海湖、西宁）—山西省（运城、平遥、太原、大同）—宁夏回族自治区（中卫、吴忠、银川）—陕西省（延安、杨凌、咸阳、西安）—甘肃省（敦煌、嘉峪关、兰州）—内蒙古自治区（呼和浩特、鄂尔多斯、包头、赤峰）—黑龙江省（哈尔滨、大庆、齐齐哈尔）—吉林省（长春、松原、吉林、延吉）—辽宁省（沈阳、鞍山、大连）—山东省（青岛、临沂、曲阜、泰安、济南）—河南省（开封、郑州、洛阳、安阳）—河北省（石家庄、秦皇岛、唐山）—天津市—四川省（广安、乐山、绵阳、广汉、成都）—北京市。

（七）2008年北京奥运会歌曲

1. 主题曲。

2008年北京奥运会主题曲：*You And Me*（《我和你》）；主题歌作曲：陈其钢，中文词：陈其钢；英文词译配：陈其钢、马文、常石磊；配器：陈其钢、常石磊、王之一；演唱者：刘欢、莎拉·布莱曼

2. 其他相关歌曲。

倒计时一周年歌曲：*We are ready*、*Everyone is No. 1*、*Forever Friends*；2008年北京奥运会倒计时100天主题歌：《北京欢迎你》《千山万水》《同一个世界，同一个梦想》；2008年北京奥运会志愿者主题歌：《我是明星》；2008年北京奥运会暨残奥会火炬接力主题歌：《点燃激情传递梦想》。

（八）2008年北京奥运会口号

2008年北京奥运会的口号是"同一个世界，同一个梦想"。

"同一个世界，同一个梦想"集中体现了奥林匹克精神实质和普遍价值观——团结、友谊、进步、和谐、参与和梦想，表达了全世界在奥林匹克精神的感召下，追求人类美好未来的共同愿望。尽管人类肤色不同、语言不同、种族不同，但我们共同分享奥林匹克魅力与欢乐，共同追求着人类和平的理想，我们同属一个世界，我们拥有同样的希望和梦想。

"同一个世界，同一个梦想"深刻反映了北京奥运会的核心理念，体现了作为"绿色奥运、科技奥运、人文奥运"三大理念的核心灵魂的人文奥运所蕴含的和谐的价值观。建设和谐社会、实现和谐发展是我们追求的梦想。"天人合一""以和为贵"是中国人民自古以来对人与自然，人与人和谐关系的理想与追求。我们相信：和平进步、和谐发展、和睦相处、合作共赢和美好生活是全世界的共同理想。

"同一个世界，同一个梦想"文简意深，既是中国的，也是世界的。口号表达了北京人民和中国人民与世界各国人民共有美好家园，同享文明成果，携手共创未来的崇高理想；表达了一个拥有五千年文明、正在大步走向现代化的伟大民族致力于和平发展、社会和谐、人民幸福的坚定信念；表达了13亿中国人民为建立一个和平而更美好的世界作出贡献的心声。

英文口号"One World, One Dream"句法结构具有鲜明特色。两个"One"形成优美的排比，"World"和"Dream"前后呼应，整句口号简洁、响亮，寓意深远，既易记上口，又便于传播。中文口号"同一个世界，同一个梦想"中将"One"用"同一"表达，使"全人类同属一个世界，全人类共同追求美好梦想"的主题更加突出。

主要参考文献

[1] 夏征农、陈至立：《辞海》第六版缩印版，上海辞书出版社2010年版，第1975页。

[2] 吴增基等：《现代社会学》，上海人民出版社2001年版，第89~103页。

[3] http://baike.baidu.com/view.htm

[4] 郭惠平：《我国公共体育场馆经营现状与出路》，体育软科学研究成果汇编2003年版，第421~434页。

[5] 王焕福：《国外先进体育场馆设施管理体制研究》，体育软科学研究成果汇编2003年版，第506~515页。

[6] 秦椿林等：《体育管理学》，高等教育出版社2002年版，第88~91页。

[7] 阮刚：《体育组织研究——特征、功能、概念与分类》，《湖北广播电视大学学报》2010年第2期，第141页。

[8] 舒盛芳：《体育全球化进程及其特征》，《体育学刊》2007年第1期，第26页。

[9] 袁古洁：《我国体育法制建设发展的现状、问题与对策》，《体育科学》2009年第8期，第26~31页。

[10] 周西宽：《体育基本理论教程》，人民体育出版社2004年版，第50~58页。

[11] 陈琦等：《我国当代体育价值观的研究》，《体育科学》2006年第8期，第3~9页。

[12] 黄莉：《体育精神的文化内涵与价值建构》，《体育科学》2007年第6期，第88~92页。

[13] 侯斌：《试论社会主义市场经济条件下体育道德及其制度保障》，《北京体育大学学报》2002年第1期，第33~35页。

[14] 张玉超等:《我国体育道德失范成因及预防对策研究》,《体育文化导刊》2007年第6期,第52~54页。

[15] 王树宏等:《中国历代武举制度述略》,《沈阳体育学院学报》2005年第2期,第122~124页。

[16] 谭华:《体育史》,高等教育出版社2005年版,第127~186页。

[17] 李志强:《中国传统武术文化内涵体系探析》,《广州体育学院学报》2010年第2期,第121~124页。

[18] 谷晓红:《对武术神秘性的剖析》,《山东体育学院学报》2011年第12期,第43~44页。

[19] 权黎明等:《传统武术文化特征的当代阐释》,《成都体育学院学报》2010年第9期,第40~43页。

[20] 郭蔚:《体育文化中的瑰宝——中国古代武术文化再解读传》,《芒种》2012年第146期,第194~195页。

[21] 郑海娟等:《析古代武术传播的影响因素》,《搏击·武术科学》2006年第12期,第3~4页。

[22] 李永明:《近代以来武术思想的演变历程》,《体育文化导刊》2012年第2期,第144~147页。

[23] 许时高:《古代武术与现代武术比较之研究》,《中国-东盟博览》2012年第5期,第70页。

[24] 周伟良:《"武中道场"的历史源起评述——兼论少林武术起源》,《北京体育大学学报》2012年第2期,第5~10页。

[25] 唐军:《论"三教合一"思想对少林武术的影响》,《西安体育学院学报》2010年第5期,第76~78页。

[26] 龙行年:《文化视野下武当武术与武当武术文化的定义》,《武汉体育学院学报》2011年第10期,第83~86页。

[27] 王洪军等:《刍议武当武术的道教思想基础》,《郧阳师范高等专科学校学报》2009年第1期,第10~12页。

[28] 胡容娇:《武当武术现代发展策略构想》,《武当》2006年第10期,第10~12页。

[29] 王亚慧等:《试论峨眉武术的起源及对"白猿起源说"的质疑》,《成都体育学院学报》2010年第5期,第51~54页。

[30] 赵红波:《峨眉武术发展面临的问题及对策研究》,《洛阳师范学院学报》

2012 年第 5 期, 第 96~98 页。

[31] 杨建营等:《从竞技武术套路的发展历程探讨其未来趋向》,《北京体育大学学报》2009 年第 3 期, 第 136~137 页。

[32] 徐宏魁:《散打的文化特征及其技击属性》,《武汉体育学院学报》2012 年第 2 期, 第 88~90 页。

[33] 胡玉玺:《武术散打发展回顾与展望》,《体育文化导刊》2010 年第 3 期, 第 114~117 页。

[34] 李小兰等:《论传统体育养生观对身心健康锻炼的镜鉴》,《北京体育大学学报》2011 年第 8 期, 第 69~76 页。

[35] 覃燕庆:《传承弘扬中国古代体育养生文化为建设社会主义文化》,《体育文化导刊》2012 年第 5 期, 第 7~11 页。

[36] 刘亚:《中国古代养生体育的发展》,《体育文化导刊》2012 年第 2 期, 第 108~114 页。

[37] 朱亚林等:《古代奥运会的起源、发展及消亡研究》,《岱宗学刊》2005 年第 3 期, 第 127~128 页。

[38] 任海:《奥林匹克运动读本》, 人民体育出版社 2005 年版, 第 35~231 页。